普通高等教育物流管理与工程类专业精品教材

物流工程
实训教程

主　编　陈岱莲　常佩佩
副主编　任美霞　郑爱敏

中国轻工业出版社

图书在版编目（CIP）数据

物流工程实训教程 / 陈岱莲，常佩佩主编. -- 北京：中国轻工业出版社，2025.5. --（普通高等教育物流管理与工程类专业精品教材）. -- ISBN 978-7-5184-4807-4

Ⅰ．F252.1

中国国家版本馆CIP数据核字第2025XB2747号

责任编辑：张文佳　　责任终审：劳国强　　设计制作：锋尚设计
文字编辑：姜瑞雪　　责任校对：刘小透　晋　洁　　责任监印：张　可

出版发行：中国轻工业出版社（北京鲁谷东街5号，邮编：100040）

印　　刷：艺堂印刷（天津）有限公司

经　　销：各地新华书店

版　　次：2025年5月第1版第1次印刷

开　　本：787×1092　1/16　印张：16.25

字　　数：400千字

书　　号：ISBN 978-7-5184-4807-4　定价：49.80元

邮购电话：010-85119873

发行电话：010-85119832　010-85119912

网　　址：http://www.chlip.com.cn

Email：club@chlip.com.cn

版权所有　侵权必究

如发现图书残缺请与我社邮购联系调换

230523J1X101ZBW

前言

物流是物质实体从供应地到接收地的实体流动过程,根据实际需要将包装、装卸搬运、储存、流通加工、运输、配送、信息处理等进行有机结合。物流是社会再生产不断进行创造社会物质财富的前提条件,物流被看作是企业的"第三利润源泉",是中国经济的支柱产业。我国十分重视物流业的发展,国家陆续出台了针对物流业发展的相关文件。例如,2006年,我国"十一五"规划纲要首次提出"大力发展现代物流业";2009年,国务院将《物流业调整和振兴规划》纳入当年"十大规划"之一;2011年,国务院办公厅印发《关于促进物流业健康发展政策措施的意见》,促进现代物流发展的专题政策开始列入国务院政策层面;2014年国家制定了《物流业发展中长期规划(2014—2020年)》;2022年国家制定《"十四五"现代物流发展规划》,这是推动建设现代物流体系、促进物流高质量发展的纲领性文件。党的二十大报告指出,"中国式现代化是人口规模巨大的现代化、全体人民共同富裕的现代化、物质文明和精神文明相协调的现代化、人与自然和谐共生的现代化、走和平发展道路的现代化"。这些理论观点和政策导向为我国物流行业的发展提供了重要指引。我国物流业必须进行高质量创新发展,不断提高服务质量和服务效率,发展绿色物流,推动物流数字化转型升级。

物流业的高质量发展和创新发展离不开物流人才。物流企业需要的物流人才是:在物流领域中专业功底牢固,懂物流设施选择、物流路径优化、物流系统规划、物流运作管理等物流基础理论,精通运输、储存、配送、包装、流通加工、信息处理等物流业务,具备知识应用能力和创新能力。企业需要的高素质物流人才需要高校培养,高校设置的物流工程专业主要培养适应区域社会经济发展需求,面向物流行业的高素质应用型人才。为了提升学生的应用能力和创新能力,高校在人才培养方案中设置专业核心课、专业拓展课和专业模块课等构成专业教育课程,并设置课内实训、独立实训和集中实训构成专业实践课程体系。实训课的开展需要实训教程作为实训教学辅助资源。

本实训教程汇编了物流工程专业的现代物流学、物流工程学、物流设施与设备、运输组织学、物流系统规划与设计、智慧物流、供应链管理、物流自动化技术与应用、农产品物流、采购管理、配送中心规划与设计等课程的实训项目,明确了实训目标、实训内容、实训原理、实训步骤、考核方式等,学生能够在指导教师的带领下,参考此教程将所学的理论知识和实训内容有机地结合起来,系统地将所学知识操练一遍,能够达到较好的教学效果。

本教程的实训项目及实训方式具有多样性。物流工程专业课从内容上来说均属于社会科学范畴，实训的方式有案例分析与讨论、软件操作、方案设计、项目化作业、虚拟仿真操作等，采用多种实训方式提高学生发现问题、分析问题、解决问题的能力，通过综合性实训提高学生的创新能力和应用能力。

本教程编写工作分工如下：第一章由任美霞编写；第二章和第九章由常佩佩编写；第三章由王玉方编写；第四章由贾辉编写；第五章由陈岱莲编写；第六章由任美霞和张政编写；第七章和第十一章由郑爱敏编写；第八章由苗文娟编写；第十章由李英杰编写。陈岱莲和常佩佩担任主编，进行策划；任美霞和郑爱敏担任副主编，进行定稿。

在本教程的编写过程中，我们参考和借鉴了许多专家、学者的相关著作、文章和教材，借鉴了网络资料和企业软件平台，在此，谨向各位专家、学者和企业表示感谢。

由于编者水平有限，本教程难免有不足之处，恳请各位同仁、专家和读者在使用本教程时给予关注，敬请读者批评指正，并将意见及时反馈给我们，我们进一步完善。

编者

目录

第一章 现代物流学实训

实训一　某企业物流系统与运作管理案例分析 2
实训二　某企业物流运作案例分析 8
实训三　我国物流业的发展现状及发展趋势分析 20

第二章 物流工程学实训

实训一　设施选址方案设计 26
实训二　设施布置方案设计 37

第三章 物流设施与设备实训

实训一　物流设施与设备认知 53
实训二　装卸搬运机械设备虚拟操作练习 64

第四章 运输组织学实训

实训一　四大运输方式货物运输作业实训 68
实训二　特种品货物运输作业实训 87
实训三　第三方物流企业运输方案设计 97

第五章 物流系统规划与设计实训

实训一　物流节点选址方案设计 104
实训二　存储策略制定 111
实训三　运输路径优化 115

第六章 智慧物流实训

实训一　我国智慧物流发展现状初探 123
实训二　某企业应用智慧物流技术与装备案例分析 126

实训三　某企业智慧仓储与运输案例分析 135
　　实训四　智慧物流应用分析与开发设计 141

第七章　供应链管理实训

　　实训　供应链管理运营实战 148

第八章　物流自动化技术与应用实训

　　实训一　自动化立体仓库管理与控制系统设计 169
　　实训二　自动化立体仓库系统作业程序编写 175

第九章　农产品物流实训

　　实训一　农产品流通实训 188
　　实训二　生鲜农产品冷链物流实训 194
　　实训三　农产品物流供需调研 206
　　实训四　农产品物流系统评价及优化 207

第十章　采购管理实训

　　实训一　招标采购综合训练 210
　　实训二　撰写采购报告 215
　　实训三　采购谈判模拟实训 217
　　实训四　供应商调查与评估 220

第十一章　配送中心规划与设计实训

　　实训一　EIQ-ABC分析法的运用 226
　　实训二　配送中心选址规划 229
　　实训三　配送中心作业区域能力规划 235
　　实训四　配送中心仓储作业区域规划与设计 237
　　实训五　配送中心拣选策略的运用分析 243

　　附录 246

第一章 现代物流学实训

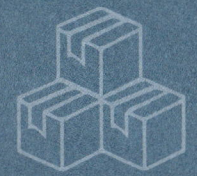

　　为配合现代物流学的理论教学,增强学生对物流基本概念与理论的理解与掌握,特设置现代物流学实训内容。现代物流学理论教学共有三个知识单元,因此本章实训共设有三个实训项目,每完成一个理论知识单元的教学后开展一个实训项目。

　　现代科学技术,特别是信息技术的发展日新月异,这种快速的变化也在时刻影响着物流业的发展。通过开展现代物流学实训,可以让学生第一时间了解到这种变化,熟悉物流业的发展现状与趋势,并用新学理论知识解释物流现象、诊断物流运作、设计物流方案,使理论与社会实践融会贯通,达到学以致用的目的。

实训一 某企业物流系统与运作管理案例分析

实训目的

1. 通过本实训，使学生能够利用所学物流知识准确解释常见的物流现象，准确判断常见的物流类型，能够清晰阐述物流对社会经济发展的促进作用，做到理论知识与社会实践的融会贯通。

2. 使学生具有初步分析物流问题的能力，培养学生的团队协作精神，锻炼语言表达能力。

实训准备

1. 复习最近学习的现代物流学知识。
2. 从网上搜集京东集团、京东物流的相关信息。
3. 材料准备：学习用具。

知识链接

一、物流学的主要观点

（一）物流的"商物分离"说

1. 流通中的商流与物流

（1）流通。商品从生产领域到消费领域的转移过程。

（2）商流。研究商品交换的全过程。

（3）商流与物流的关系。商流是物流的前提，物流是产生商流的基础，商流与物流有统一的时候，也有分离的时候。

2. 商物分离说的内涵

商品流通的两个组成部分商流和物流各自按照自己的规律和渠道独立运动。

3. 商物分离的原因

商流运动的基础资金流和实物流具有相对独立性。

4. 商物分离的表现形式

（1）购销方式。

（2）结算工具与收单。

（3）中间贸易的发展。

（4）期货市场。

（5）其他形式。

5．商物分离的作用

（1）为贸易提供方便。

（2）反映市场需求。

（3）使物流系统合理化。

（4）利于专业分工、职能单纯化。

（二）物流"黑大陆"说

从物流的潜能角度来看物流。

内涵：物流这个领域未知的东西太多了，理论和实践都不成熟，物流可以产生的利润空间极大。

（三）物流"冰山"说

内涵：人们对物流费用的了解是一片空白，甚至有很大的虚假情况，很像沉在水面下的冰山一样，露出水面的那一部分仅仅是冰山的一小部分，而沉在水面下的是我们看不到的有很大挖掘潜力的部分，物流便是一座冰山。

（四）物流"第三利润源"

内涵：企业利用劳动工具潜力、劳动对象潜力和劳动者的潜力来获得利润，即企业利用物流来获得利润。

第一利润源：利用资源获得利润。

第二利润源：利用人力领域获得利润。

三个利润源的区别是挖掘的对象不同。

（五）物流的"效益背反"说

内涵：物流的若干功能要素之间存在着损益的矛盾，也即，某一个功能要素的优化和利益发生的同时，必然会存在另一个或另几个功能要素的利益损失，反之也如此。这是一种此长彼消、此盈彼亏的现象。例如，包装问题，在产品销售市场和销售价格皆不变的前提下，假定其他成本因素也不变，那么包装方面每少花一分钱，这一分钱就必然转到收益上来，包装越省，利润则越高。但是，一旦商品进入流通之后，如果简化的包装降低了产品的防护效果，造成了大量损失，就会造成储存、装卸、运输功能要素的工作劣化和效益大减，显然，包装活动的效益是以其他的损失为代价的，我国流通领域每年因包装不善出现的上百亿元的商品损失，就是这种效益背反的实证。

物流系统的效益背反包括物流成本与服务水平的效益背反和物流各功能活动的效益背反。

1．物流成本与服务水平的效益背反

（1）一般说来，提高物流服务，物流成本即上升，它们之间存在着效益背反。

（2）物流服务与成本间并非呈现线性关系，即投入相同的成本并非可以得到相同的物流服务的增长。一般来说，当物流服务处于低水平阶段时追加成本的效果较佳。

（3）对物流服务和物流成本做决策时应考虑的因素。

①保持物流服务水平不变，尽量降低物流成本。

②提高物流服务水平，不惜增加物流成本。

③保持成本不变，提高服务水平。

④用较低的物流成本，实现较高的物流服务。

2. 物流各功能活动的效益背反

（1）减少物流网络中仓库的数目并减少库存，必然会使库存补充变得频繁而增加运输的次数。

（2）简化包装，虽可降低包装成本，但却由于包装强度的降低，在运输和装卸的时候破损率会增加，且在仓库中摆放时亦不可堆放过高，降低了保管效率。

（3）将铁路运输改为航空运输，虽然增加了运费，却提高了运输速度，不但可以减少库存，还可以降低库存费用。

二、物流管理概述

（一）物流管理的目标

物流管理的目标在目的上表现为：实现物流的效率化和效果化，以较低的成本和优良的顾客服务完成货物从供应地到消费地的实体流动。

在原则上具体表现为6R，即：合适的质量（right quality）、合适的数量（right quantity）、合适的时间（right time）、合适的地点（right place）、合适的印象（right impression）和合适的价格（right price）。用一句话来说，物流管理的目标是：物流企业在合适的时间、合适的地点，以合适的服务、质量和价格向顾客提供合适数量的物品。

（二）物流企业管理的基本问题

物流企业管理包括物流战略管理、物流服务管理、物流质量管理和物流成本管理。

1. 向顾客提供什么样的产品或服务，需要进行物流市场的需求分析，明确物流服务的产品数量及要求。

2. 以何种方式服务顾客，需要进行物流系统设计，包括仓库选址、仓库布局、仓库容量确定、运输决策、搬运设备选型、物流流程优化等。

3. 如何适时、适量、适当成本、适当质量向适当地点的顾客提供物流服务，需要进行物流系统运作规划，包括物流路线优化、物流运营计划、车辆调度、物流质量控制、客户关系管理等。

实训条件与组织

1. 实训条件：物流工程专业实训室。

2. 实训组织运行要求：分组实训，6人/组，每组选出一名组长，负责本组实训过程的组织与管理。

实训内容

1. 案例分析素材

本实训项目选择的案例企业是京东物流集团，所选素材均来自京东集团（https://www.jd.com/）和京东物流集团官网（https://www.jdl.com/）。

（1）京东集团企业简介。

京东集团于2004年正式涉足电商领域。2014年5月，京东集团在美国纳斯达克证券交易所正式挂牌上市，是中国第一个成功赴美上市的综合型电商平台。2020年6月，京东集团在香港联交所二次上市，募集资金约345.58亿港元，用于投资以供应链为基础的关键技术创新，以进一步提升用户体验及提高运营效率。2017年年初，京东集团全面向技术转型，迄今京东体系已经投入了近1000亿元用于技术研发。京东集团定位于"以供应链为基础的技术与服务企业"，目前业务已涉及零售、数字科技、物流、技术服务、健康、保险、物流地产、云计算、AI和海外等领域，其中核心业务为零售、数字科技、物流、技术服务四大板块。京东集团奉行客户为先、诚信、协作、感恩、拼搏、担当的价值观，目标是成为全球最值得信赖的企业。作为同时具备实体企业基因和属性、拥有数字技术和能力的新型实体企业，京东集团依托"有责任的供应链"，持续推进"链网融合"，实现了货网、仓网、云网的"三网通"，不仅保障自身供应链稳定可靠，也带动产业链上下游合作伙伴数字化转型和降本增效，更好服务实体经济高质量发展。京东集团奉行客户为先、诚信、协作、感恩、拼搏、担当的价值观，以"技术为本，致力于更高效和可持续的世界"为使命，坚持体验第一、客户为先的原则和价值观，坚持"成本、效率、产品、价格、服务"的核心经营理念，愿景是成为全球最值得信赖的企业。

（2）京东物流集团简介。

京东集团2007年开始自建物流，2017年4月正式成立京东物流集团，2021年5月，京东物流于香港联交所主板上市。京东物流是中国领先的技术驱动的供应链解决方案及物流服务商，以"技术驱动，引领全球高效流通和可持续发展"为使命，致力于成为全球最值得信赖的供应链基础设施服务商。一体化供应链物流服务是京东物流的核心赛道。目前，京东物流主要聚焦于快消、服装、家电家具、3C、汽车、生鲜六大行业，为客户提供一体化供应链解决方案和物流服务，帮助客户优化存货管理、减少运营成本、高效分配内部资源，实现新的增长。同时，京东物流将长期积累的解决方案、产品和能力进行解耦，以更加灵活、可调用与组合的方式，满足不同行业的中小客户需求。

京东物流建立了包含仓储网络、综合运输网络、最后一公里配送网络、大件网络、冷链物流网络和跨境物流网络在内的高度协同的六大网络，具备数字化、广泛和灵活的特点，服务范围覆盖了中国几乎所有地区、城镇和人口，不仅建立了中国电商与消费者之间的信赖关系，还通过211限时达等时效产品和上门服务重新定义了物流服务标准，客户体验持续领先行业。在国家邮政局已公布的2022年快递服务公众满意度调查中，京东物流已连续第5年位列快递企业第一阵营。截至2023年3月31日，京东物流运营超1500个仓库，含云仓生态平台的管理面积在内，京东物流仓储总面积超3100万平方米。同时，截至2022年年底，京东物流还在全球拥有近90个保税仓库、直邮仓库和海外仓库，总管理面积近90万平方米。2022年，京东物流完成对德邦物流的收购，快速获得了一张覆盖全国的快运网络，京东航空的常态化运营也有效促进了一体化供应链的降本增效。

京东物流始终重视技术创新在供应链全局优化中的巨大作用。基于5G、人工智能、大数据、云计算及物联网等底层技术，京东物流不断扩大软件、硬件和系统集成的三位一体的供应链技术优势，包括自动搬运机器人、分拣机器人、智能快递车，以及自主研发的仓储、运输及订单管理系统等众多核心技术产品和解决方案，已经涵盖了包括园区、仓储、分拣、运输和配送等供应链的主要流程和关键环节，自主研发的仓储自动化解决方案处于全行业领先地位，自动分播墙行业解决方案助力多个行业供应链数智化转型升级。京东物流构建了协同共生的供应链网络，中国及全球各行业合作伙伴参与其中。2017年，京东物流创新推出云仓模式，将自身的管理系统、规划能力、运营标准、行业经验等应用于第三方仓库，通过优化本地仓库资源，有效增加闲置仓库的利用率，让中小物流企业也能充分利用京东物流的技术、标准和品牌，提升自身的服务能力。截至2023年3月31日，云仓生态平台合作云仓的数量已超过2000个。

作为一家兼具实体企业基因和属性、数字技术和能力的新型实体企业，京东物流始终以"有责任的供应链"践行使命担当，扎根广阔的实体经济，促就业、保供应，持续创造社会价值。多年来，京东物流始终注重一线员工薪酬福利保障，坚持为一线员工缴纳"五险一金"，并提供有行业竞争力的薪酬福利保障。截至2022年12月31日，包含德邦在内，京东物流已拥有一线员工人数超过37万，自有配送人员达29万。

京东物流着力推行战略级项目"青流计划"，从"环境（planet）""人文社会（people）"和"经济（profits）"三个方面，协同行业和社会力量共同关注绿色可持续发展。京东物流是国内首家在科学碳目标倡议（SBTi）下完成设立科学碳目标的物流企业，同时引入使用更多清洁能源，推广和使用更多可再生能源和环保材料，践行绿色环保措施。2023年4月，京东物流发布第二份ESG报告，全景展现2022年在环境、社会及治理中的表现。

京东物流正坚持"体验为本、技术驱动、效率制胜"核心发展战略，将自身长期积累的新型实体企业发展经验和长期技术投入所带来的数智化能力持续向实体经济开放，服务实体经济，持续创造价值。

2. 小组讨论内容

在组长的协调与组织下，每位小组成员至少选择下面一个任务进行讨论。

（1）第三利润源说、效益背反说、商物分离说在案例中是怎么体现的？

（2）分析京东物流的物流类型。

（3）分析京东物流集团的物流系统构成。

（4）分析京东物流集团的物流发展战略。

（5）分析京东物流集团的物流成本管理。

（6）分析京东物流集团的物流服务管理。

> **思考题**
>
> ❶ 你认为京东物流集团如何进一步完善物流系统建设？
> ❷ 你认为京东物流集团如何进一步降低物流成本、提高物流服务质量？

考核要求及标准

1. 考核要求

本次课从课堂表现和实训报告两个方面进行考核。课堂表现方面，要求学生不旷课、不迟到早退，认真分析资料、做好记录，积极参与讨论，完成个人任务。根据案例素材资料，分析案例中现代物流的运作情况，根据所学现代物流学的知识，分析其运作理论基础，对于其中分析不了的现象进行探索性学习，扩展知识面。实训报告方面，每个小组提交一份实训报告，使用学校统一印发的实训报告纸，内容完整。

2. 考核标准

本实训项目的考核标准见表1-1。

表 1-1　　　　　　　　　　考核内容及权重明细表

考核内容	权重	评分要求与标准
课堂表现	50%	考勤满分10分，小组成员个人任务完成情况40分，共50分。小组内成员有迟到或早退现象按人次扣5~10分，小组内成员有旷课的，该组的课堂表现成绩为0分；根据小组成员个人任务完成情况赋分0~40分
实训报告	50%	实训报告的完成质量，从内容的完整性、问题分析的全面性、优化措施或改进建议的合理性、心得体会等方面进行考核

其他说明

本实训项目的素材来自京东集团官方网站、京东物流集团官方网站，在实际教学过程中，也可以选择相关视频资料作为案例分析素材的补充。社会在不断进步，企业在不断发展，案例分析的素材也要不断更新，与时俱进。

实训二 某企业物流运作案例分析

实训目的

1. 通过本实训使学生能够利用所学物流知识分析常见的物流活动，准确判断物流活动的合理性，精准分析物流活动对社会环境的不利影响，做到理论知识与社会实践的融会贯通。

2. 能准确分析运输设施与设备、仓储设施与设备、装卸搬运设施与设备、包装设备、流通加工设备、信息处理设备等的配置现状，根据实际进行物流设备选型。

3. 使学生具有初步的分析物流问题的能力，培养学生的团队协作精神，锻炼学生的语言表达能力和沟通协调能力。

实训准备

1. 复习最近学习的现代物流活动知识。
2. 从网上搜集顺丰速递的相关信息。
3. 材料准备：学习用具。

知识链接

一、运输活动概述

（一）影响运输合理化的五要素

1. 运输距离
2. 运输环节
3. 运输工具
4. 运输时间
5. 运输费用

（二）不合理运输的表现

1. 空驶

去空驶，回空驶，来去空驶。

2. 对流运输

（1）定义。同一种货物在同一线路上或平行线路上作相对方向的运送，而与对方运程的全部或一部分发生重叠交错的运输。

（2）分类。

明显的对流运输：在同一路线上运送同样货物，相反方向行驶。

隐蔽的对流运输：同一种货物在违背近产近销情况下，沿两条平行路线相对方向运输。

（3）产生原因。信息不畅，商流不合理，非正常经济行为。

3. 迂回运输

迂回运输是舍近求远的一种运输，本来可以选取短距离运输，却选择了路程较远的路线。

4. 重复运输

（1）定义。货物可直接到达目的地，但由于批发机构或商业仓库设置不当，或计划不周，在中途停卸重复装运的不合理运输。

（2）分类。

中途装卸：原本可直到目的地，但中途再重复装卸。

同品种货物在同一地点运进，同时又向外运出。

（3）不合理处。没有延长运输路程，但增加了中间装卸环节，增加装卸搬运费用，降低运输工具效率。

5. 倒流运输

从销地向产地回流。

6. 过远运输

舍近求远，近处有资源不调，而从远处调运。

7. 运力选择不当

没有发挥运输工具的优势，不正确利用运输工具。

（1）铁路、大型船的过近运输。

（2）弃水走陆。

（3）运输工具承载能力选择不当。

8. 超限运输

超过长、宽、高、重量等的限界。

（三）运输合理化的有效措施

（1）提高运输工具实载率。

（2）采取减少动力投入、增加运输能力的有效措施求得合理化。

（3）发展社会化的运输体系。

（4）开展中短距离铁路公路分流。

（5）尽量发展直达运输。

（6）配载运输。

（7）"四就"直拨运输。

"四就"直拨，首先是由管理机构预先筹划，然后就厂、就站（码头）、就库、就车（船）将货物分送给用户，而无须再入库了。

（8）发展特殊运输技术和运输工具。

（9）通过流通加工，使运输合理化。

二、仓储保管活动概述

（一）储存合理化的标志

商品储存合理化是用最经济的办法实现商品储存的功能。

1. 商品质量标志

保证商品的使用价值是商品储存合理化的主要标志。

2. 数量标志

科学决策储存商品的合理数量范围。

3. 时间标志

时间与数量有关。储存量越大，出库速度越慢，储存时间越长，一般用周转天数、周转次数来反映时间。

4. 结构标志

结构与品种、规格、花色、数量有关系。

5. 分布标志

根据不同地区商品储存的比例关系来判断市场需求变化。

6. 费用标志

仓储费、保管养护费、商品损失费、资金占用及利息等能反映储存合理与否。

（二）不合理储存的现象

不合理储存主要表现在两个方面：商品储存技术不合理造成商品损失；储存管理组织不合理，不能充分发挥商品储存的作用。不合理储存现象如下。

（1）储存时间过长。

（2）储量过大。

（3）仓库存量过低。

（4）仓库条件不足或库存过剩。

（5）库存结构失衡。

（三）储存合理化的措施

（1）进行商品库存分类管理——ABC库存分类管理。

（2）采用先进先出的作业方式：保证储存周期不至于过长。

（3）提高储存密度，提高仓容的利用率，可以采用高垛、减少通道宽度、减少通道数量来提高储存密度。

（4）采用有效的存储定位系统。

（5）采用有效的监测清点方式。

（6）采用现代商品储存保管养护技术。

（7）采用虚拟库存和仓库。

（8）将静态储存变为动态储存，加快储存周转速度，视野从储存放大到整个物流系统。

三、配送概述

（一）配送的作业环节

配送由备货、理货和送货三个作业环节组成。

1. 备货

备货作业是配送的首要环节，它主要负责筹集货物和保管货物。一般由订货、接货、验收、分拣和存储活动组成。

2. 理货

理货作业是配送区别于一般送货活动的主要标志，理货包括货物拣选、流通加工、配货和包装活动。拣选时，可以根据货物特点、储存场所布局和客户订单采用摘果式拣选和播种式拣选。

3. 送货

送货作业是备货作业和理货作业的延伸，送货作业包括配装和送货两项活动。在送货过程中，可以根据货物特性、运输工具载运量、送货要求合理选择车型和配送路径。

（二）配送合理化的标志

配送合理化是指配送中心在合适的时间内把规定的物品通过科学的方法以最少的资源消耗送达需求者手中的状态。配送合理化的标志如下。

1. 库存标志

（1）库存总量。配送具有集散功能，配送中心可以集中上游生产企业的产品或上游用户的产品。如果配送中心的库存量加上各上游用户实行配送后剩余库存量总和小于实行配送前各上游用户库存量之和，则本次配送合理。库存量是处于不断变化的状态，是一个变量，因此对库存总量的计算应在一定的经营前提下进行。

（2）库存周转。实行配送活动后，企业的库存周转快，那么此次配送活动合理，否则，不合理。

2. 资金标志

实行配送后，应有利于资金总量占用降低，有利于资金周转。

（1）资金总量。实行配送后，资金总量占用大，则配送活动不合理。

（2）资金周转。实行配送后，货物流向下游消费者，资金回笼，资金可用于扩大业务，如果实行配送后，资金回笼慢，周转慢，那么此次配送活动不合理。

（3）资金投向的改变。实行配送后，若资金由分散投入改为集中投入，资金调控能力变强，本次配送活动合理。

3. 成本和效益标志

对于配送企业而言，若实行配送活动的配送效益大于配送成本，则此次配送活动合理。对于用户来说，如果实行配送活动是用了比较低的配送成本获得了比较好的配送服务，则此次配送活动合理。

4. 供应标志

（1）缺货次数。缺货次数越多，说明配送活动越不合理。

（2）供应能力。对于下游用户的每次配送要求，配送中心都能满足，那么配送中心的供应能力强，配送活动合理。

（3）即时配送的能力。若配送中心对用户突然的配送要求能迅速做出反应，能组织即时配送，则配送作业合理。

5．资源节约标志

合理的配送能充分利用载运工具的载运空间，能充分利用各种运力，能够节约进行配送活动需要的仓库设施设备和人力。

6．物流系统合理化标志

合理的配送有利于整个物流系统。合理配送能衔接物流中的干线运输和支线运输，合理组织集中配送或共同配送可加快物流速度，合理组织供销一体化配送可减少物流中转次数。

（三）配送合理化的途径

1．推行专业化配送

配送中心采用专业化的设施与设备，规划一套规范的作业程序，提高作业效率和设备利用率，提高配送合理化。

2．推行加工配送

通过将流通加工与配送相结合，在配送中心进行流通加工，可以减少中转环节，提高作业效率，又能更好地满足顾客需求。

3．推行共同配送

通过共同配送，充分利用车辆的载运能力，发挥专业配送中心的作用，以最低的配送成本完成最好的配送服务。

4．推行即时配送

为了对用户的需求做出快速反应，应该推行即时配送，以此提高配送供应保证能力。

5．推行准时配送

最好的配送服务是能够准时保质保量地将物品送到正确的用户手中，因此，准时配送是赢得顾客好评的最好配送方式，是提高配送供应保证能力的一个重要措施。

6．推行集中配送

对于一些有配送需求的连锁经营门店而言，进行集中配送是很好的选择。生产企业和连锁经营企业可以共同组建一个"集中化"配送中心，进行配送时，可将生产厂家的货物运输到"集中化"配送中心，再由"集中化"配送中心将货物配送到各门店。这样可以减少原来由生产企业分别给各连锁经营门店配送的作业环节和输送路径，能够提高物品的物流速度。

四、装卸搬运概述

（一）装卸搬运合理化的目标

装卸搬运合理化是指以尽可能少的人力和物力消耗，高质量、高效率地完成仓库的装卸搬运任务，保证供应任务的完成。装卸搬运合理化是针对装卸不合理而言，合理与不合理是相对的，由于各方面客观条件的限制，不可能达到绝对合理。为了实现装卸搬运的合理化，在满足装卸搬运作业要求的前提下，装卸搬运要尽量实现装卸搬运的距离短、时间少、质量高、费用省的目标。

1．距离要短

从合理搬运的角度看，搬运距离应该越短越好。距离移动越长，费用越大；反之，距离移动越短，则费用越小。

2．时间要少

货物从开始装卸搬运到完成装卸搬运的时间要少。

3．质量要高

能够按客户要求的数量、品种，安全及时地将货物装卸搬运到指定的位置，这是为客户提供优质服务的主要内容之一，也是保证生产顺利进行的重要前提。

4．运费要省

（二）装卸搬运合理化的措施

1．防止和消除无效作业

所谓无效作业是指在装卸作业活动中超出必要的装卸搬运量的作业。有效地防止和消除无效作业，可从以下几个方面入手。

（1）尽量减少装卸次数。

（2）提高被装卸物料的纯度。

（3）包装要适宜。

（4）缩短搬运作业的距离。

2．提高装卸搬运的灵活性

所谓装卸搬运的灵活性是指在装卸作业中的物料进行装卸作业的难易程度。根据物料所处的状态，即物料装卸搬运的难易程度，可分为不同的级别。

0级——物料杂乱地堆在地面上的状态。

1级——物料装箱或经捆扎后的状态。

2级——箱子或被捆扎后的物料，下面放有枕木或其他衬垫后，便于叉车或其他机械作业的状态。

3级——物料被放于台车上或用起重机吊钩钩住，即刻移动的状态。

4级——被装卸、搬运的物料，已经被起动、直接作业的状态。

从理论上讲，活性指数越高越好，但也必须考虑到实施的可能性。

3．实现装卸作业的省力化

装卸搬运使物料发生垂直和水平位移，必须通过做功才能实现，要尽力实现装卸作业的省力化。

4．合理组织装卸搬运设备，提高装卸搬运作业的机械化水平

物资装卸搬运设备运用组织是以完成装卸任务为目的，并以提高装卸设备的生产率、装卸质量和降低装卸搬运作业成本为中心的技术组织活动。它包括下列内容。

（1）确定装卸任务量。

（2）根据装卸任务和装卸设备的生产率，确定装卸搬运设备需用的台数和技术特征。

（3）根据装卸任务、装卸设备生产率和需用台数，编制装卸作业进度计划。它通常包括装卸搬运设备的作业时间表、作业顺序、负荷情况等详细内容。

（4）下达装卸搬运进度计划，安排劳动力和作业班次。

（5）统计和分析装卸作业成果，评价装卸搬运作业的经济效益。

5．推广组合化装卸搬运

在装卸搬运作业过程中，根据不同物料的种类、性质、形状、重量的不同来确定不同的装卸作业方式。

6．合理地规划装卸搬运方式和装卸搬运作业过程

装卸搬运作业过程是指对整个装卸作业的连续性进行合理的安排，以减少运距和装卸次数。

五、包装概述

1．重复再用和再生的包装材料

（1）重复再用包装材料。此类包装材料可以反复使用。例如，啤酒、饮料、酱油等可以采用玻璃瓶进行包装，玻璃瓶可以被反复使用。

（2）再生包装材料。再生利用包装，可用物理方法和化学方法再生。

①物理方法。

以聚酯瓶为例，物理方法是将回收后的聚酯瓶直接彻底净化粉碎，无任何污染物残留，经处理后的塑料再直接用于再生包装容器。

②化学方法。

以聚酯瓶为例，化学方法是指将回收的聚酯瓶粉碎洗涤之后，在催化剂作用下，使聚酯瓶全部解聚成单体或部分解聚，纯化后再将单体重新聚合成再生包装材料。

2．可食性包装材料

人工合成可食性包装膜的特点是透明、无色、无嗅、无毒、具有韧性、高抗油性薄膜，能食用，可做食品包装，其光泽、强度、耐折性能都比较好。这种包装在食品工业，尤其在果蔬保鲜方面，具有广阔的应用前景。

3．可降解材料

可降解材料是指在特定时间内造成性能损失的特定环境下，其化学结构发生变化的一种塑料。可降解塑料包装材料既具有传统塑料的功能和特性，又可以在完成使用寿命之后，在自然环境中分裂降解和还原，最终以无毒的形式重新进入生态环境中，回归大自然，被重新利用。

六、流通加工概述

流通加工是指物品在从生产地到使用的过程中，根据需要施加包装、分割、计量、分拣、刷标志、贴标准、组装等简单作业的总称。

（一）流通加工的目的

流通加工处于不易区分生产还是物流的中间环节，尽管它可以创造性质和形态的使用效能，但还是应该从物流机能拓展的角度将其看作物流的构成要素为宜。流通加工的目的可归纳为以下几个方面。

（1）适应多样化的客户的需求。
（2）在食品方面，可以通过流通加工来保持并提高其保存机能。
（3）提高商品的附加值。
（4）可以规避风险，推进物流系统化。

（二）流通加工与生产加工的区别

流通加工与生产加工的区别见表1-2。

表1-2　　　　　　　　　　　　流通加工与生产加工的区别

名称	流通加工	生产加工
加工对象	已经进入流通领域的商品或成品	加工原材料、半成品和零部件
加工的复杂程度	简单的、辅助性的、补充加工	复杂的、完成大部分加工，加工的深度很强
加工的主体	流通企业	生产企业
加工价值	完善使用价值、增加价值	创造价值和使用价值
加工的目的	方便消费、流通与物流	为了交换和消费

七、物流信息处理概述

（一）物流信息的功能

物流信息在物流活动中具有十分重要的作用，通过物流信息的收集、传递、存储、处理、输出等，成为决策依据，对整个物流活动起指挥、协调、支持和保障作用，其主要功能体现在以下几个方面。

1．沟通联系功能

物流系统是由许多行业、部门以及众多企业群体构成的经济大系统，系统内部正是通过各种指令、计划、文件、数据、报表、凭证、广告、商情等物流信息，建立起各种纵向和横向的联系，沟通生产厂、批发商、零售商、物流服务商和消费者，满足各方的需要。因此，物流信息是沟通物流活动各环节之间联系的桥梁。

2．交易功能

交易功能就是记录完成具体物流交易活动的基本程序和作业，包括记录订货内容、安排存货任务、作业程序选择、定价、开票及消费者查询等，其主要特征表现为：日常化、规模化、规范化。

3．控制与协调功能

通过移动通信、计算机信息网、电子数据交换、全球定位系统等技术实现物流活动的电子化，如货物实时跟踪、车辆实时跟踪、库存自动补货等，用信息化代替传统的手工作业，实现物流运行、服务质量和成本等的管理控制。物流信息随着物资、货币及物流当事人的行为等信息载体进入物流中，同时信息的反馈也随着信息载体反馈给供应链上的各个环节，依靠物流信息及其反馈可以引导供应链结构的变动和物流布局的优化；协调物资结构，使供需之间平衡；协调人、财、物等物流资源的配置，促进物流资源的整合和合理使用等。

4. 决策与计划功能

物流信息是制定决策方案的重要基础和关键依据，物流管理决策过程的本身就是对物流信息进行深加工的过程，是对物流活动的发展变化规律性认识的过程。物流信息可以协助物流管理者鉴别、评估经比较物流战略和策略后的可选方案，如车辆调度、库存管理、设施选址、资源选择、流程设计以及有关作业比较和安排的成本—收益分析等均是在物流信息的帮助下才能作出的科学决策。

5. 战略功能

作为决策分析的延伸，物流战略计划涉及物流活动的长期发展方向和经营方针的制定，如企业战略联盟的形成、以利润为基础的顾客服务分析以及能力和机会的开发和提炼，作为一种更加抽象、松散的决策，它是对物流信息进一步提炼和开发的结果。

6. 缩短物流管道功能

为了应付需求波动，在物流供应链的不同节点上通常设置有库存，包括中间库存和最终库存，如零部件、在制品、制成品的库存等，这些库存增加了供应链的长度，提高了供应链成本。但是，如果能够实时地掌握供应链上不同节点的信息，知道在供应管道中，什么时候、什么地方、多少数量的货物可以到达目的地，那么就可以发现供应链上的过多库存并进行缩减，从而缩短物流链，提高物流服务水平。

常见的物流技术有条码技术、无线射频技术、物流跟踪与定位技术、电子数据交换技术。

（二）物流信息系统

物流信息系统是计算机信息技术和网络技术在物流领域应用的技术与管理系统，物流信息系统作为企业信息系统的主要组成部分，通过对物流相关信息的收集、加工、处理、储存和传递，对物流活动实施有效的控制与管理。

物流信息系统与物流管理相对应，物流信息系统的内容应包含以下4个层次。

（1）基础作业层。将搜集、加工的物流信息以数据库的形式加以储存。

（2）数据处理层。对合同、票据、报表等业务表现方式进行日常处理。

（3）计划控制层。包括仓库作业计划、最优路线选择、控制与评价模型的建立，根据运行信息检测物流系统的状况。

（4）管理决策层。建立各种物流系统分析模型，辅助高管人员制定物流战略规划。

实训条件与组织

1. 实训条件：物流工程专业实训室。
2. 实训组织运行要求：分组实训，6人/组，每组选出一名组长，负责本组实训过程的组织与管理。

实训内容

1. 案例分析素材

本实训项目选择的案例企业是顺丰速运（集团）有限公司，以下简称顺丰，所用素材主要来自顺丰速运官方网站（https://www.sf-express.com）。

1993年，顺丰诞生于广东顺德。经过多年发展，已成为国内领先的快递物流综合服务商、全球第四大快递公司。顺丰秉承"以用户为中心，以需求为导向，以体验为根本"的产品设计思维，聚焦行业特性，从客户应用场景出发，深挖不同场景下客户端到端全流程接触点需求及其他个性化需求，设计适合客户的产品服务及解决方案，持续优化产品体系与服务质量。同时，顺丰利用科技赋能产品创新，形成行业解决方案，为客户提供涵盖多行业、多场景、智能化、一体化的智慧供应链解决方案。

顺丰围绕物流生态圈，横向拓展多元业务领域，纵深完善产品分层，满足不同细分市场需求，覆盖客户完整供应链条。经过多年发展，依托于公司拥有的覆盖全国和全球主要国家及地区的高渗透率的快递网络基础上，顺丰为客户提供贯穿采购、生产、流通、销售、售后的一体化供应链解决方案。同时，作为具有"天网+地网+信息网"网络规模优势的智能物流运营商，顺丰拥有对全网络强有力管控的经营模式。

（1）顺丰运输。顺丰速运是目前国内自有机队规模最大的快递公司，截至2023年10月底，顺丰自有86架飞机，全面支撑顺丰速运航空通航60余城、覆盖国内、辐射国际的航线网络高效运转。顺丰航空首条洲际货运航线"无锡—重庆—哈恩—无锡"正式开通，实现了顺丰集团自有全货机近十年来进入欧洲的首次飞行。新航线实现常态化运营后，将大幅度缩短欧洲消费者体验中国商品的时间，进一步加快中国品牌走进欧洲市场。

以往航空货运到欧洲往往存在中转多、耗时久、落地后还面临多次转运的困扰。顺丰航空无锡—哈恩航线的开通，大大改善了此情况。该航线每周三执行飞行，能实现300吨/周的运力支持，航行时间仅需13小时，到哈恩后可提供卡车快速转运服务，辐射以法兰克福为中心的多个核心城市和地区，并提供直运到门服务。这意味着顺丰集团的国际空运服务能力进一步增强，打造从装载、运输、清关、卸货、转运、到门六大环节一体化定制服务，节省运营时间，提高运营效率，实现全程无忧的供应链物流服务，利于中国企业更快、更好直接攻克欧洲市场，提升品牌竞争力。

（2）顺丰仓配。

零售门店前置仓场景：线上线下融合O2O前置仓新零售模式，更低配送成本，更好客户时效体验。

统仓统配解决方案：针对传统分销模式多级库存、需求不可视等业务痛点，通过整合多代理、多渠道的库存，利用大数据算法建立全国分仓网络，降低仓储成本、物流成本，实现库存可视、需求可视，助力客户价值链建设。

即时配送：面向所有客户的全场景同城物流配送，专人专送，为客户提供全城范围内的点到点急速配送服务。3公里平均30分钟送达，5公里平均60分钟送达，如遇恶劣天气、高峰时段等影响，配送时效可能会有临时调整。顺丰同城急送提供365天无休配送服务，不同城市服务时间段不同,特殊节假日、特殊时间段会根据情况收取特殊时段服务费。

(3)顺丰流通加工。云南松茸从深山到狮城新加坡只需17小时,顺丰国际高效守护松茸的"鲜",让全世界食客品尝大自然的恩赐美味。17小时抵达新加坡,源于顺丰国际提升东南亚快递能力,加密自有全货机至新加坡、马来西亚、泰国、越南等国的航班;24小时高效清关;自有服务网络升级等措施,保障了东南亚快递运力和时效,为客户提供安全有保障的优质服务,也让松茸一路领"鲜"。

云南松茸17小时送达新加坡,不仅得益于深圳海关与昆明海关的完美合作,充分利用顺航与深航的运力资源,也是对顺丰国际升级东南亚快递服务的检验,升级后的东南亚快递服务,不仅为客户带来了时效和舱位的双保障,时效的提升给海外食客第一时间带来味蕾上的"鲜"体验,更为中国企业出海东南亚提供了高效稳定的服务,助力中国企业拓展东南亚市场。

(4)顺丰包装。顺丰科技可持续包装解决方案服务中心(SPS),成立于2013年,多年来以可持续、智能化为方向,在快递、冷链、重货、特种等物流领域,沉淀了近百套标准化专业包装解决方案,为顺丰物流网络及客户提供了1000余套定制化包装解决方案,致力于为全行业打造最具竞争力的一体化综合物流包装解决方案服务体系。SPS以减量化、再利用、可循环、可降解为纲领,聚焦客户和市场,以降低成本、提升质量、业务增长为导向,提供最具有竞争力的"包装+"解决方案。

(5)顺丰信息技术。顺丰科技经过多年的自主研发,已经建成了大数据整体生态系统,成为顺丰天网、地网、信息网的"黏合剂"。已完成数据采集与同步、数据存储与整合、数据分析与挖掘、机器学习、数据可视化等平台的构建。在建设底层平台的基础上,结合大数据与人工智能技术,广泛应用于速运、仓储、冷运、医药、商业、金融、国际等业务领域,建设了包括智慧管理平台、智能决策平台、物联网实时监控平台、智慧仓储系统等一系列大数据产品和系统。降低传统企业数字化转型成本,为企业提供低人力、低时间、低开发门槛的可拓展技术应用的大数据支撑。使用企业一站式大数据平台,用户不仅可以不断提升数据开发效率,并可显著降低数据开发周期及成本。

(6)顺丰装卸搬运。自动化智能分拣:利用交叉带分拣系统、移动分拣系统、机械手分拣系统等技术,实现可分场景快速部署的无人化、移动化、实时监控的物品分拣作业流程。

物流自动化分拣运输解决方案:应用于生产或物流配送中心的,对物品进行自动分类、整理、运输的全套解决方案。除电商、快递市场外,无人化分拣、运输技术还广泛应用于烟草、医药、流通、食品、汽车等各个行业。

2. 小组讨论内容

在组长的协调与组织下,每位小组成员至少选择下面一个任务进行讨论。

(1)分析顺丰的运输活动,判断并解释其合理性。

(2)分析顺丰的包装活动,判断并解释其合理性。

(3)分析顺丰的装卸搬运活动,判断并解释其合理性。

(4)分析顺丰的仓储与配送活动,判断并解释其合理性。

（5）分析顺丰的流通加工活动，判断并解释其合理性。
（6）分析顺丰的物流信息处理情况，判断并解释其合理性。

> **思考题**
>
> ❶ 你认为顺丰如何进一步发展绿色物流？
> ❷ 你认为顺丰如何进一步降低物流成本、提高物流服务质量？

考核要求及标准

1. 考核要求

本次课从课堂表现和实训报告两个方面进行考核。课堂表现方面，要求学生不旷课、不迟到早退，认真分析资料、做好记录，积极参与讨论，完成个人任务。根据案例素材资料，分析顺丰现代物流战略及涉及的物流作业活动，根据所学的现代物流学知识，分析案例中顺丰物流活动的合理性，并进行探索性学习，扩展知识面。实训报告方面，每个小组提交一份实训报告，使用学校统一印发的实训报告纸，内容完整。

2. 考核标准

本实训项目的考核标准见表1-3。

表1-3　　　　　　　　　　考核内容及权重明细表

考核内容	权重	评分要求与标准
课堂表现	50%	考勤10分，小组成员个人任务完成情况40分，共50分。小组内成员有迟到或早退现象按人次扣5~10分，小组内成员有旷课的、该组的课堂表现成绩为0分，根据小组成员个人任务完成情况赋分0~40分
实训报告	50%	实训报告的完成质量，从内容的完整性、问题分析的全面性、优化措施或改进建议的合理性、心得体会等方面进行考核

其他说明

本实训项目的素材主要来自顺丰速运官方网站，也有少部分信息来自相关媒体报道，不一一赘述，在此表示感谢。在实际教学过程中，也可以选择相关视频资料作为案例分析素材的补充。社会在不断进步，企业在不断发展，案例分析的素材也要不断更新，与时俱进。

实训三 我国物流业的发展现状及发展趋势分析

实训目的

1. 通过本实训使学生能够利用所学物流知识解释常见的物流现象，分析我国物流业发展的现状，提出发展的建议，做到理论知识与社会实践的融会贯通。
2. 了解我国物流业与生产制造业、商贸流通业的联动发展现状，掌握物流业与其他行业联动发展的趋势。
3. 使学生具有初步的分析物流问题的能力，培养学生的团队协作精神，锻炼语言表达能力、沟通协调能力和自学能力。

实训准备

1. 复习现代物流学课程知识：第三方物流管理：第三方物流的内涵、第三方物流的优势与风险、第三方物流决策、第三方物流实施。物流产业：我国物流产业发展现状、制造业与物流业的联动发展。物流发展新理念：精益物流、绿色物流、逆向物流、物流金融、智慧物流。
2. 从网络搜集物流业发展现状及趋势的相关信息。
3. 材料准备：学习用具。

知识链接

一、电子商务物流管理

（一）物流是实现电子商务的保证

1. 物流保障生产

生产的顺利进行需要各类物流活动的支持。生产的全过程从原材料的采购开始，便要求有相应的供应物流活动，将所采购的材料到位，否则生产就难以进行；在生产的各工艺流程之间，也需要原材料、半成品的物流过程，即所谓的生产物流，以实现生产的流动性；部分余料、可重复利用的物资的回收，就需要所谓的回收物流；废弃物的处理则需要废弃物物流。可见，整个生产过程实际上就是系列化的物流活动。合理化、现代化的物流，通过降低费用从而降低成本、优化库存结构、减少资金占压、缩短生产周期，保障了现代化生产的高效进行。相反，缺少了现代化的物流，生产将难以顺利进行，无论电子商务是多么便捷的贸易形式，仍将是无米之炊。

2. 物流服务于商流

在商流活动中，商品所有权在购销合同签订的那一刻起，便由供方转移到需方，而商品实体并没有因此而移动。在传统的交易过程中，除了非实物交割的期货交易，一般的商流都必须伴随相应的物流活动，即按照需方（购方）的需求将商品实体由供方（卖方）以适当的方式、途径向需方（购方）转移。而在电子商务下，消费者通过上网购物，完成了商品所有权的交割过程，即商流过程。但电子商务的活动并未结束，只有商品和服务真正转移到消费者手中，商务活动才告以终结。在整个电子商务的交易过程中，物流实际上是以商流的后续者和服务者的姿态出现的。

（二）物流是电子商务实现"以顾客为中心"理念的根本保证

电子商务可以把所有的商品买卖虚拟成一个大的商场，在任何时间、地点都可以买到世界上任何一种商品。电子商务的出现，在最大程度上方便了最终消费者。从电商平台上购买的商品能否安全迅速地送到客户手中，需要物流的支持。电子商务的发展需要物流做基础，物流是实现"以顾客为中心"理念的根本保证。

二、供应链物流管理

（一）供应链概述

我国国家标准《物流术语》（GB/T 18354-2021）对供应链的定义是："供应链（supply chain）是指生产及流通过程中，围绕核心企业的核心产品或服务，由所涉及的原材料供应商、制造商、分销商、零售商直到最终用户等形成的网链结构。"

一个完整的供应链始于原材料的供应商止于最终用户，是由原材料供应商、制造商、仓库、分销商、零售商和最终用户构成。供应链强调企业间的战略合作关系，核心企业从事自己最擅长的核心业务，其他不擅长的业务外包给战略合作伙伴，供应链上各节点企业之间要信息共享，围绕核心企业，通过对物流、信息流、资金流的控制，将供应商、制造商、分销商、零售商、最终用户连成一个价值增值的网链状结构。供应链管理则是把供应链上的各个节点企业作为一个不可分割的整体，使链条上的各个节点企业分担的采购、生产、分销和销售的职能成为一个协调有机体，并且近年来还将废弃物回收、退货等逆向物流包含进供应链当中。

21世纪的竞争不单是企业和企业之间的竞争，而且是供应链与供应链之间的竞争。根据供应链上各节点企业之间供需关系的复杂性，供应链可分为：简单的供应链、扩展的供应链和完整的供应链。

1. 简单的供应链

简单的供应链一般由一个制造商、一个供应商和一个客户组成，供应链中涉及从上游到下游的物流、服务流、资金流和信息流。

2. 扩展的供应链

在简单供应链的基础上在上游增加了供应商的供应商，下游增加了客户的客户。整个链条一般由供应商的供应商、供应商、制造商、分销商、零售商、客户、客户的客户组成，供应链中涉及从上游到下游的物流、服务流、资金流和信息流。

3. 完整的供应链

完整的供应链在扩展供应链的基础上增加了第三方物流企业、第三方资金提供商和市场调查公司等，完整供应链的功能更强大。

（二）供应链管理概述

GB/T 18354—2021中对供应链管理的定义是："供应链管理（supply chain management）是指从供应链整体目标出发，对供应链中采购、生产、销售各环节的商流、物流、信息流及资金流进行统一计划、组织、协调、控制的活动和过程"。

供应链管理的目标在于提高用户服务水平和降低总的成本，用户服务水平的提高往往伴随着成本的提升，供应链管理的目标在于寻求这两个目标的平衡点。换句话说，供应链管理的目标是在不会对环境带来危害的前提下，力求以最低成本快速地为用户提供最好的服务。具体来说，分为以下几点。

（1）降低供应链的总成本，提高供应链整体的运作效率，增加供应链整体的竞争力。

（2）伴随市场的扩大，提供完整的产品组合服务。

（3）针对市场需求的差异化特征，最大限度地满足客户的多样化需求。

（4）在满足客户的多样化需求的同时，应追求时间上的优势，即能够对客户的多样化需求实现快速反应。

（5）注重绿色采购、绿色生产、绿色销售与绿色物流，实现供应链整体与自然环境的和谐。

实训条件与组织

1. 实训条件：物流工程专业实训室。
2. 实训组织运行要求：分组实训，6人/组，每组选出一名组长，负责本组实训过程的组织与管理。

实训内容

1. 实训素材

本实训项目的素材来自中央电视台官方网站（https://www.cctv.com/）。

（1）CCTV-2《经济半小时》栏目视频资料：小包裹背后的"中国智造"20221202。

主要内容：国家邮政局的数据显示，2021年，我国快递业务量首次突破千亿级别，连续八年位居世界第一。我国已经建成了全球规模最大、受益人数最多的邮政快递网络，物流行业在中国制造、中国创造推动下不断升级，正在从"汗水物流"到"智慧物流"蜕变。

（2）CCTV-2《创新进行时》栏目视频资料：我在高原做物流（二）20230627。

主要内容：网络购物对于顾客而言，不过就是动动手指那么简单，然而对于物流系统来说，从一张订单生成到配送到客户手中，需要经历多个复杂的技术环节和流程，而在物流仓储运营当中，物流工作人员按照订单找货是较耗时间的环节之一。西藏物流团队如何能够提升仓库内找货效率？

2. 小组讨论内容

在组长的协调与组织下，每位小组成员至少选择下面一个问题进行讨论。

（1）根据视频资料，你认为电子商务对物流产生了什么影响？
（2）根据视频资料，你认为物流在电子商务中的地位是怎样的？
（3）视频中出现的供应链是什么类型？为什么？
（4）视频中体现了物流管理在供应链管理中的哪些作用？
（5）视频资料体现了第三方物流的哪些优势？
（6）视频体现了我国物流产业什么样的发展趋势？

思考题

① 怎样理解制造业与物流业的联动发展？
② 我国物流业的发展趋势是怎样的？

考核要求及标准

1. 考核要求

本次课从课堂表现和实训报告两个方面进行考核。课堂表现方面，要求学生不旷课、不迟到早退，认真分析资料、做好记录，积极参与讨论，完成个人任务。根据案例素材资料，分析案例中物流管理在供应链管理中的作用，根据所学现代物流学的知识，分析电商物流的运作模式，并进行探索性学习，扩展知识面。实训报告方面，每个小组提交一份实训报告，使用学校统一印发的实训报告纸，内容完整。

2. 考核标准

本实训项目的考核标准见表1–4。

表 1–4　　　　　　　　　　　考核内容及权重明细表

考核内容	权重	评分要求与标准
课堂表现	50%	考勤10分，小组成员个人任务完成情况40分，共50。小组内成员有迟到或早退现象按人次扣5～10分，小组内成员有旷课的、该组的课堂表现成绩为0分，根据小组成员个人任务完成情况赋分0～40分
实训报告	50%	实训报告的完成质量，从内容的完整性、问题分析的全面性、优化措施或改进建议的合理性、心得体会等方面进行考核

其他说明

　　本实训项目的素材主要来自中央电视台官方网站。本项目主要是给出了电商物流、第三方物流和供应链管理的实训素材,在实际教学过程中,也可以选择相关文字资料作为案例分析素材的补充。社会在不断进步,企业在不断发展,实训素材也要不断更新,与时俱进。党的二十大报告提出:必须坚持在发展中保障和改善民生,鼓励共同奋斗创造美好生活,不断实现人民对美好生活的向往。乡村振兴是建设美丽中国的关键举措,是实现全体人民共同富裕的必然选择。乡村振兴战略的推进离不开一体化、现代化的农村物流体系,其中冷链物流体系是农产品产销链的关键支撑环节,冷链物流作为专业物流,能够利用温控、保鲜等技术工艺和冷库、冷藏车、冷藏箱等设施设备,确保农产品在初加工、储存、运输、流通加工、销售、配送等全过程始终处于规定温度环境下,在减少损耗的同时,还能有效保证农产品的新鲜度。有关农产品冷链物流的实训素材可以参考实训链接1-1和实训链接1-2。

　　实训链接1-1: 济南市人民政府办公厅关于加快全市农产品冷链物流体系建设的实施意见。

　　实训链接1-2: 《济南市人民政府办公厅关于加快全市农产品冷链物流体系建设的实施意见》发文说明。

第二章
物流工程学实训

　　物流工程学实训是为配合物流工程学课程的理论教学,增强学生对物流工程学课程基本理论和基本方法的理解和应用,是在学习了现代物流学、物流设施与设备和物流工程学等课程的基础上开设的实训内容。学生通过该章节实训,加深对物流工程学的基本理论、设施选址方法以及设施布置技术等内容的掌握理解和应用。学生通过完成实训项目,有助于提升其运用物流工程学理论知识分析问题和解决问题的能力、物流工程图表绘制能力、计算机软件运用能力、团队协作能力、资料检索与收集能力、资料整理与分析能力、实训报告的撰写能力及学术论文的写作能力,为学习本专业的其他专业课程及未来就业奠定基础。

　　本章共有两个实训项目,两个实训项目均是综合性项目。其中设施选址方案设计要求学生运用设施选址的基本理论和运输模型法、集合覆盖模型法等设施选址方法解决设施选址问题,要求根据问题进行分析,选用合适方法构建选址模型,并运用规划求解工具和数理规划LINGO软件进行模型求解,结合问题实际情况逐步得出合理的设施选址方案。设施布置方案设计要求学生运用设施布置的基本理论和系统布置设计方法、关系表法等设施布置方法解决设施布置问题,要求学生重点掌握作业间物流相互关系分析、位置相互关系分析及面积相互关系分析等步骤,并能够规范绘制相应图表,结合问题实际情况逐步得出合理的设施布置方案。

实训一 | 设施选址方案设计

实训目的

1. 能够就集合覆盖问题、运输问题列出设施选址模型。
2. 能够用规划求解工具进行集合覆盖问题模型求解和运输问题模型求解。
3. 能够用LINGO软件进行集合覆盖问题模型求解和运输问题模型求解。
4. 能够得出合理的选址方案。

实训准备

1. 了解覆盖问题和运输问题的基本知识。
2. 了解认识规划求解和LINGO软件。
3. 材料准备：空白纸张、中性笔、铅笔、橡皮、直尺。

知识链接

一、设施选址决策的影响因素

设施选址影响因素可以分为内部因素和外部因素两个方面。内部因素指的是与企业本身密切相关的因素，而外部因素指的是社会环境及自然条件对企业选址所施加的影响因素。

（一）内部因素

1. 企业的性质

制造企业选址的战略要点通常是成本的最小化；服务企业选址的战略要点通常是收入的最大化。但总体上，设施选址的根本目标不会变，即寻找一个能让企业利益最大化的合适场所以开展其运营。

2. 企业的战略目标

企业进行选址的目标可能是为了扩大生产规模、降低成本，也可能是为了进入新的市场。不同的战略考虑决定了企业应该特别重视那些影响选址的因素。

3. 企业投资的具体项目和所生产的产品

对于不同的项目和产品，企业选址时必须区别对待。比如对消耗原料大的项目应选择靠近原材料产地。

（二）外部因素

1. 宏观政治、经济因素

没有稳定就没有发展，一个国家或地区的政治经济状况是企业选址时首先要考虑的外部因素。具体包括：地方政府的政策法规，如产业政策、环保政策、土地政策等。

2. 自然条件和基础设施

企业对自然条件和交通、水电等设施方面都有要求，具体包括土地资源、地质与气候条件和煤、电、水、通信设施、交通设施等基础设施。

3. 市场与供应等经济环境

具体包括市场的可接近性，供应商的靠近程度和与竞争对手的距离等。有的企业选址喜欢在与竞争对手靠近的地方，这种倾向称为群聚效应。

二、设施选址的覆盖模型法

覆盖模型是对一组需求已知的点，确定一组服务设施来满足这些需求点的需求，要求确定服务设施最小数量和合适的位置。覆盖模型分为集合覆盖模型和最大覆盖模型，前者是用最小数量的设施去覆盖所有的需求点，后者是在给定数量的设施下，覆盖尽可能多的需求点。

集合覆盖问题的基本模型如下。

目标函数：

$$\min Z = \sum_j c_j x_j$$

约束条件：

$$\sum_{j \in N_i} x_j \geq 1 \forall j$$

$$x_j \in \{0,1\} \forall j$$

式中　x_j——需求点，一般x_j=0代表不建设施，x_j=1代表建立设施；

c_j——在节点设置一个设施时的固定成本；

N_i——节点可接受的最大服务距离（时间）S范围内设施节点j的集合，即$N_i=\{j|d_{ij} \leq S\}$；

Z——新建设施总成本。

模型解释如下。

（1）目标函数式是使设施总成本最小，很多情况下假设每个新建设施固定成本c_j相等，则目标函数为设施数量最少。

（2）约束条件中第一个式子保证对每个需求点至少有一个设施位于可接受的距离之内。

（3）上述模型基于以下假设：新建设施的服务能力不受限制。

三、设施选址的运输模型法

对于多设施选址问题，如一家公司设有多个工厂供应多个销售点，当产量不足时，需要增建工厂，一般已知数个待选厂址方案，要求确定一个厂址，使已有设施的生产运输费用最小。运输模型法的分析目标是在给定有限原料位置点的供给和特定的需求要求后，寻找出在最低可能运输成本下满足所有需要的最佳地点。本实训所涉及的运输问题属于产销平衡的运输问题。

四、设施选址的Excel规划求解

"规划求解"是一组命令的组成部分，借助"规划求解"，通过调整所指定的可更改的单元格（可变单元格）中的值，可求得工作表上某个单元格（被称为目标单元格）的最优值。启动规划求解的方式如下，在office表格中，加载路径为依次点击左上角的文件——选项——加载项，在Excel加载项处，点击转到，会出现加载宏对话框，勾选【规划求解加载项】，点击确定，便可在数据下找到规划求解，如图2-1所示。第二种方法，在WPS表格中，点击数据——模拟分析，在模拟分析下拉菜单中可以找到规划求解。如图2-2所示。

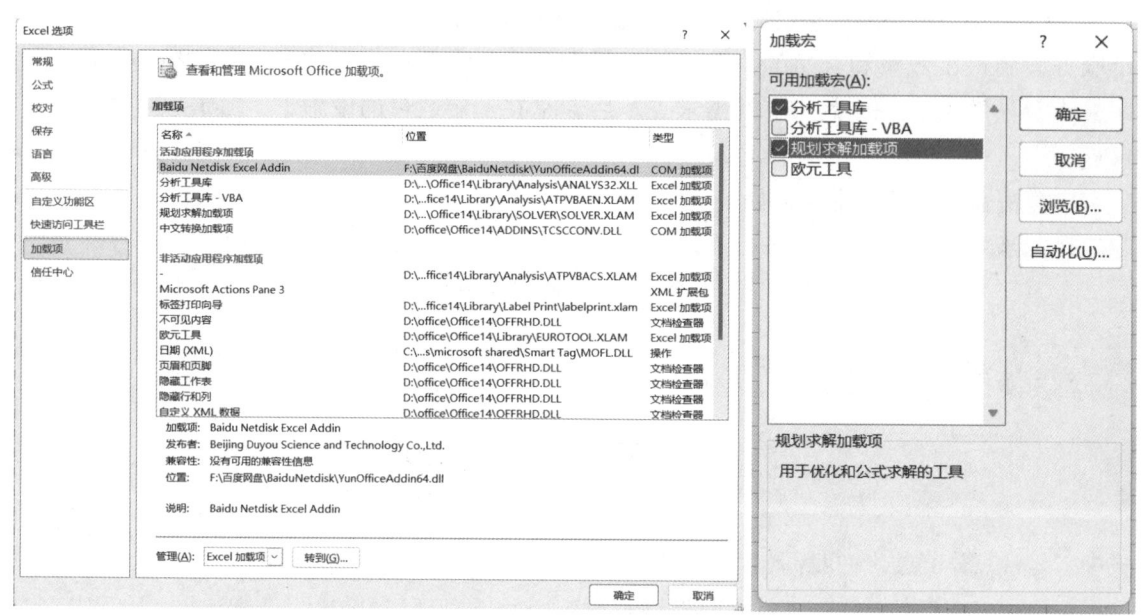

图2-1　规划求解图示1

五、设施选址的LINGO软件规划求解

LINGO是一个利用线性规划和非线性规划来简洁地阐述、解决和分析复杂问题的简便工具，其特点是程序执行速度很快，易于输入、修改、求解和分析一个数学规划问题，因此LINGO在教育、科研和工业界得到了广泛应用。LINGO软件包有多种版本，但其软件内核和使用方法类

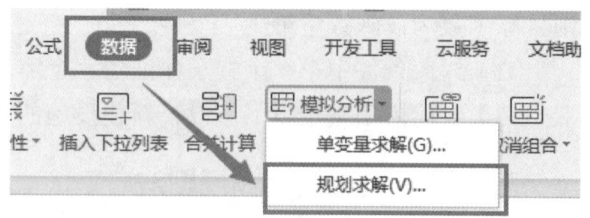

图2-2　规划求解图示2

似。教学版和发行版的主要区别在于对优化问题的规模（变量和约束的个数）有不同的限制。当在Windows下开始运行LINGO系统时，会得到类似如图2-3所示的一个窗口。外层是主框架窗口，包含了所有菜单命令和工具条，其他所有的窗口将被包含在主窗口之下。在主

图2-3　LINGO软件

窗口内的标题为LINGO Model-LINGO1的窗口是LINGO的默认模型窗口，建立的模型都要在该窗口内编码实现。

实训条件与组织

1. 实训条件：校内实训室、电脑、办公软件、LINGO软件。
2. 实训组织运行要求：两人一组共同完成该实训任务。

实训内容

1. 实训任务

（1）某物流供应商拟为15家企业提供物流服务，现为了更好地提供服务，需新建物流中心，表2-1给出了各企业所在地区间的车程时间，要求物流中心到达各企业的车程时间必须在1h以内（含1h）。假设物流中心的服务能力不受限制，除企业4受客观条件限制不能作为物流中心候选地外，其余14个企业所在地均可作为物流中心候选地。请提供决策建议：至少要建多少个物流中心，选址何处？

（2）某企业通过两家工厂F1，F2向P1、P2、P3三个售货点供货，由于需求量的不断增加，现需另设一家工厂，可供选择厂址的地点为F3、F4、F5，产品的单位成本及供应需求情况如表2-2所示，试确定最佳厂址。

2. 实训要求

以上两个任务均要求列出选址模型并用规划求解工具及LINGO软件进行求解，得出选址方案，注意应包含解决以上选址问题的详细步骤。

表 2-1　　各企业所在地区间车程时间表（单位：h）

从＼至	1	2	3	4	5	6	7	8	9	10	11	12	13	14	15
1		1.2	1	1.2	0.9	2	2.1	2.5	3	0.6	1.5	2	1	3	2.4
2			2	2.4	2.2	0.9	1.2	2	2.8	2.6	1	1.2	1.6	2	0.7
3				2	0.8	3	2.5	2.6	1.8	1.7	2.2	2.5	1	3.2	1
4					1.8	3.5	2	1	1.9	2.7	0.9	3.1	3.3	0.7	2.2
5						1.5	2	3	3.4	2.6	2.6	3.3	0.9	1.8	0.6
6							1.5	2	1.8	2.5	0.7	3	2.9	3.1	0.9
7								2	2.5	1	3	0.9	1.9	1.5	0.6
8									1	0.6	2	2.4	1.8	3	3.2
9										1	3	1.8	2	2.6	3.1
10											1.6	1	2.2	3.1	2
11												2	3	2.8	3.3
12													3	2	1
13														2.6	3.1
14															1
15															

表 2-2　　相关资料表

工厂	销售区单位成本（万元）			年产量（台）
	P1	P2	P3	
F1	0.45	0.35	0.25	8000
F2	0.55	0.25	0.65	9000
F3	0.20	0.45	0.60	7000
F4	0.35	0.15	0.65	7000
F5	0.10	0.60	0.55	7000
年需求量（台）	7500	7000	9500	—

实训步骤

1. 基本模型构建示例

[例2-1] 清源市下设8个区,表2-3给出了救护车从一个区至另一个区的车程时间(min)。该市拟建救护中心,要求各区离救护中心的车程时间必须在8min之内。试为该市提供决策建议:至少要建多少个救护中心,选址何处。

表 2-3　　　　　　　　各区间救护车车程时间表(min)

从	至						
	2	3	4	5	6	7	8
1	8	9	11	13	14	8	15
2		10	12	13	11	17	14
3			7	7	8	12	10
4				8	7	10	9
5					8	14	16
6						10	7
7							12

解:先根据表2-3整理出若救护中心建于该区时,救护车程8min内所能覆盖的区,如表2-4所示。

表 2-4　　　　　　　　覆盖区域整理表

选址点	8min 覆盖区域
1	1、2、7
2	1、2
3	3、4、5、6
4	3、4、5、6
5	3、4、5、6
6	3、4、5、6、8
7	1、7
8	6、8

设二进制变量x_j=1代表在该区设救护中心,否则x_j=0。Z为新建救护中心总数量(总成本)。

列出选址模型(已去掉重复约束)如下:

$$\min Z = \sum_{j=1}^{8} x_j$$

s.t.

$$x_1 + x_2 + x_7 \geq 1$$
$$x_1 + x_2 \geq 1$$
$$x_3 + x_4 + x_5 + x_6 \geq 1$$
$$x_3 + x_4 + x_5 + x_6 + x_8 \geq 1$$
$$x_1 + x_7 \geq 1$$
$$x_6 + x_8 \geq 1$$
$$x_j \in \{0,1\} \ (j=1,2,\cdots,8)$$

2. 运输问题基本模型示例

[例2-2] 某公司已有F1和F2两家工厂，生产产品供应P1、P2、P3、P4四个销售区。由于需求量的不断增加，必须另设一家工厂，可供选择的地点有F3和F4两处，相关资料见表2-5，请从F3和F4中选出最佳厂址。

表2-5　　　　　　　　　　　　相关资料表

工厂	销售区单位运输费用（万元）				年产量（台）	单位生产成本（万元）
	P1	P2	P3	P4		
F1	0.5	0.3	0.2	0.3	7000	7.5
F2	0.65	0.5	0.35	0.15	5500	7.0
F3	0.15	0.05	0.18	0.65	12500	7.0
F4	0.38	0.5	0.8	0.75	12500	6.7
年需求量（台）	4000	8000	7000	6000	—	—

解：关键是比较选F3和F4时的总费用。把它化为两个运输问题，即：

（1）产地F1、F2、F3和销地P1～P4，见表2-6。

表2-6　　　　　　　　　　　　问题一

工厂	销售区单位费用（万元）				年产量（台）
	P1	P2	P3	P4	
F1	8.0	7.8	7.7	7.8	7000
F2	7.65	7.5	7.35	7.15	5500
F3	7.15	7.05	7.18	7.65	12500
年需求量（台）	4000	8000	7000	6000	—

（2）产地F1、F2、F4和销地P1～P4，见表2-7。

表 2-7　　　　　　　　　　　　　　　问题二

工厂	销售区单位费用（万元）				年产量（台）
	P1	P2	P3	P4	
F1	8.0	7.8	7.7	7.8	7000
F2	7.65	7.5	7.35	7.15	5500
F4	7.08	7.2	7.5	7.45	12500
年需求量（台）	4000	8000	7000	6000	—

问题一：设总费用为y，x_{ij}代表第i个工厂运到第j个销售区的运量，则可列出基本模型如下。

$$\min y = (8.0x_{11} + 7.8x_{12} + 7.7x_{13} + 7.8x_{14}) + (7.65x_{21} + 7.5x_{22} + 7.35x_{23} + 7.15x_{24}) + (7.15x_{31} + 7.05x_{32} + 7.18x_{33} + 7.65x_{34})$$

s.t.

$$\sum_{j=1}^{4} x_{1j} = 7000 \quad \sum_{j=1}^{4} x_{2j} = 5500 \quad \sum_{j=1}^{4} x_{3j} = 12500 \quad \sum_{i=1}^{3} x_{i1} = 4000$$

$$\sum_{i=1}^{3} x_{i2} = 8000 \quad \sum_{i=1}^{3} x_{i3} = 7000 \quad \sum_{i=1}^{3} x_{i4} = 6000 \quad x_{ij} \geq 0\text{且为整数}$$

问题二：设总费用为y，x_{ij}代表第i个工厂运到第j个销售区的运量，则可列出基本模型如下。

$$\min y = (8.0x_{11} + 7.8x_{12} + 7.7x_{13} + 7.8x_{14}) + (7.65x_{21} + 7.5x_{22} + 7.35x_{23} + 7.15x_{24}) + (7.08x_{31} + 7.2x_{32} + 7.5x_{33} + 7.45x_{34})$$

s.t.

$$\sum_{j=1}^{4} x_{1j} = 7000 \quad \sum_{j=1}^{4} x_{2j} = 5500 \quad \sum_{j=1}^{4} x_{3j} = 12500 \quad \sum_{i=1}^{3} x_{i1} = 4000$$

$$\sum_{i=1}^{3} x_{i2} = 8000 \quad \sum_{i=1}^{3} x_{i3} = 7000 \quad \sum_{i=1}^{3} x_{i4} = 6000 \quad x_{ij} \geq 0\text{且为整数}$$

3．模型求解

（1）覆盖模型问题。

①规划求解。

根据模型的构成部分，即变量、目标函数和约束条件，首先根据构建的模型，在表格中做好准备工作，设定好目标单元格、可变单元格，将目标函数、约束条件与变量建立好联系。然后点击规划求解，进行参数设置，对设置目标、通过更改可变单元格、遵守约束依次进行设置，设置完毕后点击求解，即可得到所建模型的求解结果，如图2-4、图2-5、图2-6所示。

②LINGO软件。

打开软件后,新建空白LINGO Model,将构建的模型转换成LINGO语言,点击求解,即可得到所建模型的求解结果,如图2-7、图2-8所示。

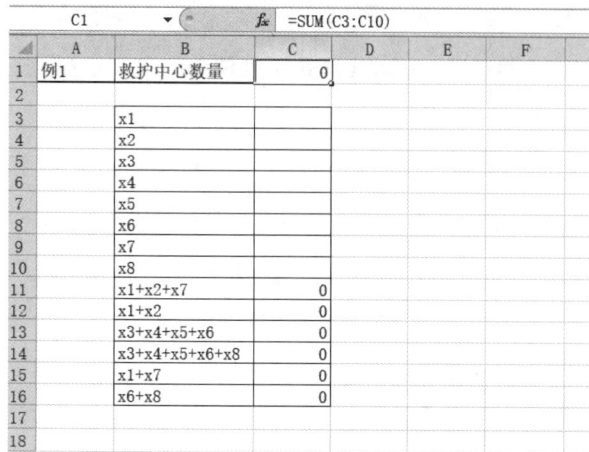

图2-4　构建覆盖问题模型图

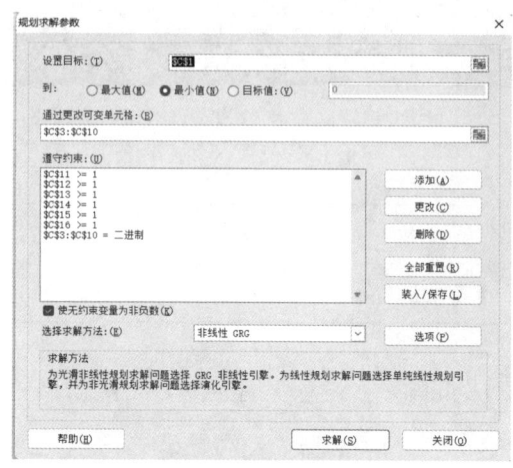

图2-5　规划求解参数设置

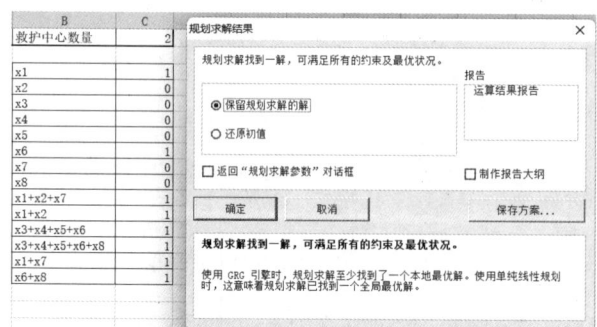

图2-6　规划求解结果

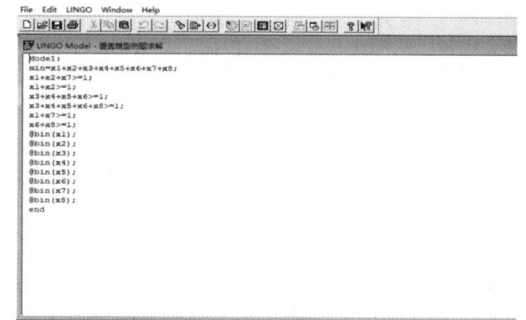

图2-7　覆盖模型LINGO语言

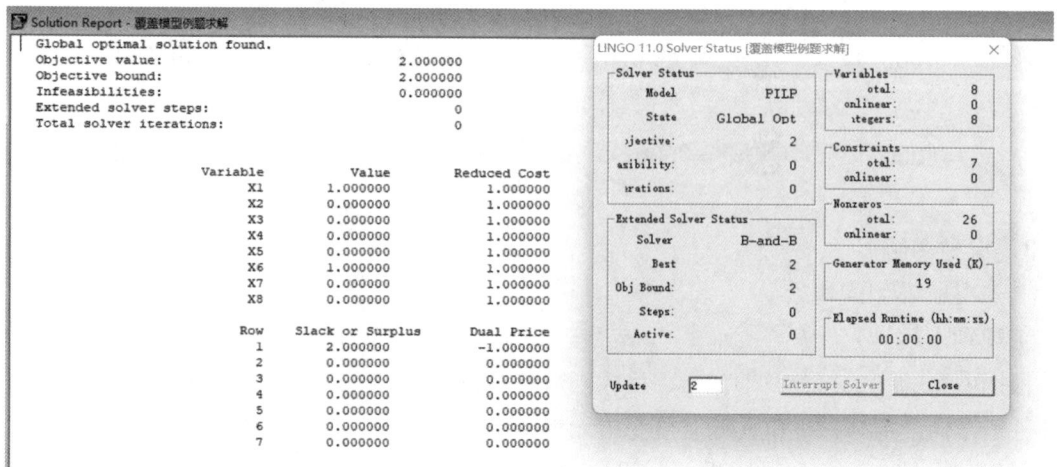

图2-8　覆盖模型问题求解

产地/销地	P1	P2	P3	P4	产量
F1	8	7.8	7.7	7.8	7000
F2	7.65	7.5	7.35	7.15	5500
F3	7.15	7.05	7.18	7.65	12500
销量	4000	8000	7000	6000	25000

产地/销地	P1	P2	P3	P4	产量
F1	8	7.8	7.7	7.8	7000
F2	7.65	7.5	7.35	7.15	5500
F4	7.08	7.2	7.5	7.45	12500
销量	4000	8000	7000	6000	25000

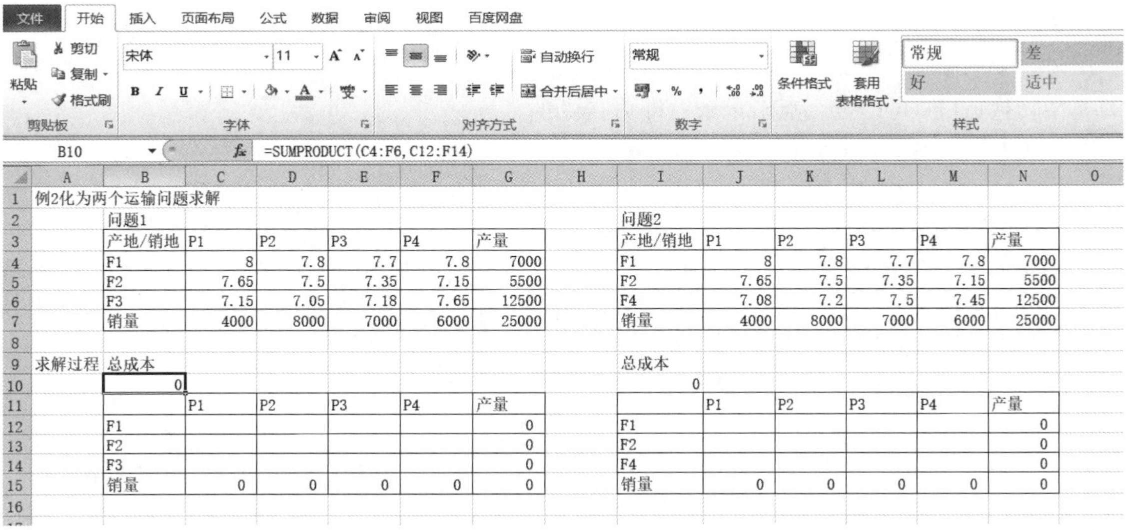

图2–9　构建运输问题模型图

（2）运输问题。

①规划求解。

根据模型的构成部分，即变量、目标函数和约束条件，首先根据构建的模型，在表格中做好准备工作，设定好目标单元格、可变单元格，将目标函数、约束条件与变量建立好联系。然后点击规划求解，进行参数设置，对设置目标、通过更改可变单元格、遵守约束依次进行设置，设置完毕后点击求解，即可得到所建模型的求解结果，如图2–9、图2–10、图2–11所示。

图2–10　规划求解参数设置

产地/销地	P1	P2	P3	P4	产量
F1	8	7.8	7.7	7.8	7000
F2	7.65	7.5	7.35	7.15	5500
F3	7.15	7.05	7.18	7.65	12500
销量	4000	8000	7000	6000	25000

	P1	P2	P3	P4	产量
F1	0	0	6500	500	7000
F2	0	0	0	5500	5500
F3	4000	8000	500	0	12500
销量	4000	8000	7000	6000	25000

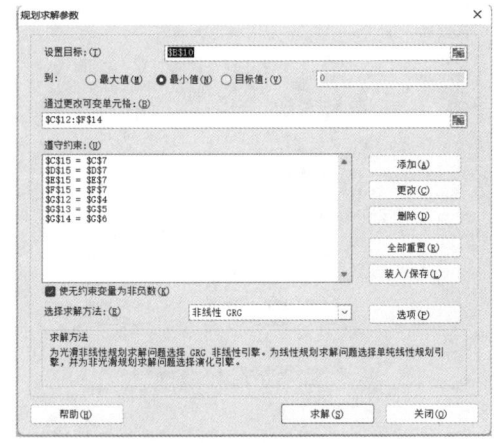

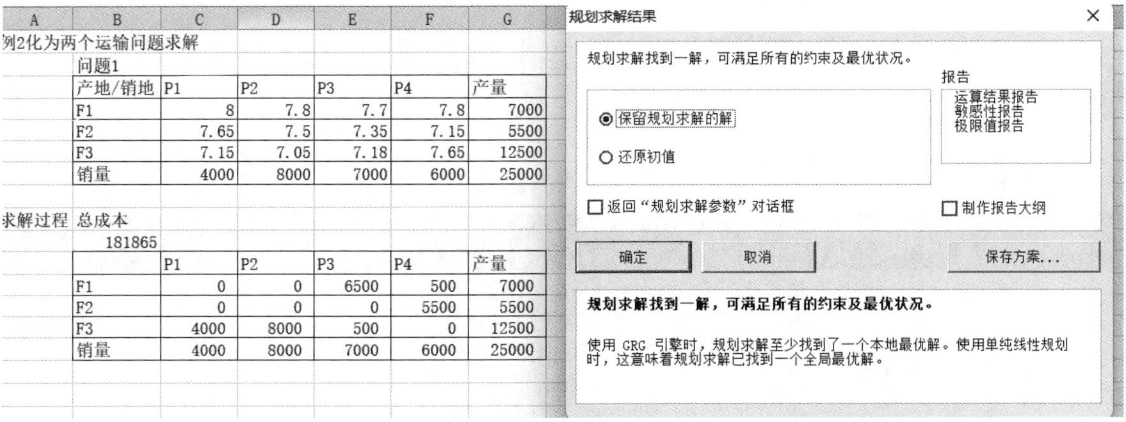

图2–11　规划求解结果

②LINGO软件。

打开软件后，新建空白LINGO Model，将构建的模型转换成LINGO语言，点击求解，即可得到所建模型的求解结果，如图2-12、图2-13所示。

> **思考题**
>
> ❶ 设施选址模型包含哪几个部分？
> ❷ 解决设施选址问题的步骤包括哪些？

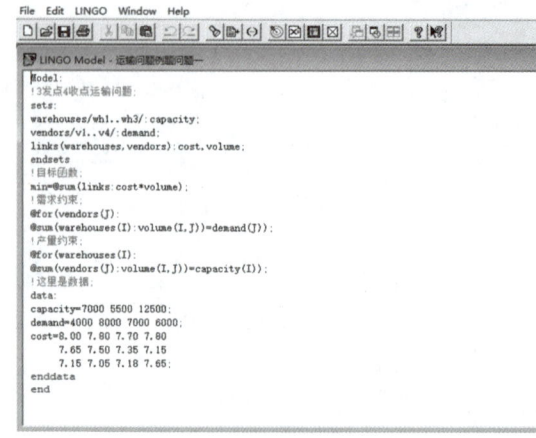

图2-12　运输问题LINGO语言

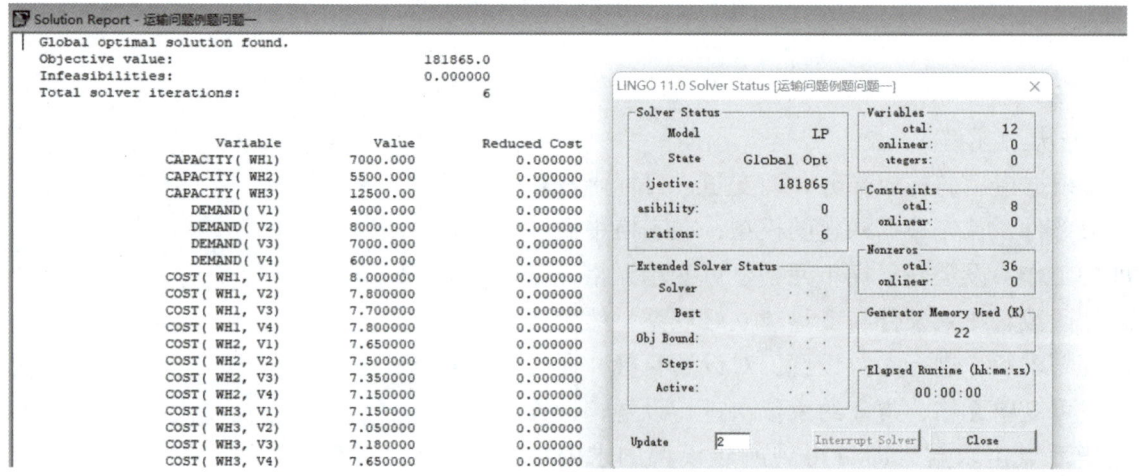

图2-13　运输问题求解

考核要求及标准

本实训项目考核内容包含课堂表现、实训操作与报告撰写两部分，各部分所占比重及考核标准如表2-8所示。

表 2-8　　　　　　　　　　实训项目考核标准表

考核内容	权重	评分要求与标准
课堂表现	20%	1. 不旷课，不迟到早退（10分） 2. 遵守实训室守则及各项纪律（10分） 3. 实训过程中有良好的团队精神，互相协作（20分） 4. 实训态度认真，积极参与实训（20分） 5. 实训结束做好整理、卫生工作（10分） 6. 实训前对实训进行充分的预习，熟悉实训原理、方法及步骤（30分）

续表

考核内容	权重	评分要求与标准
实训操作与报告撰写	80%	1. 熟练操作实训中所用软件，能够运用规划求解及LINGO软件对选址模型进行求解（30分） 2. 按时提交实训报告（10分） 3. 根据实训内容撰写报告，文字精练，图表清晰；实训报告步骤详细准确，包含基本模型构建及运用两种工具求解过程，条理性强，能够得出正确结论（35分） 4. 报告格式排版规范（10分） 5. 报告内容不得照搬，不得抄袭（15分）

实训二 ｜ 设施布置方案设计

实训目的

1. 能够用LINGO软件解决装配线平衡问题。
2. 能够理解系统布置设计方法的重要步骤。
3. 能够理解关系表法的重要步骤。
4. 能够应用布置方法解决设施布置问题。
5. 能够得出合理的设施布置方案。

实训准备

1. 了解设施布置的基本知识。
2. 了解设施布置常用的方法。
3. 材料准备：空白纸张、中性笔、铅笔、橡皮、直尺。

知识链接

一、系统布置设计（systematic layout planning，SLP）方法

1961年理查德·缪瑟提出了系统布置设计（SLP）方法。该方法是一种将物流分析与各作业单元之间的密切关系分析结合起来，寻求合理布局的条理性很强的方法。此方法的应用非常广泛，适用于生产设施和服务设施的布置。

该方法步骤如下。

1. 输入数据，准备原始资料（P、Q、R、S、T）

其中，P–Products，指系统物料的种类；Q–Quantity，指物料数量；R–Routing，指路线；S–Service，指辅助生产与服务过程的部门；T–Time，指物料流动的时间。

2. 物流关系分析

在物流关系分析中，SLP主要提供的分析方法为从至表和相关图。

从至表主要包含运量/物流量从至表（流量矩阵）、距离从至表（距离矩阵）、物流强度从至表（物流强度矩阵）和物流成本从至表（物流成本矩阵），其中物流强度=物流量（运量）×距离，物流成本=物流强度×单位成本。

相较于非物流关系分析，物流关系分析中，相关图指的是物流相关图。

3. 非物流关系分析

在非物流关系分析中，SLP主要提供的分析方法为非物流相关图。

4. 综合关系分析

在综合关系分析中，SLP主要提供的分析方法为综合相关图。当物流关系和非物流关系的重要性比值在1∶3～3∶1这个范围时，综合关系分析需要同时考虑物流关系和非物流关系；如果比值大于3∶1，意味着物流关系占主导地位，设施布置只考虑物流关系即可；如果比值小于1∶3，说明物流关系的影响很小，设施布置只考虑非物流关系即可。

5. 作业单位位置关系分析

在位置关系分析中，SLP主要提供的分析方法为线性图。

6. 作业单位面积关系分析

面积相关图主要考虑两个问题：一方面是将作业单位面积需求汇总，根据场地的要求，确定建筑的基本形状；另一方面是在此形状上按各作业单位的面积需求进行分配，结合上面位置相关图，作出块状布置图。

在面积关系分析中，SLP没有提供具体的分析方法。

7. 初步布置方案的修正

所谓修正条件，是指诸如运输方式、贮存设备、场地环境、人的要求、厂房特性、辅助设施和管理控制等具体因素。它们的重要程度各不相同，但都以独特的方式影响布置设计方案。在进行布置设计时，需要加以考虑。用适当的方法根据现有厂房的实际条件使部门面积结合，同时结合修正条件对各部门的位置、形状等进行调整，可以形成几个理想的、理论的备选方案。

8. 布置方案的评价与选择

对备选布置方案的评价一般从经济因素和非经济因素两个方面进行，经济评价可以采用费用对比法等，非经济因素评价可以采用优缺点比较法和加权因素比较法等。

非经济因素评价：每个布置方案都有一些不能用费用精确衡量的非经济因素，常见的有是否易于将来发展、工艺过程的适应性、灵活性、物流的效率、物料搬运的效率、储存的效率、空间利用率、辅助服务部门的综合效率、工作条件、安全性、是否易于管理、设备利用率、是否满足需求能力、是否适应公司的组织机构、人员流动、外观、自然条件的利用、环境保护等。

经济因素评价：对于各种布置方案，可以通过工程经济分析，评价其节省费用、投资额及投资回报期等，作为比较选择的基准。至于比较哪些指标最好，没有统一的标准，需要具体情况具体分析。

二、关系表法的主要步骤

1. 先将综合相关图转化为关系工作表

关系工作表是对综合相关图的进一步总结，它每行列出一个作业单位，A、E、I、O、U、X各成一列，将与之形成A、E、I、O、U、X各级关系的其他单位分列在各列之中，如一列中有多种关系，以逗号隔开。

2. 将每个作业单位制作出一个相同面积的拼块，得到拼块图，进行位置关系分析，得到无面积拼块图

对每一个作业单位作一个同样大小的方块，称为无面积拼块。在拼块上，将作业单位代号写在正中央，名称写在代号上面，"X="写在代号下面；四个角分别放置与之成A、E、I、O级关系的，U级关系不用考虑。

完成全部拼块后，可以进行布置摆放。摆放时，先找出关系最重要的，即A最多的，若A级数量相同，再比较E的，以此类推，直到找出最重要的那个，若最终比较得出的作业单位数不唯一，那就任选一个。接下来按照以下摆放规则依次进行摆放，即A级关系要边靠边放，E级关系至少角靠角，X级关系不能靠边也不能靠角。全部作业摆放完毕后得到无面积拼块图。

3. 在无面积拼块图上作物流流程分析

在完成的无面积拼块图上可以进行物流流程分析，没有流畅的流程的方案应舍去。

4. 进行面积关系分析，将无面积拼块图转化为面积图，得出初步布置方案，修正评价后，得出最终方案

关系表法提供了面积关系分析的具体方法步骤，详见实训步骤中面积分析示例部分。

三、SLP和关系表法的适用情况

SLP方法在进行位置关系分析时提供的线形图较适合分离厂房的工厂总平面布置，关系表法在进行位置关系分析时提供的无面积拼块图较适合联合厂房的工厂总平面布置。

联合厂房就是联结组合在一起的厂房，一般来说，对于生产性质相近、工艺流程联系密切的车间宜采用组成片的布置形式将其有机地组合在一起，形成一个完整的车间集合体，这种车间集合体就称之为联合厂房，如大众公司的联合厂房。分离式厂房是将一个车间或一个工段布置于一个建筑物中，整个工厂形成了一组整齐的建筑行列群。联合厂房一般适用于冷加工车间。热加工车间适合采用分离式厂房。

冷加工车间指在正常温、湿度条件下进行生产的车间，如机械加工车间、装配车间等。热加工车间指在生产过程中散发出大量热量、烟尘等有害物的车间，如炼钢、轧钢、铸工、锻工车间等。

实训条件与组织

1. 实训条件：校内实训室、电脑、办公软件、LINGO软件。
2. 实训组织运行要求：两人一组共同完成该实训任务。

实训内容

1. 实训任务

（1）运用系统布置设计（SLP）方法解决设施布置问题。某机械制造厂包含的作业单位如下：收货区、零部件库、成品库、发货区、加工车间一、加工车间二、包装车间、办公区、休闲娱乐区、职工餐厅，这十个作业单位分别对应编号1~10。该机械厂主要生产A、B、C、D四种产品，生产每种产品的搬运路线及搬运量如表2-9所示，作业单位间距离从至表如表2-10所示。忽略非物流分析，只考虑物流分析，不考虑各作业实际面积需求情况，试采用SLP方法给出该机械制造厂的布置方案。

表2-9　搬运路线及搬运量表

产品代号	搬运路线	每天搬运托盘数
A	1→2→5→7→3→4	100
B	1→2→7→3→4	60
C	1→2→6→5→7→3→4	90
D	1→2→6→7→4	120

表2-10　距离从至表（单位：m）

从	至									
	1	2	3	4	5	6	7	8	9	10
1		100	120	159	150	300	100	200	240	180
2			150	130	120	68	80	100	260	300
3				90	120	200	239	90	280	300
4					200	180	190	95	300	200
5						75	80	85	300	320
6							180	100	300	400
7								60	300	350
8									260	270
9										280
10										

（2）运用关系表法解决设施布置问题。已知某车间包含原材料区、钻床区、铣床区、磨床区、车床区、钳工区、半成品区和成品区8个作业区域，各作业单位之间的综合相关图如图2-14所示，各作业单位的面积需求如表2-11所示。试用关系表法确定该车间的布置方案。

（3）用LINGO软件求解装配线平衡问题。有10件任务（A～J）分配到3个工作站（1～3），任务的先后次序如图2-15所示。每件任务所花费的时间如表2-12所示。试用LINGO软件求解此装配线平衡问题。

图2-14 某车间作业单位综合相关图

表2-11　　　　　　面积需求表（单位：平方米）

代号	名称	面积	代号	名称	面积
1	原材料区	36	5	车床区	90
2	钻床区	70	6	钳工区	60
3	铣床区	100	7	半成品区	36
4	磨床区	72	8	成品区	60

表2-12　　　　　　　　　　任务时间表

作业	A	B	C	D	E	F	G	H	I	J
时间/秒	30	25	55	57	19	25	27	27	39	18

2．实训要求

上述三个任务均要求包含得出设施布置方案的必要步骤，任务一要求包含物流关系分析、位置关系分析等步骤，任务二要求包含位置关系分析、面积关系分析等步骤。解决两个任务的过程中涉及的图表如从至表、相关图、线形图、无面积拼块图、块状布置图等的绘制要求绘制清晰规范，任务三要求运用LINGO软件得出装配线平衡方案。

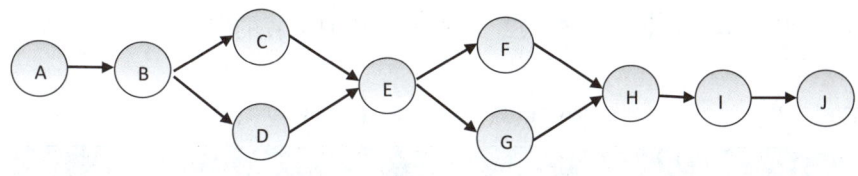

图2-15　先后次序图

实训步骤

实训步骤这部分主要呈现解决上述实训任务过程中所涉及的主要步骤。

在解决设施布置问题时,首先需要收集设施布置相关的基本资料,即包括P、Q、R、S、T五个方面,五个方面的含义在知识链接部分已做介绍。资料输入后,进入物流关系分析步骤。

(1)物流关系分析。

[例2-3]有3种产品A、B、C,制造它们涉及8个作业单位,分别是原料、锯床、车床、钻床、铣床、检验、包装和成品,以1~8代替。产品的工艺线路和每天运量如表2-13所示,各作业单位距离如表2-14所示,试根据以上条件作物流关系分析。

表2-13　　　　　　　　　工艺路线和运量表

产品代号	工艺路线	每天搬运托盘数
A	1→2→5→6→3→5→4→6→7→8	8
B	1→4→3→5→6→7→8	3
C	1→2→3→4→5→6→7→8	5

表2-14　　　　　　　　　距离从至表(单位:m)

从	至							
	1	2	3	4	5	6	7	8
1		8	20	36	44	30	18	10
2			12	28	36	22	10	18
3				16	24	10	22	30
4					8	18	30	38
5						26	38	46
6							12	20
7								8
8								

解:先按工艺路线和运量画出物流量从至表,即流量矩阵,可通过依次分析A、B、C三种产品工艺路线和搬运数量得出,如表2-15所示,其中空着的单元格代表物流量为0。

表2-15　　　　　　　　　物流量从至表(单位:托)

从	至							
	1	2	3	4	5	6	7	8
1		13		3				
2			5		8			
3				5	11			
4			3		5	8		

续表

从	至							
	1	2	3	4	5	6	7	8
5				8		16		
6				8			16	
7								16
8								

有了物流量从至表,结合距离从至表,依据物流强度=物流量×距离,以相应格子的运量乘以距离便得到物流强度,如表2-16所示,其中空着的单元格代表物流强度为0。

表2-16　　　　　　　　　　　　物流强度从至表

从	至							
	1	2	3	4	5	6	7	8
1		104		108				
2			60		288			
3				80	264			
4			48		40	144		
5				64		416		
6			80				192	
7								128
8								

对作业单位间物流关系等级划分采用A、E、I、O、U等级,一般A占总作业单位对(去掉U级)的10%,E占20%,I占30%,O占40%,U级代表物流强度为0的作业单位对。计算分析过程如表2-17和表2-18所示。

表2-17　　　　　　　　　　　物流关系等级划分计算过程表1

序号	路线	物流强度
1	5→6	416
2	2→5	288
3	3→5	264
4	6→7	192
5	4→6	144
6	7→8	128
7	1→4	108

续表

序号	路线	物流强度
8	1→2	104
9	3→4	80
10	6→3	80
11	5→4	64
12	2→3	60
13	4→3	48
14	4→5	40

将路线所涉及的两个作业是相同作业的物流强度相加,得到表2-18。

表2-18　　　　　　　　物流关系等级划分计算过程表2

序号	作业对	物流强度	等级
1	5—6	416	A
2	2—5	288	E
3	3—5	264	E
4	6—7	192	I
5	4—6	144	I
6	3—4	128	I
7	7—8	128	I
8	1—4	108	O
9	4—5	104	O
10	1—2	104	O
11	3—6	80	O
12	2—3	60	O

进而得出物流相关图,如图2-16所示。

(2)用线形图表示位置关系分析示例。

[例2-4] 已知某小型工厂包含原料库、一车间、二车间、成品库、办公区、餐厅6个作业区域,作业单位综合相关图如图2-17所示(注意图中空格子均为U级关系)。请根据综合相关图绘制线形图。

①先将A、E、I、O、U、X关系量化为数值,得到作业单位的综合接近程度分值表,如表2-19所示。分值越高的作业单位越靠近布置图的中心位置,越低则越往边缘。

量化值:A(4)、E(3)、I(2)、O(1)、U(0)、X(-1)

1:1A+1I+1X=5　　　　　　2:1A+2E+1I=12
3:1A+2E=10　　　　　　　4:1A+2I+1O=9
5:3I=6　　　　　　　　　　6:2E+1I+1O+1X=8

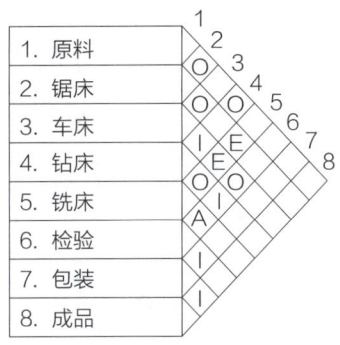

图2-16 物流相关图

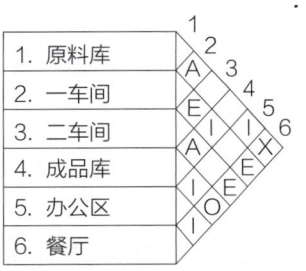

图2-17 某小型工厂作业单位综合相关图（其中U级关系没标出）

表2-19　　　　　　　综合接近程度分值表

作业单位代号	1	2	3	4	5	6
综合接近程度	5	12	10	9	6	8
排序	6	1	2	3	5	4

②先考虑有A级关系的各作业单位对1-2，3-4（排序：2、3、4、1）。将分值最大的作业单位2置于中心位置，与其成A级关系的1与之相邻，关系用一单位距离四条线画出，见图2-18。

③再取分值次高的作业单位3，它与1和2分别有U和E的关系，故3用二单位长三条线与2连接，3与1无需连线，见图2-19。

④处理与3有A级关系的4，用一单位距离四条线画出；4与1和2分别是U级和I级关系，4与2用二条三单位长线连接，见图2-20。

⑤接着看分值第三高的4，已放入，与之成A级关系的3也已放入；再看A级关系中分值第四高的1，已放入，与之成A级关系的2也已放入。A级关系处理完成。

⑥现在考虑有E级关系的各作业单位对：2-3、2-6、3-6（排序：2、3、6）。也从分值最大的2开始，2已放入，考虑与它成E级关系的3和6，3已放入，6用二单位长三条线与2连接，6与1、3、4的关系分别是X级、E级、O级关系，分别用折线、二单位长三条线、一条四单位长线连接，见图2-21。

⑦再取分值次高的作业单位3，3已放入，考虑与它成E级关系的2、6也已放入；再考虑E级关系中分值第三高的6，6已放入，与它成E级关系的2、3也已放入。E级关系处理完成。

⑧现在考虑有I级关系的各作业单位对：1-5、2-4、4-5、5-6（排序：2、4、6、5、1），也从分值最大的2开始，2已放入，与它成I级关系的4也已放入；考虑分值次高的4，4已放入，与它成I级关系的是2和

图2-18 线形图1

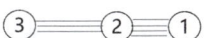

图2-19 线形图2

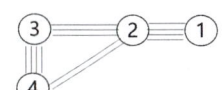

图2-20 线形图3

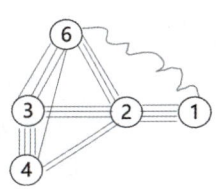

图2-21 线形图4

5，2已放入，放入5，4与5用二条三单位长线连接。5与1、2、3、6的关系分别是I级、U级、U级、I级，用二条三单位长线连接1和5、5和6，见图2-22。

至此，所有作业处理完毕，最终得到的线形图如图2-22所示。

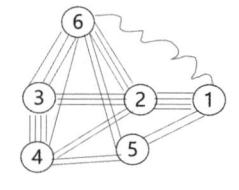

图2-22　工厂布置线形图

（3）用无面积拼块图进行位置分析示例。

［例2-5］已知小型工具箱制造厂各作业单位综合相关图已确定如图2-23所示，试用关系表法做出它的布置。

摆放规则是：A级关系要边靠边放，E级关系至少角靠角，X级关系不能靠边也不能靠角。

摆放时，先找出关系最重要的，即A最多的，若A级数量相同，再比较E的。将此块先放于中央位置，本例为1。再看1块的A角（左上）和E角（右上）。

①本例先将2和6两块与1块靠边摆放，如图2-24所示。

②完成1块的A级后，再看E级关系，本例将3块和10块与1块角靠角，如图2-25所示。

③注意因为I和O对摆放无多大用处，故在摆放图中省略。在图2-25中注意A级关系的边靠边和E级关系的角靠角。

④接下来考察新加入的块，即2，6，3，10的A级和E级关系，A级关系的有1，2，3，4，5，11，其中1，2，3已放入，所以按边靠边放入4（与3边靠边），5（与6边靠边），11（与10边靠边）。见图2-26，E级关系的有1，4，均已放入，所以不用重新放。

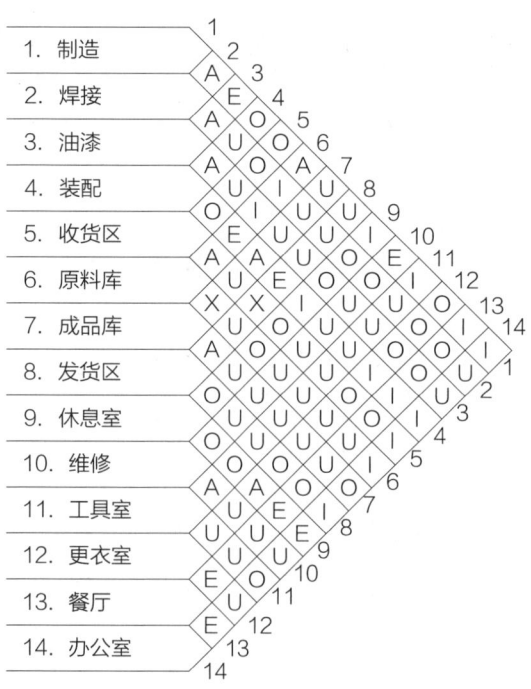

图2-23　作业单位综合相关图

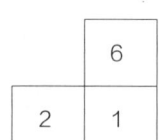

图2-24　无面积拼块图1

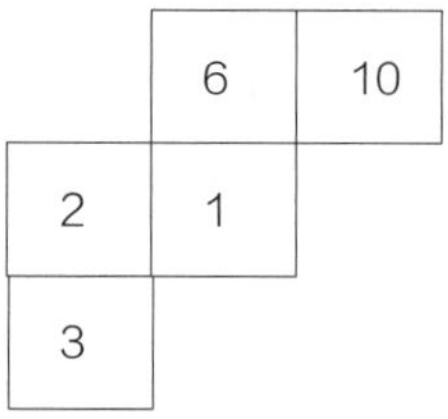

图2-25　无面积拼块图2

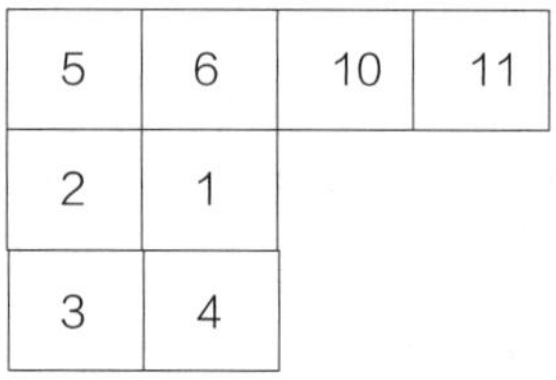

图2-26　无面积拼块图3

⑤接下来再考察新加入的块，即4，5，11的A级和E级关系，A级关系的有3，6，7，10，其中，3，6，10已放入，所以按边靠边放入7（与4边靠边）。见图2-27，E级关系的有6，8，其中6已放入，放入8（与4角靠角），见图2-28。

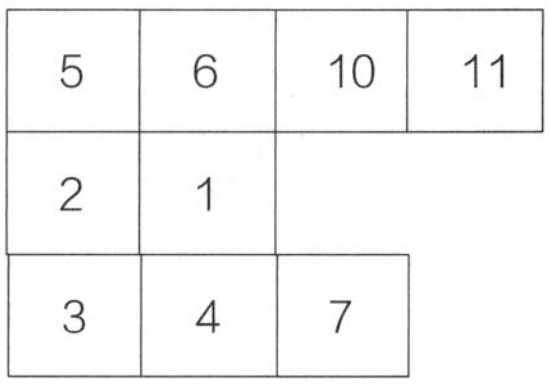

⑥考察新加入的7，8，A、E关系的均已放入。最后放入9，12，13，14，即方案a，如图2-29所示。

因为很多拼块放置时有多个位置可以选择，所以可以得到多个备选方案，如图2-30方案b、图2-31方案c所示。

（4）得到无面积拼块图后，若能看出物流流程，则需在完成的拼块图上进行物流流程分析。从本例来看，有一个明确的物流流程，即收货区5→原料库6→制造1→焊接2→油漆3→装配4→成品库7→发货区8。对上述三个方案进行物流流程分析，如图2-32所示。

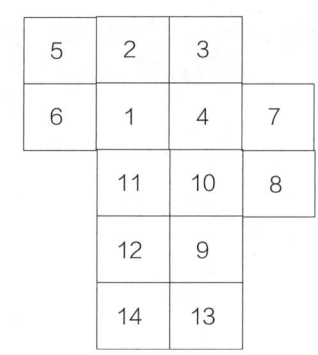

图2-27　无面积拼块图4

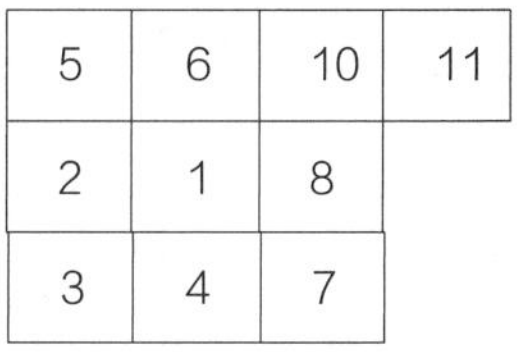

图2-28　无面积拼块图5

除了用物流流程分析筛选方案外，还可以用扣分法来比较方案优劣。

（5）面积分析示例。仍以上述工具箱制造厂即［例2-5］为例，已知各作业单位的面积需求如表2-20所示。

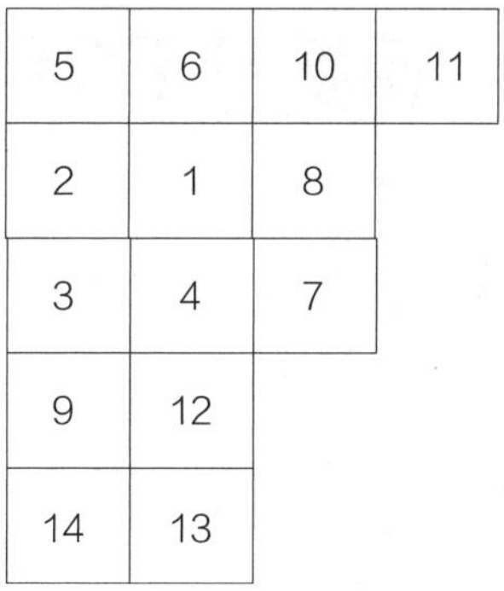

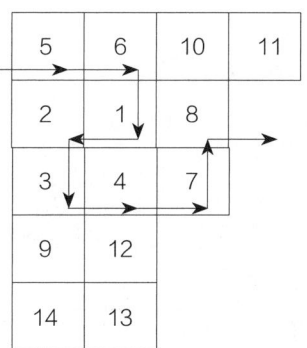

图2-29　方案a

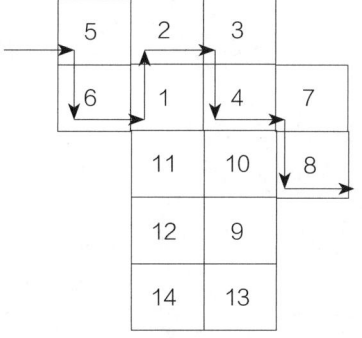

图2-30　方案b

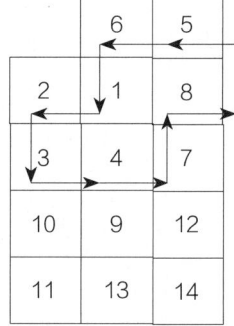

图2-31　方案c

图2-32　物流流程分析图示

表2-20　　　　　　　　　面积需求表（单位：m²）

代号	名称	面积	代号	名称	面积
1	制造	300	8	发货区	36
2	焊接	105	9	休息室	36
3	油漆	280	10	维修	36
4	装配	90	11	工具室	36
5	收货区	60	12	更衣室	20
6	原料库	36	13	餐厅	60
7	成品库	390	14	办公室	190

可以算出，总需求为1675平方米，圆整（因满足某种要求而进行的数据修正）为1800平方米，按长宽比为2∶1得厂房尺寸为60米×30米。以6米×6米=36平方米为基本单元格，则总共有50个单元格，各作业单位圆整（向上取整）后的单元格数如表2-21中"单元格数"列。这样，面积块状布置就是在此50个格子上分配各作业单位。由此得到面积相关图。

表2-21　　　　　　　计算出单元格数的面积需求表（单位：m²）

代号	名称	面积	单元格数	代号	名称	面积	单元格数
1	制造	300	9	8	发货区	36	1
2	焊接	105	3	9	休息室	36	1
3	油漆	280	8	10	维修	36	1
4	装配	90	3	11	工具室	36	1
5	收货区	60	2	12	更衣室	20	1
6	原料库	36	1	13	餐厅	60	2
7	成品库	390	11	14	办公室	190	6

图2-33为在上述方案a的基础上得到的用格子状布置图表示的面积相关图。

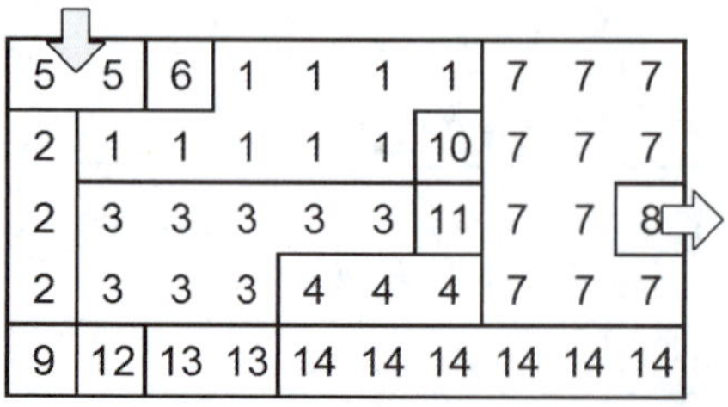

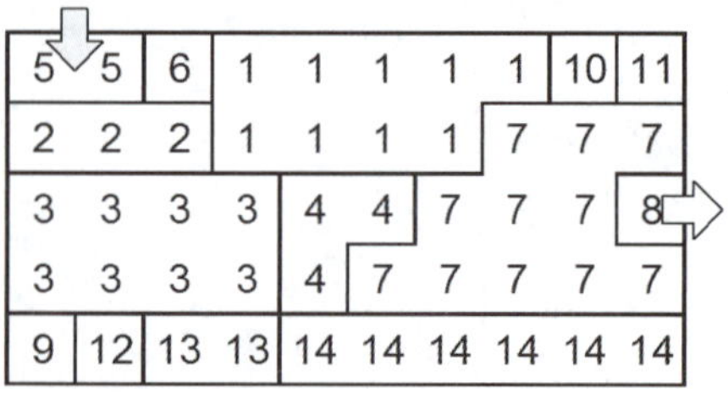

图2-33　格子状布置图

图2-33的格子图实际上是一种离散型图形表现形式，面积相关图也可以绘制成连续型的图形表现形式，即块状布置图，如图2-34所示。

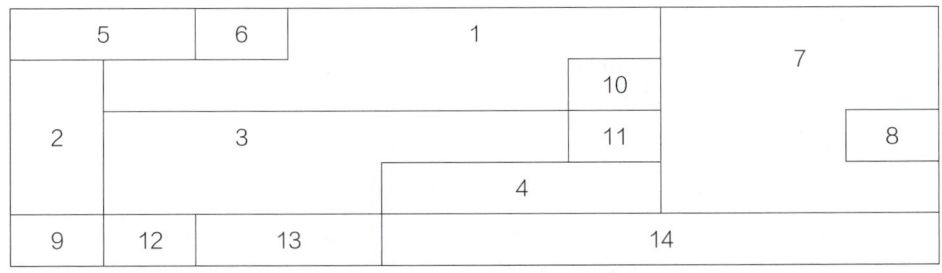

图2-34 块状布置图

（6）用LINGO软件求解装配线平衡问题。装配线平衡问题是指一条装配线含有一系列的工作站，在最终产品的加工过程中每个工作站执行一种或几种特定的任务。装配线周期是指所有工作站完成分配给它们各自的任务所花费时间中的最大值。平衡装配线的目标是为每个工作站分配加工任务，尽可能使每个工作站执行任务的时间接近，其最终标准是装配线周期最短。不适当的平衡装配线将会产生瓶颈，即有较少任务的工作站将被迫等待其前面分配了较多任务的工作站。问题会因为众多任务间存在优先关系而变得更复杂，任务的分配必须服从这种优先关系。

这个模型的目标是最小化装配线周期。

有3类约束：①要保证每件任务只能也必须分配至一个工作站来加工；
②要保证满足任务间的所有优先关系；
③每一个工作站所花费的时间必须不大于装配线周期。

[例2-6] 有11件任务（A~K）分配到4个工作站（1~4），任务的先后次序如图2-35所示。每件任务所花费的时间如表2-22所示。试用LINGO软件求解此装配线平衡问题。

表2-22　　　　　　　　　任务时间表

任务	A	B	C	D	E	F	G	H	I	J	K
时间（秒）	45	11	9	50	15	12	12	12	12	8	9

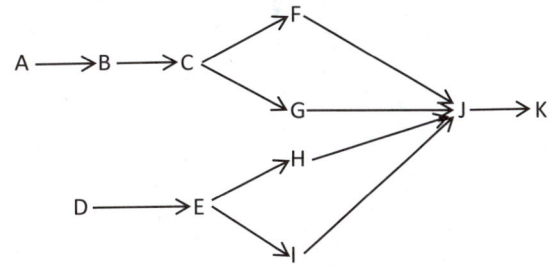

图2-35 先后次序图

用LINGO解决此问题如图2-36、图2-37所示。

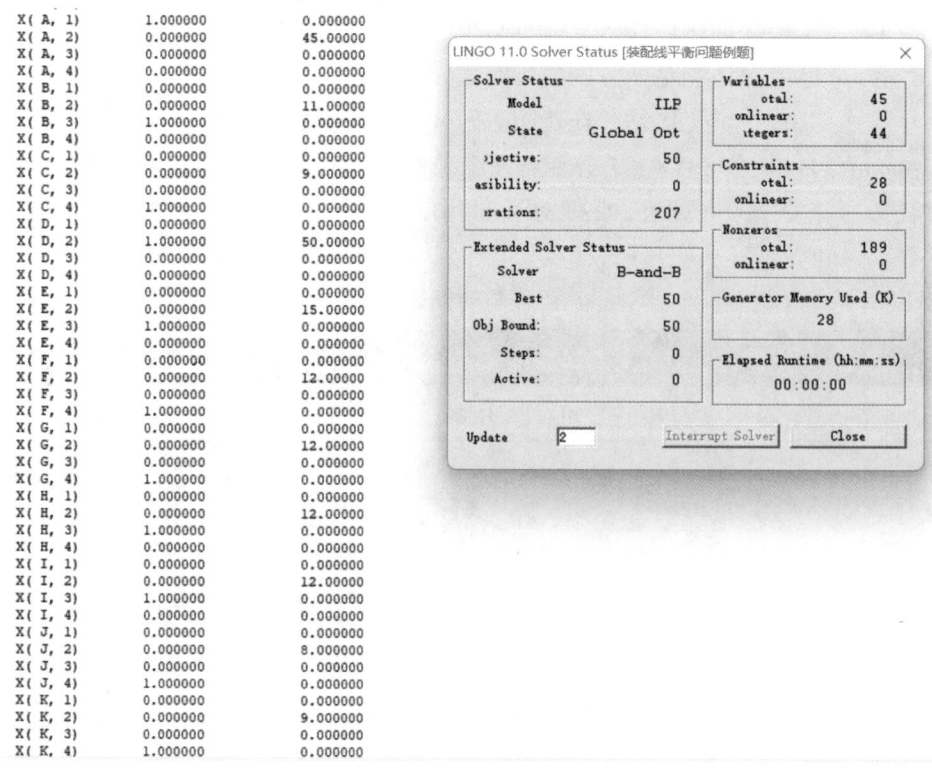

图2-36　LINGO程序

图2-37　LINGO求解结果

思考题

1. 进行位置分析时，SLP 方法和关系表法的运用有什么不同？
2. 思考 SLP 方法和关系表法的适用情况有何不同？

考核要求及标准

本实训项目考核内容包含课堂表现与实训报告两部分，各部分所占比重及考核标准如表2-23所示。

表 2-23　　　　　　　　　实训项目考核标准表

考核内容	权重	评分要求与标准
课堂表现	20%	1. 不旷课，不迟到早退（10分） 2. 遵守实训室守则及各项纪律（10分） 3. 实训过程中有良好的团队精神，互相协作（20分） 4. 实训态度认真，积极参与实训（20分） 5. 实训结束做好整理、卫生工作（10分） 6. 实训前对实训进行充分的预习，熟悉实训原理、方法及步骤（30分）
实训报告	80%	1. 按时提交报告（15分） 2. 根据实训内容撰写报告，文字精练，图表清晰（20分） 3. 实训报告步骤详细准确，包含物流量从至表、物流强度从至表、物流相关图、线形图、关系工作表、无面积拼块图、块状布置图等，条理性强，能够得出正确结论（35分） 4. 报告格式排版规范（15分） 5. 报告内容不得照搬，实训报告不得抄袭（15分）

第三章
物流设施与设备实训

　　本章的实训项目是为配合物流设施与设备的理论教学,增强学生对物流设施与设备课程理论知识的学习和应用而设置。本章的实训项目以虚拟仿真软件为教学载体,通过对教学内容的系统性项目化教学设计,构建基于理实一体、问题驱动的课程教学模式,以此实现以模拟操作技能训练为切入点,逐步提升学生的应用能力。

　　本章的实训内容涵盖了多种类型的物流设备的认知与操作,通过实训使学生了解搬运类物流设备、分拣类物流设备、输送类物流设备、储存类物流设备、码垛类物流设备的基本构造、特征及用途;理解物流设备保管与养护应采取的措施;掌握物流设施设备的基本理论与实际运作过程。通过本章实训项目的操练,便于学生进一步研究物流科学理论,运用现代技术进行合理物流运作组织;通过对软件的操作熟悉大部分物流设备的工作原理,体验实际物流工作中物流设备的作业流程,能够进行物流基础设备的选型;沉浸式的实训场景,能够激发学生学习的主动性和积极性,培养学生的自主学习能力、沟通协调能力、团队协作能力、理论联系实际和适应发展的能力。

实训一 | 物流设施与设备认知

任务一 输送设备认知实训

实训目的

通过实训，了解叉车、堆垛机、龙门吊、正面吊、港口起重机、旋转装置、侧面叉车、托盘、手推车、电动搬运车、升降平台车、堆高车12类装卸搬运设备的基本构造和功能，掌握装卸搬运设备的功能、特点及分类；熟练掌握上述设备的工作原理和设备保养与维护注意事项。

实训准备

1. 提前五天要求学生按每组10人做好分组。
2. 学习"AR物流装备学习平台"，掌握虚拟软件的基本操作。
3. 认真阅读《学生指导书》，熟悉实训项目的主要内容。
4. 准备实训报告纸、碳素笔。

实训条件与组织

1. 实训条件
使用安装有"AR物流装备学习平台虚拟仿真软件"的平板电脑。
2. 实训组织
每人一台平板电脑自行操作。

实训内容

1. 学生分组后仔细阅读教师下发的实训任务。
2. 学习叉车、堆垛机、龙门吊、正面吊、港口起重机、旋转装置、侧面叉车、托盘、手推车、电动搬运车、升降平台车、堆高车12类装卸搬运设备的用途、结构、主要技术参数、应用范围，并讨论学习。

实训步骤

前期准备：教师提前检查软件性能状态，确保软件正常使用。

具体过程如下。

（1）教师及学生下载AR-Equipment Library软件，该软件仅限安卓平板与移动端手机可用，下载安装即可。

①打开软件，点击进入。需将激活码粘贴至输入框内，点击提交即可。如提示激活失败，请稍后再次尝试输入，点击提交即可。

②打开已激活软件的主界面，等待系统载入后即可看到，如图3-1所示。

图3-1　激活软件的主界面

按提示指引，点击登录即可进入AR物流装备学习平台，如图3-2所示。

图3-2　登录界面

进入界面后，可能会出现黑屏，不必担心，这种情况请点击系统的设置，找到此应用的权限管理，把摄像头权限打开，再重启此软件即可。

摄像头出现画面后，选择进行扫描。扫描后会出现如图3-3所示的模拟立体的3D物流装备等。

（2）通过虚拟仿真软件分类介绍叉车、堆垛机、龙门吊、正面吊、港口起重机、旋转装置、侧面叉车、托盘、手推车、电动搬运车、升降平台车、堆高车12类装卸搬运设备在物流活动当中的作用。

图3-3　模拟立体的3D物流装备

（3）通过虚拟仿真软件分类介绍叉车、堆垛机、龙门吊、正面吊、港口起重机、旋转装置、侧面叉车、托盘、手推车、电动搬运车、升降平台车、堆高车12类装卸搬运设备的主要结构、主要技术性能参数、应用范围和工作原理。

（4）学生分小组进行讨论，相互讲解装卸搬运设备的应用场合、主要结构、操作原理、维护和保养注意事项等知识。

考核要求及标准

1. 考核要求

实训报告与课堂表现成绩按照考核标准给出。

2. 考核标准

实训报告考核标准如表3-1所示。

表3-1　　　　　　　　　　输送设备认知实训考核标准

考核内容	权重	评分要求与标准
实训报告	30%	实训报告的完成质量，从内容的完整性、问题分析的全面性、心得体会等方面进行考核
课堂表现	30%	学习态度与课堂纪律：认真听讲，仔细记录，不交头接耳。自由操作期间不大声讲话，自觉按序使用设备。要求积极参与课堂讨论
实践操作	40%	操作得当，操作方法正确合理，学习积极性高、操作认真正确

> **思考题**
>
> ❶ 请同学结合软件和所学知识总结现在常用的物流托盘设备种类；简述物流手推车的概念；结合软件知识以及自身所学总结电动搬运车的优点并简述电动搬运车在操作时的注意事项；升降平台车在使用时的注意事项；简述物流堆高车的种类并对物流堆高车的优点进行总结；简述正面吊的适用场景；请同学自行查询资料并结合软件所给的叉车设备知识，总结典型的叉车设备并指出使用时的主要的标准参数有哪些？
>
> ❷ 堆垛机按结构特点可分为哪两类堆垛机？龙门吊的特点有哪些？旋转（回转）装置按照转动方式不同可分为哪几种物流传动？请总结侧面叉车的特点。

任务二 分拣类物流设备认知

实训目的

通过实训，让学生了解交叉皮带分拣机、伸缩皮带输送机、辊筒（滚轴）输送机、皮带输送机、垂直输送机（提升机）5类装卸搬运设备的基础知识，掌握分拣类设备的功能、特点及分类；熟练掌握该类设备在物流作业活动中的作用及工作原理。

实训准备

1. 学习"AR物流装备学习平台"，掌握虚拟软件的基本操作。
2. 认真阅读《学生指导书》，熟悉实训项目的主要内容。
3. 准备实训报告纸、碳素笔。

实训条件与组织

1. 实训条件

使用安装有"AR物流装备学习平台虚拟仿真软件"的平板电脑。

2. 实训组织

每人一台平板电脑自行操作。

实训内容

1. 学生分组后仔细阅读教师下发的实训任务。
2. 学习交叉皮带分拣机、伸缩皮带输送机、辊筒（滚轴）输送机、皮带输送机、垂直输送机（提升机）5类装卸搬运设备的基础知识，掌握分拣类设备的功能、特点及分类；分小组讨论学习。

实训步骤

前期准备：教师提前检查软件性能状态，确保软件正常使用。
具体过程如下。

（1）通过虚拟仿真软件分类了解交叉皮带分拣机、伸缩皮带输送机、辊筒（滚轴）输送机、皮带输送机、垂直输送机（提升机）5类分拣设备在物流活动当中的作用。

（2）通过虚拟仿真软件分类介绍交叉皮带分拣机、伸缩皮带输送机、辊筒（滚轴）输送机、皮带输送机、垂直输送机（提升机）5类分拣设备主要结构、主要技术性能参数、应用范围和工作原理。

（3）学生分小组进行讨论，相互讲解分拣设备的应用场合、主要结构、操作原理、维护和保养注意事项等知识。

考核要求及标准

1. 考核要求

实训报告与课堂表现成绩按照考核标准给出。

2. 考核标准

实训报告考核标准如表3-2所示。

表3-2　　　　　　　　　分拣类物流设备认知实训考核标准

考核内容	权重	评分要求与标准
实训报告	30%	实训报告的完成质量，从内容的完整性、问题分析的全面性、优化措施或改进建议的合理性、心得体会等方面进行考核
课堂表现	30%	1. 学习态度与课堂纪律：要求老师讲解期间要认真听讲，仔细记录，不交头接耳、窃窃私语。学生自由操作期间不大声讲话、打闹，自觉按序使用设备 2. 要求积极参与课堂讨论
实践操作	40%	操作得当，操作方法正确合理，学习积极性高、操作认真正确

任务三 输送类物流设备认知

实训目的

通过实训，让学生了解螺旋输送机、货车、链板式输送机、集装箱船、港口组合、货运飞机、货运火车、拖船8类装卸搬运设备的基础知识，掌握输送设备的功能、特点及分类等，能够独立进行输送类物流设备的选型应用。

实训准备

1．学习"AR物流装备学习平台"，掌握虚拟软件的基本操作。
2．认真阅读《实训指导书》，熟悉实训项目的主要内容。
3．准备实训报告纸、碳素笔。

实训条件与组织

1．实训条件
使用安装有"AR物流装备学习平台虚拟仿真软件"的平板电脑。
2．实训组织
每人一台平板电脑自行操作。

实训内容

1．学生分组后仔细阅读教师下发的实训任务。
2．学习螺旋输送机、货车、链板式输送机、集装箱船、港口组合、货运飞机、货运火车、拖船8类装卸搬运设备的基础知识，掌握输送设备的功能、特点及分类；分小组讨论学习。

实训步骤

前期准备：教师提前检查软件性能状态，确保软件正常使用。
具体过程如下。
（1）通过虚拟仿真软件分类了解螺旋输送机、货车、链板式输送机、集装箱船、港口组合、货运飞机、货运火车、拖船8类设备在物流活动当中的作用。
（2）通过虚拟仿真软件分类了解螺旋输送机、货车、链板式输送机、集装箱船、港口组合、货运飞机、货运火车、拖船8类输送设备主要结构、主要技术性能参数、应用范围和工作原理。
（3）学生分小组进行讨论，相互讲解输送设备的应用场合、主要结构、操作原理、维护和保养注意事项等知识。

考核要求及标准

1. 考核要求

实训报告与课堂表现成绩按照考核标准给出。

2. 考核标准

实训报告考核标准如表3-3所示。

表 3-3　　　　　　　　　输送类物流设备认知实训考核标准

考核内容	权重	评分要求与标准
实训报告	30%	实训报告的完成质量，从内容的完整性、问题分析的全面性、优化措施或改进建议的合理性、心得体会等方面进行考核
课堂表现	30%	1. 学习态度与课堂纪律：要求老师讲解期间要认真听讲，仔细记录，不交头接耳、窃窃私语。学生自由操作期间不大声讲话、打闹，自觉按序使用设备 2. 要求积极参与课堂讨论
实践操作	40%	操作得当，操作方法正确合理，学习积极性高、操作认真正确

任务四　储存类物流设备认知

实训目的

通过实训，让学生了解自动化仓储系统、流利式货架、驶入式货架、重力式货架、移动式货架、压入式货架、悬臂式货架、横梁式货架、轻量型货架、阁楼式货架、PDA、笼车12类储存设备的基础知识，掌握储存设备的功能、特点及分类。

实训准备

1. 学习"AR物流装备学习平台"，掌握虚拟软件的基本操作。
2. 认真阅读《学生指导书》，熟悉实训项目的主要内容。
3. 准备实训报告纸、碳素笔。

实训条件与组织

1. 实训条件

使用安装有"AR物流装备学习平台虚拟仿真软件"的平板电脑。

2. 实训组织

每人一台平板电脑自行操作。

实训内容

1. 学生分组后仔细阅读教师下发的实训任务。
2. 学习自动化仓储系统、流利式货架、驶入式货架、重力式货架、移动式货架、压入式货架、悬臂式货架、横梁式货架、轻量型货架、阁楼式货架、PDA、笼车12类储存设备的基础知识，掌握输送设备的功能、特点及分类；分小组讨论学习。

实训步骤

前期准备：教师提前检查软件性能状态，确保软件正常使用。
具体过程如下。

（1）通过虚拟仿真软件了解自动化仓储系统、流利式货架、驶入式货架、重力式货架、移动式货架、压入式货架、悬臂式货架、横梁式货架、轻量型货架、阁楼式货架、PDA、笼车12类储存设备在物流活动当中的作用。

（2）通过虚拟仿真软件了解自动化仓储系统、流利式货架、驶入式货架、重力式货架、移动式货架、压入式货架、悬臂式货架、横梁式货架、轻量型货架、阁楼式货架、PDA、笼车12类储存设备主要结构、应用范围和工作原理。

（3）学生分小组进行讨论，相互讲解储存设备的应用场合、主要结构、操作原理、维护和保养注意事项等知识。

考核要求及标准

1. 考核要求
实训报告与课堂表现成绩按照考核标准给出。
2. 考核标准
实训报告考核标准如表3-4所示。

表3-4　　　　　　　　储存类物流设备认知实训考核标准

考核内容	权重	评分要求与标准
实训报告	30%	实训报告的完成质量，从内容的完整性、问题分析的全面性、优化措施或改进建议的合理性、心得体会等方面进行考核
课堂表现	30%	1. 学习态度与课堂纪律：要求老师讲解期间要认真听讲，仔细记录，不交头接耳、窃窃私语。学生自由操作期间不大声讲话、打闹，自觉按序使用设备 2. 要求积极参与课堂讨论
实践操作	40%	操作得当，操作方法正确合理，学习积极性高、操作认真正确

任务五 码垛类物流设备认知

实训目的

通过实训，让学生了解（集装箱）跨运车、码垛机、（RGV）穿梭车、机械手4类码垛类设备的基础知识，掌握码垛设备的功能、特点及分类。

实训准备

1. 学习"AR物流装备学习平台"，掌握虚拟软件的基本操作。
2. 认真阅读《学生指导书》，熟悉实训项目的主要内容。
3. 准备实训报告纸、碳素笔。

知识链接

一、（集装箱）跨运车

（集装箱）跨运车（straddle carrier）系统多由液压驱动组成，是集装箱装卸设备中的主力机型，一般用于短中途运输集装箱，通常承担由码头前沿到堆场的水平运输以及堆场的集装箱堆码工作。由于集装箱跨运车具有机动灵活快速、效率高、稳定性好、轮压低等特点，得到了普遍的应用，尤其是在欧洲码头被广泛使用。

集装箱跨运车作业对提高码头前沿设备的装卸效率十分有利。集装箱跨运车从20世纪60年代问世以来，经过几十年的发展，已经与轮胎式集装箱门式起重机一样，成为集装箱码头和堆场的关键设备。

一个基于跨运车的吊运系统对于中型的码头货运站是最快捷稳妥的选择，跨运车本身能起到一个独立系统的作用。跨运车能够满足在集装箱场内所有不同负载处理的需要，桥吊运输和堆放集装箱以及货车和路轨卡车的货物装卸。集装箱跨运车按其车体结构型式可分为三种：一是无平台及跨运和装卸共用结构的集装箱跨运车；二是有平台及跨运和装卸共用结构的集装箱跨运车；三是有平台及跨运和装卸专用结构的集装箱跨运车。

无平台及跨运和装卸共用结构型式的集装箱跨运车，其结构特点是车体无平台，由两片垂直的E型门架组成，上部由纵梁连接，下部分别支撑在两侧底梁上，四个门腿一般采用箱形结构，动力装置分别安装在底梁上。这些特点决定了该种型式的集装箱跨运车外形尺寸小，转弯半径小，堆码和通过集装箱层数相同，车架受力情况良好。这种结构型式使整机的上部质量减小，有效地降低了整车的重心，增加了行驶的稳定性。

> **思考题**
>
> 请根据软件和所学知识简述跨运车的特点。

二、码垛机

码垛机是将已装入容器的纸箱，按一定排列码放在托盘、栈板（木质、塑胶）上，进行自动堆码，可堆码多层，然后推出，便于叉车运至仓库储存。本设备采用可编程逻辑控制器PLC+触摸屏控制，实现智能化操作管理，简便、易掌握，可大大地减少劳动力和降低劳动强度。码垛机使输送机输送来的料袋、纸箱或是其他包装材料按照客户工艺要求的工作方式自动堆叠成垛，并将成垛的物料进行输送的设备。

（一）自动码垛机的分类

自动码垛机按智能化水平分为机器人码垛机和机械式码垛机两种。机械式码垛机可以分为龙门式码垛机、立柱式码垛机、机械臂式码垛机三种类型。

自动码垛机按照行业分为食品饮料行业码垛机、水泥自动装车码垛机、工业品码垛机等。

（二）自动码垛机的结构特点

中、低位码垛机主要由压平输送机、缓停输送机、转位输送机、托盘仓、托盘输送机、编组机、推袋装置、码垛装置、垛盘输送机组成，其结构设计优化，动作平稳可靠。码垛过程完全自动，正常运转时无须人工干预，具有广泛的适用空间。

（三）自动码垛机的工作原理

平板上工件符合栈板要求的一层工件，平板及工件向前移动直至栈板垂直面。上方挡料杆下降，另三方定位挡杆起动夹紧，此时平板复位。各工件下降到栈板平面，栈板平面与平板底面相距10mm，栈板下降一个工件高度。往复上述直到栈板堆码达到设定要求。

> **思考题**
>
> 请简要分析码垛机的特点。

三、有轨制导车辆穿梭车

穿梭车简称RGV，是一种智能机器人，可通过程序设计实现取货、运送、放置等任务，并可与上位机或WMS系统进行通信，结合RFID、条形码等识别技术，实现自动化识别、存取等功能。穿梭车在仓储物流设备中主要有两种形式：穿梭车式出入库系统和穿梭车式仓储系统，以往复或者回环方式，在固定轨道上运行的台车，将货物运送到指定地点或接驳设备。配备有智能感应系统和自动减速系统，能自动记忆原点位置。

> **思考题**
>
> 请结合软件和自身所学分析RGV与AGV的不同之处。

四、机械手

机械手是一种能模仿人手臂的某些动作功能,用以按固定程序抓取、搬运对象或操作工具的自动操作装置。特点是可以通过程序设计来完成各种预期的作业,构造和性能上兼有人和机械手机器各自的优点。机械手是最早出现的工业机器人,也是最早出现的现代机器人,它可代替人的繁重劳动以实现生产的机械化和自动化,能在有害环境下操作以保护人身安全,因而广泛应用于机械制造、冶金、电子、轻工和原子能等部门。

应用前景:随着网络技术的发展,机械手的联网操作问题也是以后发展的方向。工业机器人是近年发展起来的一种高科技自动化生产设备。工业机械手是工业机器人的一个重要分支。它的特点是可通过编程来完成各种预期的作业任务,在构造和性能上兼有人和机器各自的优点,尤其体现了人的智能和适应性。机械手作业的准确性和各种环境中完成作业的能力在国民经济各领域有着广阔的发展前景。

思考题

结合所学知识和软件思考机械手可以在现实的哪些领域得到应用?

实训条件与组织

1. 实训条件
使用安装有"AR物流装备学习平台虚拟仿真软件"的平板电脑。
2. 实训组织
每人一台平板电脑自行操作。

实训内容

1. 学生分组后仔细阅读教师下发的实训任务。
2. 学习(集装箱)跨运车、码垛机、(RGV)穿梭车、机械手4类码垛类设备的基础知识,掌握码垛设备的功能、特点及分类;分小组讨论学习。

实训步骤

前期准备:教师提前检查软件性能状态,确保软件正常使用。
具体过程如下。
(1)通过虚拟仿真软件了解(集装箱)跨运车、码垛机、(RGV)穿梭车、机械手4类码垛类设备的基础知识,掌握码垛设备的功能、特点及分类、在物流活动当中的作用。

（2）通过虚拟仿真软件了解（集装箱）跨运车、码垛机、（RGV）穿梭车、机械手4类码垛类设备主要结构、应用范围和工作原理。

（3）学生分小组进行讨论，相互讲解码垛类设备的应用场合、主要结构、操作原理、维护和保养注意事项等知识。

考核要求及标准

1. 考核要求

实训报告与课堂表现成绩按照考核标准给出。

2. 考核标准

实训报告考核标准如表3-5所示。

表 3-5　　　　　　　　　码垛类物流设备认知实训考核标准

考核内容	权重	评分要求与标准
实训报告	20%	实训报告的完成质量，从内容的完整性、问题分析的全面性、优化措施或改进建议的合理性、心得体会等方面进行考核
课堂表现	10%	1. 学习态度与课堂纪律：要求老师讲解期间要认真听讲，仔细记录，不交头接耳、窃窃私语。学生自由操作期间不大声讲话、打闹，自觉按序使用设备 2. 要求积极参与课堂讨论
实践操作	70%	操作得当，操作方法正确合理，学习积极性、操作认真正确

实训二 ｜ 装卸搬运机械设备虚拟操作练习

实训目的

1. 通过实训，让学生了解虚拟装卸搬运机械设备的工作原理，体验实际物流工作中虚拟装卸搬运机械设备的作业流程，提升对当今物流设备的认识和使用方法。

2. 能熟练操作物流装备软件及虚拟装卸搬运机械设备。

实训准备

1. 实训前进行充分的预习，熟悉实训原理、方法及步骤。

2. 认真阅读《学生指导书》，熟悉实训项目的主要内容。

3. 准备实训报告纸、碳素笔。

知识链接

虚拟装卸搬运设备与装卸搬运设备操作方式相同，装卸搬运设备是指用来搬移、升降、装卸和短距离输送物料或货物的机械。装卸搬运设备是实现装卸搬运作业机械化的基础，是物流设备中重要的机械设备。它不仅可用于完成船舶与车辆货物的装卸，而且还可用于完成库场货物的堆码、拆垛、运输以及舱内、车内、库内货物的起重输送和搬运。

装卸搬运设备为了顺利完成装卸搬运任务，必须适应装卸搬运作业要求。装卸搬运作业要求装卸搬运设备结构简单牢固，作业稳定，造价低廉，易于维修保养，操作灵活方便，安全可靠，能最大程度地发挥其工作能力。装卸搬运的机械性能和作业效率对整个物流系统的作业效率影响很大，其主要工作特点如下。

1. 适应性强

由于装卸搬运作业受货物品种、作业时间、作业环境等因素的影响较大，而装卸搬运活动又各具特点，因而，这就要求装卸搬运设备具有较强的适应性，能够在各种环境下正常工作。

2. 工作能力强

装卸搬运设备起重能力大，起重范围广，生产作业效率高，具有很强的装卸搬运作业能力。

3. 机动性较差

大部分装卸搬运设备都在设施内完成装卸搬运任务，只有个别装卸搬运设备可在设施外作业。

实训条件与组织

1. 实训条件

使用虚拟装卸搬运机械设备。

2. 实训组织

每人一台虚拟设备。

实训内容

1. 学生分组后仔细阅读教师下发的实训任务。
2. 分小组完成虚拟装卸搬运设备的操作，本实训主要操作的项目有室外倒库（两星）、室外搬运货物（三星）、室外S弯道驾驶（五星）、进退驾驶（两星）、移库（两星）、弯道行驶（两星）、倒库（两星）、货物运输（三星）、往返运货（五星）、室外弯道行驶（两星）。

实训步骤

前期准备：教师提前检查设备性能状态，确保设备正常使用。

具体过程：虚拟装卸搬运机械设备操作规程如下。

1．起动

（1）插上电瓶插头。

（2）打开紧急断电开关。

（3）打开钥匙开关。

2．前进

（1）用双手向后将操纵把手下压至45°之间。

（2）大拇指将方向速度控制按钮向前渐渐转动。

（3）车辆超前运行，速度方向速度控制按钮转动角度控制。

3．倒车

（1）双手向后将操纵把手下压至30°~45°。

（2）大拇指将方向速度控制按钮向后渐渐转动。

（3）车辆朝后运行。

4．减速

慢慢松去大拇指，方向速度控制按钮便会自动回位，车辆速度下降。

5．转向

（1）双手握住操纵把手的左右手柄，下压至倾斜位置，左右搬动操纵把手实现车辆转向。

（2）向左转时，车辆向左转；向右转时，车辆向右转。

6．制动

大拇指离开方向速度控制按钮，搬动操纵把手至水平位置或垂直位置时，实现车辆制动。

7．停车

（1）减速，即大拇指渐渐松去方向速度控制按钮。

（2）将操纵把手回复至垂直位置。

考核要求及标准

1．考核要求

实训报告与课堂表现成绩按照考核标准给出。

2．考核标准

实训报告考核标准如表3-6所示。

表3-6　　装卸搬运机械设备虚拟操作练习实训考核标准

考核内容	权重	评分要求与标准
实训报告	20%	实训报告的完成质量，从内容的完整性、问题分析的全面性、优化措施或改进建议的合理性、心得体会等方面进行考核
课堂表现	10%	1．学习态度与课堂纪律：要求老师讲解期间要认真听讲，仔细记录，不交头接耳、窃窃私语。学生自由操作期间不大声讲话、打闹，自觉按序使用设备 2．要求积极参与课堂讨论
实践操作	70%	操作得当，操作方法正确合理，学习积极性高、操作认真正确

第四章
运输组织学实训

本章的项目是为培养学生运输及其管理的基本理论与方法和应用能力而设置的,通过操练本章的实训项目,学生应能掌握物流运输的基本理论与实际运作过程,深刻认识物流运输学,便于进一步研究物流科学理论,运用现代技术进行合理组织;能比较全面系统地掌握运输的经济理论、物流运输技术及运输企业管理方面的知识;培养和提高正确开展物流运输业务及其运作管理的能力,从而具备规划物流运输企业的经营理念、战略策划、企业变革、作业方法、经验特色、技术水平、发展思路等方面的能力。

为配合运输组织学的理论教学,增强学生对运输组织学课程理论知识的学习和应用,安排实训内容和实训环节。本章的实训项目以虚拟仿真软件为教学载体,通过对教学内容的系统性项目化教学设计,构建基于理实一体、问题驱动的课程教学模式,以此实现以模拟操作技能训练为切入点,逐步提升学生应用能力的教学目标。

实训一 | 四大运输方式货物运输作业实训

实训目的

通过实训任务使学生掌握公路整车、铁路零担、水路、航空货物运输作业的操作流程，能够正确填写托运单等单据，能够完成不同运输方式下货物运输业务的受理、审核、调度、交接等工作，组织并实施货物的运输任务。

实训准备

1. 学习《操作手册》，掌握虚拟软件的基本操作。
2. 认真阅读《学生指导书》，熟悉实训项目的主要内容。
3. 完成《学生指导书》中的课前练习题，复习关于公路、铁路、水路、航空运输的组织形式和组织流程。

知识链接

一、公路整车货物运输作业

（一）公路整车货物运输作业的流程

在公路整车货物运输中，运输环节的设计是节约运输成本的关键，合理准确地组织货物运输是整车运输流程的目标。公路整车货物运输的作业流程如图4-1所示。

（二）公路整车货运组织步骤

1. 整车货物的受理托运

（1）托运人签填托运单。整车货物的托运单一般由托运人填写，也可以委托他人填写，

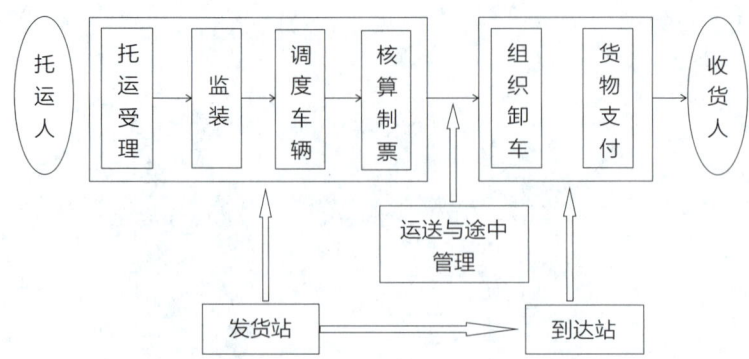

图4-1 公路整车货物运输作业流程图

但应在托运单上加盖与托运人名称相符的印章。

（2）托运单内容的审核和认定。货运员在收到托运人的运单后，要对托运单的内容进行审核，主要审核以下几个方面：审核货物的详细情况（名称、体积、重量、有关运输要求）以及根据具体情况来确定是否受理；检查有关运输凭证；审核货物有无特殊要求，如运输期限、押运人数或和托运方议定的有关事项。

（3）确定货物运输里程和运杂费。

（4）托运编号及分送。托运单认定后，编制托运单的号码，并将结算通知交货主。

2．验货

（1）运单上的货物是否已处于待运状态。

（2）装运的货物数量、发运日期有无变更。

（3）货物的包装是否符合运输要求。

（4）装卸场地的机械设备、通行能力是否完好。

3．货物的监装

在车辆到达厂家出货地点后，司乘和接货人员会同出货负责人一起根据出货清单，对货物包装、数量和重量等进行清点和核实；核对无误后进行装车环节服务。

4．调度员调度车辆

在接到出货信息后，联络配送车辆，如有完成任务的空载车辆将就近驶往出货地，如附近车辆不便接货，调度将会调派合适车辆立即到出货地点。

5．押运作业操作流程

（1）在接到执行押运命令之后，保卫部门应迅速拟定预案。预案内容包括运送时间、地点、路线、执行押运任务的负责人和遇异常情况所采取的措施等。

（2）填写押运登记表送领导审核、签发。且出发前，押运负责人要向全体押运人员讲明押运途中的有关注意事项。

（3）详细检查车辆、警卫设备、通信器材等是否完好，手续是否齐全。

（4）严格执行押运守则和途中的规章制度，严禁途中走亲访友，严禁携带易燃易爆物品和其他无关物品。要严格保密，不准向无关人员泄漏押运事项，严禁途中无故停留。押运途中要时刻保持高度的警惕性，服从命令、听从指挥。需要在途中就餐时，应保证双人守卫、轮流就餐。

（5）当押运任务完成后，要认真总结，吸取经验和教训，并将有关情况向领导汇报。

6．货物交付

（1）清点监卸。

（2）检查货票是否相符。

（3）收货人开具作业证明，签收。

（4）发现货物缺失，作记录，开具证明。

（5）处理货运事故。

7．整车货物交付要求

（1）货物运达目的地后，承运人知道收货人的，应及时通知收货人。收货人应当及时提

（收）货物，收货人逾期提（收）货物的，应当向承运人支付保管费等费用。收货人不明或者收货人无正当理由拒绝受领货物的，承运人可以提存货物。

（2）货物运达承、托双方约定的地点后，收货人应凭有效单证提（收）货物，无故拒提（收）货物，应赔偿承运人因此造成的损失。

（3）货物交付时，承运人与收货人应当做好交接工作，发现货损货差，由承运人与收货人共同编制货运事故记录，交接双方在货运事故记录上，签字确认。

（4）货物交接时，承托双方对货物的重量和内容有质疑，均可提出查验与复磅，查验和复磅的费用由责任方负担。

二、铁路零担货物运输作业

（一）铁路零担货物运输作业的流程

铁路零担货物运输也是发送作业、运行作业、到货服务作业三个阶段。铁路零担货物运输的作业流程如图4-2所示。

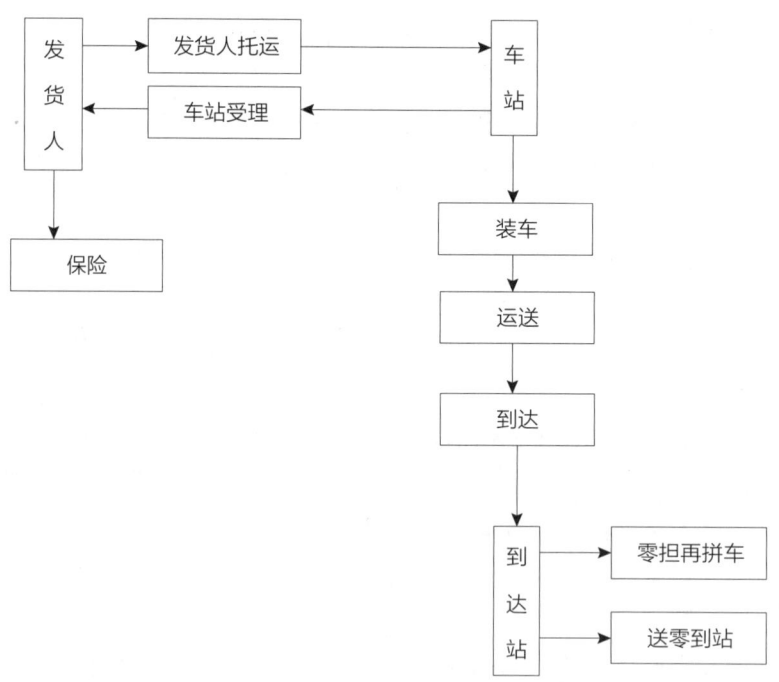

图4-2　铁路零担货物运输作业流程图

（二）铁路零担货物运输作业的各项内容

1. 托运

（1）操作内容。托运人填写托运单，托运货物。

（2）操作要求。托运人在办理零担、集装箱、班列货物运输时，将填写好的零担、集装箱、班列服务订单一式两份，提报给装车站，车站随时受理并根据货场能力、运力，安排班列开行日期和在订单上加盖车站日期戳，交与托运人1份，留存1份。铁路部门据此安排运输,并通知托运人将货物搬入仓库或集装箱内。

2．受理和承运

（1）操作内容。承运人审核托运单,接受承运。

（2）操作要求。承运人运单审核员审核运单,主要内容有：对营业办理限制（包括临时停限装）、起重能力进行审查；检查运单填写是否清晰,托运人更改的地方是否有更改图章；逐项检查运单填写的是否完整；检查运单填写的是否详细,有无省略的内容；检查是否应该有相关证明文件,证明文件是否齐备有效。

铁路车站应有计划地受理零担货物。有组织整零车条件的车站,应编制承运日期表,据以受理运单,组织进货；或者预先受理运单,根据承运日期表指定日期组织进货。沿零货物应随时承运,或根据沿零车运行情况指定承运日期。

3．装运

（1）操作内容。承运人组织零担车,装载货物。

（2）操作要求。车站根据《全路零担车组织计划》的规定,按下列顺序组织整零车：直达整零车,组织至货物到站后方最近中转站的中转整零车,组织超越前方最近中转站的中转整零车。

已纳入《全路零担车组织计划》的车站,按规定的范围组织装运。对未规定的到站或中转范围,可将货物装至前方最近中转站中转。

未纳入《全路零担车组织计划》的车站,有条件时应组织超越前方中转站的直达或中转整零车,无条件时可将货物装至前方最近中转站中转。

车站组织整零车时应遵守下列条件：

1站整零车。所装货物不得少于货车标记载重量（简称标重）的50%或容积的90%。

2站整零车。第一到站的货物不得少于货车标重的20%或容积的30%；第二到站的货物不得少于货车标重的40%或容积的60%。2个到站必须在同一最短径路上,且距离不得超过250千米。但符合下列条件之一时,可不受距离限制：第二到站货物的重量达到货车标重的50%或容积的70%；2个到站为相邻的中转站；第一到站是中转站,装至第二到站的货物符合第一到站的自然中转范围。

3站整零车。危零、笨零货物不够条件组织1站或2站整零车时,可组织同一最短径路上3个到站的整零车,但第一与第三到站间的距离不得超过500千米。

4．中转作业

（1）操作内容。承运人组织零担货物中转。

（2）操作要求。零担货物中转站要根据零担货物的流量、流向及中转货物的货源情况,按照"先直达、后中转"和"能装一站、不装两站"等配装原则,采取坐车、过车、落地等方法,组织好零担货物的中转作业。

零担中转站中转计划货运员,应根据零担货物的配装原则及有关规定,统一组织好中转作业,不断提高使用车的装载量、整零直达比重、一站整零比重和零担货物的安全质量,保持中转站台的畅通。

零担中转站对其中转的每批零担货物,均应于卸车的当日在货物运单上加盖卸车日期戳记,以考核中转零担货物的积压情况。

5. 货物的到达、交付

(1) 操作内容。承运人通知到货,收货人取货。

(2) 操作要求。承运人到达站应不迟于卸货后的次日内,用电话或书信,向收货人发出催领通知并在货票内记明通知的方法和时间,收货人也可与到站商定其他通知方法。

收货人在到站查询所领取的货物未到时,到站应在领货凭证背面加盖车站日期戳证明货物未到。

货物运抵到站,收货人应及时领取。拒绝领取时,应出具书面说明,自拒领之日起,3日内到站应及时通知托运人和发站,征求处理意见。托运人自接到通知之日起,30日内提出处理意见答复到站。

从承运人发出催领通知次日起(不能实行催领通知时,从卸车完了的次日起),经过查找,满30日(搬家货物满60日)仍无人领取的货物或收货人拒领,托运人又未按规定期限提出处理意见的货物,承运人可按无法交付货物处理。对性质不宜长期保管的货物,承运人根据具体情况,可缩短通知和处理期限。

收货人应于承运人发出催领通知的次日(不能实行催领通知或会同收货人卸车的货物为卸车的次日)起算,2日内将货物搬出。超过上述期间未将货物搬出,对其超过的期间核收货物暂存费。车站站长可以适当延长货物免费暂存期间。

到达到站的货物,如已编有记录或发现有事故可疑痕迹,到站必须复查重量或现状。如已构成货运事故,到站应在交付货物时,将货运记录交给收货人。

货物在到站应向货物运单内所记载的收货人交付。收货人在到站领取货物时,须提出领货凭证,并在货票丁联上盖章或签字。如领货凭证未到或丢失时,机关、企业、团体应提出本单位的证明文件;个人应提出本人居民身份证、工作证(或户口簿)或服务所在单位(或居住所在单位)出具的证明文件。用本人的居民身份证、工作证或户口簿作证件时,车站应将姓名、工作单位名称、住址及证件号码详细记载在货票丁联上;用证明文件时,应将领取货物的证明文件粘贴在货票丁联上。

到站在收货人办完领取手续和支付费用后,应将货物连同货物运单一并交给收货人。

三、水路货物运输作业

水路货物运输的作业流程如图4-3所示。

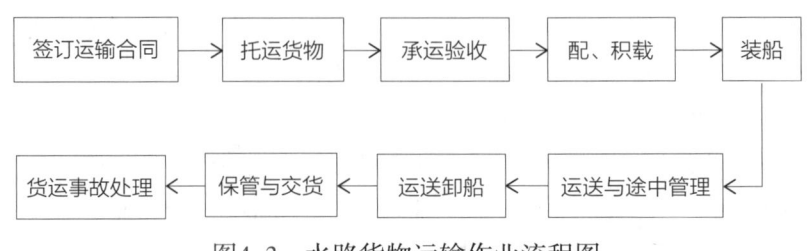

图4-3 水路货物运输作业流程图

1. 签订水路货物运输合同

水路货物运输合同是指水路运输企业或者经过交通主管部门审查批准，持有营业执照的个体（联户）船民与利用水路运输货物的托运方之间达成的有关水路运送货物的权利和义务的协议。

这里所说的水路货物运输合同专指在我国沿海、沿江、湖泊以及其他通航水域中一切营业性的货物运输，而不包括国际海洋货物运输。

按月度签订的货物运输合同，应具有下列基本内容：①货物名称；②托运人和收货人名称；③起运港和到达港，海江河联运的还应当载明换装港；④货物的重量，按体积计费的货物应载明体积；⑤违约责任；⑥特约条款。

2. 托运货物

（1）运单填写要求。托运的货物必须与货物运单记载的品名相符，托运人应如实填报货物的有关情况，货物运单要填写清楚，收货人的地址要真实确切，填写的发货符号要与货件上标明的相符，不得省略；货物名称要写具体的品名，如品名过繁，不能写完，可填写运价分级表规定的概括名称。

（2）运输货物重量和体积的确定。起运港具备符合国家规定计量手段的，托运人应按起运港核定的数据确定货物重量；托运人整船散装货物确定重量有困难时，可以要求承运人提供船舶水尺计量数，作为托运人确定的重量。按照规定实行重量和体积择大计费的货物，应填写货物的重量和体积。笨重长大货物，还应列出单件货物的重量和体积（长、宽、高），并在货件上标明。

（3）运输货物的包装、运输标志。需要包装的货物，必须按照国家或主管部门规定的标准包装；没有统一规定包装标准的，应在保证运输安全和货物质量的原则下进行包装；需要随附备用包装的，应提供备用包装。

按件托运的货物，托运人应在货件两端涂刷、粘贴运输标志，不易涂刷、粘贴的应拴挂运输标志。

3. 承运验收

托运人按照起运港签认的货物运单，按指定的日期和地点将货物集中进港。起运港按运单认真验收。起运港对货物验收完毕（托运人自行装船的，货物装船完毕）在运单上加盖港口日期戳时即为承运。

承运人和港口经营人应按《水路货物运输规则》中的有关规定，审查货物运单和港口作业委托单填制的各项内容。

通过港口库场装船的货物，由港口经营人在与作业委托人商定的货物集中时间和地点，按港口作业委托单载明的内容负责验收。

通过船边直接装船或托运人自理装船的货物，由承运人或其代理人按货物运单载明的内容负责验收。

货物运费计算公式为：

$$船舶货物运费 = 运价率 \times 计费重量 \times (1+加成率)$$

4. 配、积载

承运人在编制船舶航次计划积载图（表）时，应与港口经营人协商，以便港口经营人合理安排装船计划。

客货班轮、货班轮，以及承运件杂货的船舶，承运人应在与港口经营人约定的期限以前向港口经营人提供船舶航次货物配载方案，便于港口经营人根据配载及装货顺序合理安排库场货位，组织货物验收。

承运人委托其代理人编制计划积载图（表）时，计划积载图（表）应经船舶审核签认。

5. 装船

装船前，承运人应将船舱清扫干净，检查管系，准备好垫隔物料，港口经营人应准备好保障安全质量的防护措施。

承运人与港口经营人在船边进行货物交接。对于按件承运的货物，港口经营人应为承运人创造计数的条件，工班作业结束后，承运人和港口经营人应办清当班交接手续。

装船作业，承运人应派人看舱，指导港口作业人员按计划积载图（表）的装货顺序、部位装舱，堆码整齐。整船散装货物应按有关规定检验测定装前、装后水尺，并记录在货物交接清单上。

如发现货物残损、包装不合标准要求或破裂，标志不清等情况，应编制货运记录。如发现港口经营人装舱混乱，或擅自变更计划积载图（表）的装货顺序和部位，船方应立即提出停装或翻舱，港口经营人应翻舱整理。在特殊情况下，不能翻舱整理时，应编制货运记录。

6. 卸船

承运人应及时向港口经营人提供卸船资料。对船边直取的货物，应事先通知收货人做好接运提货的准备工作。港口经营人根据承运人提供的资料，以及与作业委托人签订的作业合同，安排好泊位（浮筒、趸船）、库场、机械、工属具、劳力，编制卸船计划。

承运人应派人指导卸货。港口作业人员应接受承运人指导，按实际积载顺序，按运单、标志卸船，整批货物，应做到一票一清。几票集中装船的零星货物，应做到集中卸船。承运人发现港口经营人混卸或违章操作，应予制止，制止不听的应编制货运记录。

卸船时，如在船上发现货物残损、包装破裂、翻钉、松钉、包装完整内有碎声、分票不清、标志不清、装舱混乱以及积载不当等情况，港口经营人应及时与承运人联系，检查确认，编制货运记录证明，不得拒卸或原船带回。

卸船时，港口经营人应按规定的操作规程、质量标准操作，合理使用装卸机具，做到：不拖关、不挖井、不堆垛、不落水、分清原残、工残，并按双边交接的有关规定，在货物堆码、做关标准、理货计数等方面创造条件，使交接双方易于计数交接，做到理货数字一班一清、一票一清、全船数字清。每一张运单或一个收货人的货物卸完后，应由库场员复点核实。

承运人和港口经营人在卸船作业中，应随时检查舱内、舱面、作业线路有无漏卸货物或掉件，港口经营人应将漏卸、掉件和地脚货物按票及时收集归原批。

卸船结束，港口经营人应将舱内、甲板、码头、作业线路、机具、库场的地脚货物清扫干净。

货物卸进港区库场，由承运人与港口经营人在船边进行交接。收货人船边直取货物，由承运人与收货人进行交接。

卸船完毕，承运人和港口经营人、或者承运人和收货人应在货物交接清单上签章。未办妥交接手续，船舶不得离港。

7. 到达交付

货物到达港口后，由到达港指定卸货地点，并向收货人及时发出到货通知，在货票内注明通知时间。单位提货，提货人应在提货单上签章并加盖公章（或凭单位介绍信）；个人提货，凭个人身份证或其他证件。

船边直取货物，由承运人向收货人交付。卸进港区的货物，收货人凭运单（提货凭证）以及进口作业委托单到港区提货。港口经营人应当认真核对提货单证，与收货人当场对货物的数量和质量进行交接。收货人收到货物无异议时，应在提货单证上签章。

交接时发现货物短缺、残损，双方应及时编制货运记录。

收货人应及时组织提货，并在收货时验收货物，付清港口费用和按规定由收货人支付的运费、托运人少缴的费用以及中途垫款。由收货人自理卸船的货物，应在规定的时间内完成卸船作业，将船舱、甲板打扫干净；对装运污秽货物，有毒害性货物的，应负责洗刷、消毒，使船舱恢复正常清洁状态。

承运人和港口经营人在交付货物时，如发现标志脱落或模糊不清，应当查明收货人后方可交付。

一张运单的货物分批交付时，应当在有关提货单证上逐次批注清楚。

一张运单的货物分卸几个港区或几个库场，在交付时港口经营人应核对清楚，防止错交错转。

从到达港发出到货通知的次日起，经过催提、查找，满30天（个人托运的生活用品和搬家货物满60天）仍无人提货、拒绝提货或超期不提的货物，港口可按无法交付货物处理；对拒提或超期不提的货物，也可以转栈，并按规定计收转栈费和货物保管费；对性质不宜保管的货物，由港口及时适当处理。

四、航空货物运输作业

（一）航空货物运输的营运方式

1. 班机运输

班机运输是指根据班期时刻表，按照规定的航线定机型、定日期、定时刻的客、货、邮航空运输。班机运输一般有固定的航线、固定的始发站、途经站和目的站，是民航运输生产活动的基本形式，一般航空公司都使用客货混合型飞机。一方面搭载旅客，一方面运送少量货物。但一些较大的航空公司在一些航线上开辟定期的货运航班，使用全货机运输。

2. 包机运输

包机运输是指包机人为一定的目的包用航空公司的飞机运载货物的形式。

3. 包机的形式

（1）整架包机。整架包机又称为整包机，即包租整架飞机，指航空公司或包机代理公司，按照与租机人事先约定的条件及费用，将整架飞机租给包机人，从一个或几个航空港装运货物至指定目的地的运输方式。这种方式适用于运输大批量货物。但整包机的租期,要在货物装运前一个月与航空公司联系,以便航空公司安排运载和向起降机场及有关政府部门申请、办理过境或入境的有关手续。包机的费用是一次一议,随国际市场供求情况变化而调整。

（2）部分包机。部分包机是指由几家航空货运代理公司（或发货人）联合包租一架飞机,或者由航空公司把一架飞机的舱位分别租给几家航空货运代理公司装载货物。部分包机形式适用于托运不足一整架飞机舱容,但运量在1t以上的货物运输。

（二）国内航空货物运输业务流程

1. 委托运输

托运货物凭本人居民身份证或其他有效身份证件,填写货物托运书,向承运人或其代理人办理托运手续。如承运人或其代理人要求出具单位介绍信或其他有效证明,托运人也应予以提供。托运政府规定限制运输的货物以及需向公安、检疫等有关政府部门办理手续的货物,应当随附有效证明。

代理人接到托运人的货物托运书后,对所托运的货物进行检查,对所托运货物的重量和体积尺寸进行检查后,双方签订《货物托运合同》,合同签订后,货运代理人与托运人则明确了双方在该批货物运输过程中的权利、义务与责任。

2. 订舱

《货物托运合同》签订后,代理人可向承运方领取并填写订舱单并附所运输货物的详细情况,包括货物名称、重量、体积、件数、始发地和目的地等。承运方接到订舱单后确认舱位、运输航线及运价后签发舱位确认书表示舱位已订妥。

3. 货物收运

（1）货物收运计划。承运人应当根据运输能力,按货物的性质和急缓程度,有计划地收运货物,批量大和有特定条件及时间要求的联程货物,承运人必须事先安排好联程中转舱位后方可收运。遇有特殊情况,如政府法令、自然灾害、停航或者货物严重积压时,承运人可暂停收运货物。

（2）收运货物查验。承运人收运货物时,应当查验托运人的有效身份证件。凡国家限制运输的物品,必须查验国家有关部门出具的准许运输的有效凭证。

承运人应当检查托运人托运货物的包装,不符合航空运输要求的货物包装,需经托运人改善包装后方可办理收运。承运人对托运人托运货物的内包装是否符合要求不承担检查责任。

（3）填写航空货运单交接。航空货运单（简称货运单）是指托运人或者托运人委托承运人填制的、托运人和承运人之间为在承运人的航线上承运货物所订立合同的证据。

航空货运单应当由托运人填写,连同货物交给承运人。如承运人依据托运人提供的托运书填写航空货运单并经托运人签字,则该航空货运单应当视为代托运人填写。

托运人应当对航空货运单上所填关于货物的说明或声明的正确性负责。

航空货运单一式八份,其中正本三份、副本五份。正本三份为:第一份交承运人,由托运人签字或盖章;第二份交收货人,由托运人和承运人签字或盖章;第三份交托运人,由承运人接受货物后签字盖章。三份具有同等效力。承运人可根据需要增加副本。货运单的承运人联应当自填开货运单次日起保存两年。

4. 货物运输

根据货物的性质，承运人应当按下列顺序发运货物。

（1）抢险、救灾、急救、外交信袋和政府指定急运的物品。

（2）指定日期、航班和按急件收运的货物。

（3）有时限、贵重和零星小件物品。

（4）国际和国内中转联程货物。

（5）一般货物按照收运的先后顺序发运。

5. 货物到达和交付

（1）货物到达。货物运至到达站后，除另有约定外，承运人或其代理人应当及时向收货人发出到货通知，通知包括电话和书面两种形式。急件货物的到货通知应当在货物到达后2h内发出，普通货物应当在24h内发出。

自发出到货通知的次日起，货物免费保管3日。逾期提取的，承运人或其代理人按规定核收保管费。

（2）货物交付。收货人凭到货通知单和本人居民身份证或其他有效身份证件提货；委托他人提货时，凭到货通知单和货运单指定的收货人及提货人的居民身份证或其他有效身份证件提货。如承运人或其代理人要求出具单位介绍信或其他有效证明时，收货人应予以提供。

承运人应当按货运单列明的货物件数清点后交付收货人。发现货物短缺、损坏时，应当会同收货人当场查验，必要时填写货物运输事故记录，并由双方签字或盖章。

收货人提货时，对货物外包装状态或重量如有异议，应当场提出查验或者重新过秤核对。收货人提取货物后并在货运单上签收而未提出异议，则视为货物已经完好交付。货物自发出到货通知的次日起14日无人提取，到达站应当通知始发站，征求托运人对货物的处理意见；满60日无人提取又未收到托运人的处理意见时，按无法交付货物处理。

实训条件与组织

1. 实训条件

安装有"百蝶《运输企业运营管理》理实一体化虚拟仿真软件"的电脑。

2. 实训组织

每人一台电脑自行操作。

实训内容

任务一 公路整车货物运输作业

百蝶物流有限公司接到天津托运货物至北京的业务，托运货物信息如表4-1所示。领导交与王杰负责处理，王杰该如何安排运输及操作整车货物运输业务。

表 4-1　　　　　　　　　　公路运输货物托运信息表

发货人	天津宏达机械有限公司	收货人	北京天林机械有限公司		
联系人	王强华	联系人	张俊林		
地址	天津发货点2天津市秀川路2号	地址	北京收货点2北京市建国路7号		
电话	183×××8517	电话	138×××1458		
运输要求	要求2天内送达				
货物名称	重量（kg）	体积（m³）	数量	单位	备注
数控铣床	5600	15.2	2	台	
数控组合机床	5500	8	1	台	

任务二　铁路零担货物运输作业

百蝶物流有限公司接到一批武汉到上海的零担货物，托运货物信息如表4-2所示，然而武汉到上海订单量很少，短时间内难以拼出一辆车，加上车辆到达上海后返程货源不足，考虑到武汉到上海有着非常便利的铁路运输资源，王杰决定将这个订单委托给铁路进行运输。

表 4-2　　　　　　　　　　铁路运输货物托运信息表

发货人	武汉晨亨食品公司	收货人	上海天天购物超市		
联系人	王明珠	联系人	赵建新		
地址	武汉发货点1武汉市珞狮路1号	地址	上海收货点1 上海市瑞宁路6号		
电话	027-8587×××	电话	137×××5289		
运输要求	要求5天内送达				
货物名称	重量（kg）	体积（m³）	数量	单位	备注
锅巴	90	1.56	1	托盘	
肉干肉脯	160	1.56	1	托盘	
发货人	味好美（武汉）食品有限公司	收货人	上海客都超市		
联系人	李梅芳	联系人	刘歆		
地址	武汉发货点2武汉市珞狮路2号	地址	上海收货点2 上海市瑞宁路7号		

续表

电话	027-8571×××	电话	021-5918×××
运输要求		要求4天内送达	
货物名称	重量（kg）	体积（m³）	数量	单位	备注
软心鲜蛋糕	270	1.56	1	托盘	
发货人	武汉麦味香食品有限公司	收货人	张琪
联系人	李烨	联系人	张琪
地址	武汉发货点3武汉市珞狮路3号	地址	上海收货点3上海市瑞宁路8号
电话	027-8445×××	电话	189×××6186
运输要求		要求4天内送达	
货物名称	重量（kg）	体积（m³）	数量	单位	备注
啤酒	80	0.72	4	箱	

任务三 水路货物运输作业

百蝶物流有限公司这天接收到一个天津到福州的集装箱订单，订单信息如表4-3所示，考虑到天津到福州有着非常便利的水路运输资源，并且货主要求的送达时限比较宽松，王杰决定将这个订单委托给港口进行运输。

表4-3　　　　　　　　水路运输货物托运信息表

发货人	天津市明珠电器有限公司	收货人	福州天林家电购物广场
联系人	王明光	联系人	李建华
地址	天津收货点4天津市津涞路9号	地址	福州收货点2福州市福马路7号
电话	022-6959×××	电话	0591-8396×××
运输要求		要求5天内送达	
货物名称	重量（kg）	体积（m³）	数量	单位	备注
冰箱	600	10.8	5	箱	
洗衣机	390	2.625	5	箱	
扫地机器人	960	6.24	4	托盘	

任务四 航空货物运输作业

百蝶物流有限公司是一家从事航空运输代理的企业，与中国国际航空公司、中国南方航空公司有长期的销售合作协议。今日，该物流公司业务员王杰接到哈尔滨腾顺达电子有限公司张童先生的货物托运书，托运货物信息见表4-4，业务员王杰开始安排货物运输作业。

表 4-4　　　　　　　　　航空运输货物托运信息表

发货人	哈尔滨腾顺达电子有限公司	收货人	杭州飞越电子计算机有限公司
联系人	张童	联系人	李平
地址	哈尔滨发货点1哈尔滨市和兴路1号	地址	杭州收货点1 杭州市钱潮路6号
电话	0451-8528××××	电话	0571-9633××××
运输要求	要求2天内送达			
货物名称	重量（kg）	体积（m³）	数量	单位	备注
计算机芯片	80	0.4	2	箱	

实训要求

（1）本实训需要安装百蝶"运输企业运营管理"理实一体化虚拟仿真软件。

（2）课前学生需要熟悉实训内容，熟悉《操作手册》，掌握虚拟软件操作。

（3）指导老师介绍本次实训的重点内容和注意事项；老师一步步抛出问题和任务引导学生思考并完成实训操作任务；实训结束后学生完成实训报告的撰写。

实训步骤

一、公路整车货物运输作业步骤

（1）按照《操作说明书》中对应任务的操作提示和步骤说明展开实验。

（2）查看任务信息，根据托运单提供的信息说明这单货物应采用整车运输还是零担运输？为什么？适用于整车货物运输的货物有哪些？

（3）调度员打开调度界面，勾选托运单号，选择合适的车辆和路线，根据托运单的货物信息可知应该选择哪种运输车辆，为什么？

（4）完成调度工作后，打印相应单据，在运输管理系统（TMS）中查看托运单，并将托运信息填入图4-4中。

（5）车辆到达装货点后，完成装车作业，货物包装箱上贴有图4-5所示货物运输标志，查找资料完成表4-5。

百蝶物流配送中心运单

托运日期： 　　　起点： 　　终点：

委托人	单位		收货人	单位	
	姓名			姓名	
	地址			地址	
	联系方式			联系方式	
货物性质		运输类型	服务类型		服务方式
货物名称		件数	重量（t）		体积（m³）
运费		保价费	上门服务费		合计
					0
备注：					
特别提示：		托运人要认真核对运单正面所明示各项内容，并详细阅读运单背面的合同条款，如认为有加重自己责任或排除自己主要权利的，双方可以重新约定，如无异议，请签字			
承运人（签字）		委托人（签字）		收货人（签字）	

说明
1. 填在一张货物运单内的货物必须是属同一托运。对拼装分卸货物，应将每一拼装或分卸情况在运单备注栏内注明。易腐蚀、易碎货物、易溢漏的液体，危险货物与普通货物，以及性质相抵触、运输条件不同的货物，不得用同一张运单托运。
2. 本运单一式三联：①受理存根；②委托人；③托运回执。

图4-4　托运单

图4-5　货物运输标志

表 4-5　　　　　　　　　　　　　货物运输标志

序号	标志名称	标志图形	含义
1	易碎物品		运输包装件内装易碎品,因此搬运时应小心轻放
2	禁止手钩		—
3			表明运输包装件的正确位置是竖立向上
4	怕晒		表明运输包装件不能直接照晒
5	怕雨		—
6			
7	此面禁用手推车		—
8	禁用叉车		—
9	堆码重量极限		表明该运输包装件所能承受的最大重量极限
10	禁止堆码		—

（6）装车完成,司机驾驶车辆来到收货点,与收货人完成货物的交付,此次整车货物运输作业完成,通过实验训练,梳理公路整车货物运输作业流程,画出流程图。

二、铁路零担货物运输作业步骤

（1）按照《操作说明书》中对应任务的操作提示和步骤说明展开实验。

（2）调度员进去系统后,首先查看任务信息,三个托运单都是从武汉发往上海,无须中转,调度员组织零担车完成此次零担货物的运送。从零担货物的装运方式来说,此次托运作业属于哪种类型?除了此类型外还有哪些装运方式?

（3）客户填写完成托运单,百蝶物流有限公司的运单审核员需要对托运单进行审核,那么主要审核哪些内容?

（4）司机驾驶车辆来到武汉发货点完成货物的装车,然后驾驶车辆到达火车站将货物卸载,办理托运手续,到堆放区配合货物的包装检查。那么铁路零担货物运输包装的要求有哪些?

（5）火车站工作人员对货物进行包装检查,检查无误后,打印托运回单,查看系统中的单据,完成图4-6中缺失的部分。

（6）货物通过铁路运输到达上海火车站,调度员在运输管理系统中完成市内配送调度,

百蝶物流配送中心铁路运单

托运人—发站—到站—收货人
委外编号： 日期：

起点			终点		
委托人	单位		收货人	单位	
	姓名			姓名	
	地址			地址	
	联系方式			联系方式	
服务方式			货物性质		

货名	件数	运输类型	箱型	箱号	封号	预报重量（t）	审核重量（t）	体积（m³）	是否保价

托运人备注：		承运人备注：	
托运人（签章）	承运人（签章）		收货人（签章）

1. 本运单一式三联：①委托人；②承运人；③办理存根。
2. 运单一经提取货物后即失去提货效力。
3. 托运人需投保货物综合险，否则由此产生的损失由托运人自负。

图4-6 铁路运单

配载员到达上海火车站，需要凭借什么材料办理货物领取手续？

（7）配载员办理完手续后，将货物装车运送至上海收货点完成货物的卸载，本次任务完成，通过实验训练，梳理铁路零担货物运输作业流程，画出流程图。

三、水路货物运输作业步骤

（1）按照《操作说明书》中对应任务的操作提示和步骤说明展开实验。

（2）查看任务信息，了解货物的名称、品类，选择合适的集装箱类型，查找资料完成表4-6。本次托运作业应该选择什么集装箱？

（3）查看任务信息，该批货物采用集装箱运输，水路集装箱运输是指采用船舶载运装集装箱或空箱在各港口间运输的集装箱运输方式。水路集装箱运输按集装箱运输的地域分为哪几种？本次运输任务属于哪种？

（4）司机驾驶车辆来到天津发货点，将集装箱装车运往天津港口，司机需要和港口工作

表 4-6　　　　　　　　　　　货物种类与集装箱类型的匹配

序号	货物种类	集装箱类型

人员完成集装箱的交接，那么交接程序有哪些？

（5）港口工作人员核对铅封后打印托运回单。在运输管理系统中查找港口回单，完成图4-7中缺失的部分。

百蝶物流配送中心水路运单

离港日：　　　　委外编号：　　　　　　　运输条款：CY-CY

船名	FN00020	航次	OS2018121700008
起点		终点	

委托人	单位		收货人	单位	
	姓名			姓名	
	地址			地址	
	联系方式			联系方式	

| 服务方式 | | 货物性质 | |

货名	件数	运输类型	箱型	箱号	封号	预报重量（t）	审核重量（t）	体积（m³）	是否保价

托运人备注：	承运人备注：	
托运人（签章）	承运人（签章）	收货人（签章）

1. 本运单一式三联：①委托人；②承运人；③办理存根。
2. 运单一经提取货物后即失去提货效力。
3. 托运人需投保货物综合险，否则由此产生的损失由托运人自负。

图4-7　水路运单

（6）集装箱通过海上运输运至福州港，调度员收到到货通知后在运输管理系统中完成市内配送调度，司机前往福州港装车后将集装箱运至福州收货点。通过实验训练，梳理集装箱货物的流转流程，画出流程图。

四、航空货物运输作业步骤

（1）按照《操作说明书》中对应任务的操作提示和步骤说明展开实验。

（2）查看任务信息，查询本次航空货物运输属于哪一类？

（3）托运人填写了货物托运书后，调度员审核货物托运书的信息，确定无误后录入运输管理系统，完成航空预约。那么货物托运书包括哪些基本内容？

（4）司机驾驶车辆来到天津收货点完成货物的装车，装车前需要对货物的包装进行检查，航空托运货物的包装要求有哪些？

（5）市内配送员将货物运至哈尔滨航空货运站，工作人员完成货物验收入库后，打印托运回单。在系统中查找航空货物运单，填写图4-8中缺失的部分。

（6）完成货物装车后，将货物运送至哈尔滨航空货运站，办理托运手续后，货物验收入库，然后完成航空运输。货物运至到达站后，应当及时向收货人发出到货通知，对于通知的形式和时间有哪些要求呢？

（7）收到到货通知后，调度员在运输管理系统中完成车辆调度，司机驾驶车辆来到杭州航空货运站，将货物装车后运至杭州收货点，本次托运任务完成。通过实验训练，梳理航空货物运输的流程，画出流程图。

> **思考题**
>
> ❶ 由于运输企业管理的多层次和作业过程的多环节，运输成本控制涉及企业运输经营活动的各个环节，必须建立纵横交错、责任分明、相互衔接和制约的目标成本控制体系。运输费用控制方法主要有哪些？
>
> ❷ 货物检车完毕后，开始装车，装车前必须根据车辆吨位、车厢容积、货物性质和货物运送方向、中转、直达等，做好货物配载工作。那么零担货物的配载需要遵循什么原则？

考核要求及标准

本次实训考核成绩分为软件操作和实训报告撰写两部分，具体考核标准如表4-7所示。

百蝶物流配送中心航空运单

始发站 Airport of Departure		目的地 Airport of Destination		不得转让 NOT NEGOTIABLE 航空货运单 OS201812170013 AIR WAYBILL 印发人（Issued by）			
托运人姓名、单位、地址、电话号码 Shipper's Name, Company, Address & Telephone No.				航空货运单一、二、三联为正本，并具有同等法律效力。 Copies 1,2 and 3 of this air waybill are originals and have the same validity			
收货人姓名、单位、地址、电话号码 Consignee's Name, Company, Address & Telephone No.				航班/日期 FN00020/Date		保险价值 Amount of insurance	
件数 No.of Pcs	重量（t） Weight(kg)	体积（m³） Volume	运价种类 Rate class	计费重量（t） Chargeable Weight(kg)	费率/吨 Rate/kg	航空运费 Weight Charge(kg)	货物品名 Description of goods
预付prepaid		到付collect		其他费用other charges			
	航空运费 Weight charge			托运人郑重声明：此航空运单上所填货物品名和货物运输声明价值与实际交运货物品名和货物实际价值完全一致，并对所填航空货运单和所提供的与运输有关文件的真实性和准确性负责。 Shipper certifies that description of goods and declared value for carriage on the face hereof are consistent with actual description of goods and actual value of goods and that particulars on the face hereof are correct. 托运人或其代理人签字、盖章 Signature of shipper or his agent			
	声明价值附加值 Valuation charge						
	地面费用 Surface charge						
	其他费用 Other charges			填开日期 填开地点 填开人或其代理人签字、盖章 Executed on at signature of issuing carrier or its agent XXXX XX XXXX			
	总额（人民币） Total(CNY)			收货日期 收货地点 收货人或其代理人签字、盖章 Date of receipt at signature of Consignee or its agent			
付款方式							

图4-8 航空运单

表 4-7　　　　　　　　　　　　　考核要求及标准

考核内容	权重	评分要求与标准
软件操作	60%	在虚拟软件中完成实训任务，操作过程规范、完整，结果正确
实训报告	40%	任务一至任务四撰写实训报告，要求格式规范、内容完整，无抄袭现象

实训二 ｜ 特种品货物运输作业实训

实训目的

通过实训任务使学生掌握鲜活易腐品、危险品、超限品三类特种品货物的基本特性，掌握特种品货物运输的要求、注意事项以及作业流程，能够完成特种品货物运输的托运、承运、理货、运输与接收等作业，具备办理特种品货物运输业务的技能。

实训准备

1. 学习《操作手册》，掌握虚拟软件的基本操作。
2. 认真阅读《学生指导书》，熟悉实训项目的主要内容。
3. 完成《学生指导书》中的课前练习题，复习关于特种品运输的组织形式和组织流程。

知识链接

一、鲜活易腐类货物运输作业

（一）铁路鲜活易腐货物运输组织

1. 鲜活易腐货物的承运

承运鲜活易腐货物时，车站货运员要根据《铁路鲜活货物运输规则》对鲜活易腐货物的质量、包装和热状态进行检查。在承运时应注意鲜活易腐货物的运到期限和容许运送期限。容许运送期限是根据货物的品种、成熟度、热状态，在规定的运送条件下，能保持货物质量的期限。容许运送期限应由托运人提出，车站负责审查。承运畜禽产品和鲜活植物时，应取得查验其兽医卫生机关的检疫证后才能承运。

对于货物质量、包装、温度等方面的检查结果应填写"冷藏车作业单"，每车填写一份，与货物运单一起随车递至到站保存备查，以便积累运输经验。同时作为分析处理货运事故的依据。

2. 鲜活易腐货物的装车

在装运鲜活易腐货物时,应根据货物的种类、数量、热状态、外界温度和运送距离选择适宜的车辆。在装车后要认真对车辆进行技术检查和货运检查。冷藏车在装车前应进行预冷,最好将其预冷到货物所要求的运输温度。此外,应根据不同的鲜活易腐货物进行货物装载,以保证货物的完好。

3. 装运鲜活易腐货物车辆的运行组织

鲜活易腐货物具有容易腐败变质的特点。即使在规定的条件下保管和运输也仍然没有停止其腐坏的过程。因此,在铁路运输过程中除技术上需要采取特殊措施外,凡进行装车、取送、编解、挂运、加冰、加盐等作业,都应该密切配合,实行快速作业。根据我国铁路运输条件,为了保证冷藏车快速运行,除了必须建立和健全取送、预确报、编挂等制度外,还应对冷藏车的运行实行监督制度。除车站监督外,铁路分局、铁路局调度应按车号掌握冰冷藏车的运行,使每辆冷藏车从装车开始直到卸车为止,都处在集中监督之下,以便提高冷藏车运用效率。我国铁路组织鲜活易腐货物和活口车合编的快运货物列车,实行定停站点、定运行线、定编组顺序和定在站停车轨道"四固定"制度,为加速冷藏车的运行提供了值得借鉴的经验。鲜活易腐货物卸车时,车站应把货物的状态和温度情况、卸车时间等记入"冷藏车作业单",存站备查。遇有腐坏变质情况,车站应会同收货人检查确认腐损程度,并编制货运记录,以作调查事故判定责任的根据。

(二)公路鲜活易腐货物的运输组织

良好的运输组织,对保证鲜活易腐货物的质量十分重要。鲜活易腐货物运输的特殊性,要求保证及时运输。应充分发挥公路运输快速、直达的特点,协调好仓储、配载、运送各环节,及时送达。

配载运送时,应对货物的质量、包装和温度要求进行认真的检查,包装要合乎要求,温度要符合规定。应根据货物的种类、运送季节、运送距离和运送地方确定相应的运输服务方法,及时地组织适宜车辆予以装运。鲜活易腐货物装车前,必须认真检查车辆及设备的完好状态,应注意清洗和消毒。装车时应根据不同货物的特点,确定其装载方法。如为保持冷冻货物的冷藏温度,可紧密堆码;水果、蔬菜等需要通风散热的货物,必须在货件之间保留一定的空隙;怕压的货物必须在车内加隔板,分层装载。

二、危险类货物运输作业

(一)危险货物的分类

危险货物物品种类繁多,根据我国2005年11月1日颁布实施的国家标准GB 6944-2005《危险货物分类和品名编号》,危险货物分成九类。

第一类:爆炸品。

第二类:气体(易燃气体、非易燃无毒气体、毒性气体)。

第三类:易燃液体。

第四类:易燃固体、易于自燃物质、遇水放出易燃气体物质。

第五类：氧化性物质和有机过氧化物。

第六类：毒性物质和感染性物质。

第七类：放射性物质。

第八类：腐蚀性物质。

第九类：杂项危险物质和物品。

（二）危险货物运输作业程序

危险货物运输，要经过受理托运、交接保管、货物运送、货物押运、货物交付等环节，作业中必须严格按照危险货物运输管理规则执行。

1. 受理托运

托运人必须向具有从事危险货物运输经营许可证或经有关部门审核批准的运输企业托运。对于具有危险性质或与消防方法相抵触的货物必须分别托运和承运。托运人所托运的危险货物应仅限于各种运输方式中《危险货物品名表》内载明的货物，对未列入其中的危险货物新品种，需提交生产或经营单位主管部门审核的《危险货物鉴定表》，经承运人的运输行政管理部门批准后才能办理运输。

（1）托运申请。托运人提出运输申请，应提供运输危险货物所需的运输许可单证。由托运人填写托运单，运输企业危险货物托运单是红色或带有红色标志，以引起注意。比如，作为铁路普通危险货物运输办理的品种使用普通运单，经审核可以办理后，在左上方用红色戳盖印。

托运人填写危险货物托运单时，要在托运单上填写清楚危险货物品名（货物名称必须用正确的化学学名或技术名称）、规格、件重、件数、包装方法、起运日期、收发货人详细地址及运输过程中的注意事项，必须注明危险货物的性质和类别。对有特殊要求或凭证运输的危险货物，必须附有相关单证，并在托运单备注栏内注明。托运"半衰期"短的放射性货物，应在运单上注明容许运送期限，其期限不得少于运输送达所需时间。

（2）运输审核。运输审核主要包括运单审核和货物审核两方面。运输审核员应认真审核运单填写内容，核对货物运输包装要求，详细了解并注明货物的性能、防范方法、形态、包装等。若对包装、规格和标志不清楚是否符合国家规定要求时，必须到现场了解。运输审核员还应认真审核危险货物运输的相关单证是否符合国家安全规定和要求，单证是否有效。

运输承运验收货物时应对货物名称、性质等情况进行详细了解，正式办理承运前应先赴现场检查货物包装与刷贴标志等情况，查看其是否符合安全运输要求，对不符合安全运输要求的，应请托运人改善后再受理，承运人也可代为进行货物包装和刷贴标志；承运人应做好运输前准备工作，装卸现场环境要符合安全运输条件。

2. 交接保管

危险货物具有的危害随时会发生，对于经常办理危险货物运输的场站，应建立安全小组，并适当固定货运人员及装卸班组，严格执行安全、防护、检查、交接制度。应设有必要的洗刷、防护、消防和放射性货物剂量检查仪器等安全设备。根据货物的性质做好防潮、防热、防晒、防火工作，库、场应有专人警卫。

危险货物装车运输之前应在事先约定的地方集货，专门场所存放。货物交接双方，必须点收点交，签证手续完备。货物接收方在收货时如发现差错、破损，应及时采取有效的安全措施，及时处理，并在运输单上批注清楚。

危险货物应由专门的货物保管员对货物负责，库、场内存放危险货物时应严格执行《危险货物配装表》的规定。对不能配装的危险货物必须严格隔离。保管员要及时掌握危险货物的情况，严格按危险货物的性质进行保管，起爆器材、炸药和爆炸性药品相互间不得同存一库，放射性货物不得与其他危险货物同存一库。危险货物与普通货物存放一库时，应保持适当的安全距离，发现问题及时报告并采取相应措施。

3．货物运送

运送危险货物应选择技术良好、熟悉作业要求和规程的专门人员执行运输任务。参与运输人员必须掌握途中运送与管理要求、施救方法等。要注意气象预报，掌握雨雪和气温的变化，选择合适天气运送。装载爆炸性、放射性物品，托运方必须派人随车押运。

危险货物装车之前，装卸人员要清楚危险货物的特性、处理方法、防止措施等。装卸作业场所最好选在避免日光照射、隔离热源和火源、通风良好的地点。装车时要详细检查所装危险货物与运输文件上所载内容是否一致，容器、包装、标志是否完好，严禁冒险装运。装车时，装卸人员还要注意防护，穿戴必要的防护用品，严格执行装卸安全操作规程，必须轻装轻卸，谨慎操作，应保持包装完好，应根据危险货物不同的性质，灵活应用铺垫隔衬材料进行衬垫、遮盖、绑扎和加固。装卸危险货物过程中，要注意天气变化情况，应避开高温时段，遇有闪电、雷击、雨雪天或附近发生火警时，应立即停止装卸货作业。

危险货物运达卸货地点后，因故不能及时卸货，在待卸期间行车和随车人员应负责看管车辆和所装危险货物，同时承运人应及时与托运人联系妥善处理。危及安全时，承运人应立即报请运输主管部门，必要时运输主管部门应会同公安、物资主管部门妥善处理。

4．货物押运

鉴于某些危险货物的危害性后果难以预料和想象，为保证危险货物运输的安全，保证社会秩序，保证社会稳定，在危险货物的运输中，根据货物的性质（爆炸品、毒害品等）以及另有规定的货物品名，需托运方专门派出随货或者随车的押运人员，以防止运输途中的突发事件发生，及时处理运输事故，保证危险货物运输安全。押运员应持证上岗，定期进行危险货物运输安全知识和押运员职责的培训学习。押运员人数具体应按照相关《危险货物运输规则》确定。

押运人员应熟悉货物性质，掌握押运人须知的有关要求，押运时应携带所需通信、防护、消防、检测、维护等工具以及其他必需品，保证全程押运。铁路《危险货物运输规则》规定，押运员应按规定穿着印有红色"押运"字样的黄色马甲，遵守铁路运输的各项安全规定，不得擅离职守，不得擅自登乘未经车站或运转车长许可的车辆。押运员对所押运的车辆结构及附件性能应有所了解，发生故障时能进行及时处理，并对所押运货物的数量、件数、包装、装载方案和运输安全负责。

凡装载危险货物的车辆，除押运人员外，不得搭乘其他人员。道路运输《危险货物运输规则》还规定，运输车辆前要悬挂有"危险"字样的三角旗，并按当地公安部门指定的路线、时间行驶。行驶中，驾驶员应严格遵守交通规则和操作规程，谨慎驾驶，保持一定车距和中速行驶，并做到经过不平路要慢，上下坡、起步、倒车要慢，避免紧急制动，严禁超速和强行超车，中途停车应选择安全点停放，押运人员不得远离。

5．货物交付

危险货物运输到达场站应及时通知收货人，及时交付货物，及时取送车辆，做到随到随卸，迅速搬出。交货人员应严格遵守货物交接制度，点付点收，交付无误，清空货位，及时清扫、洗刷干净。危险货物搬出后的库、场和被污染的设备、工具，应及时清扫、洗刷或消毒，对清除的残渣应妥善处理。

三、超限货物运输作业

（一）超限货物的类型

超限货物是一个总称，包括不同种类，如超高货物、超长货物、超重货物、超宽货物，这些货物对运输工具、运输组织的要求各异。为了保证运输的安全和管理的需要，一些运输方式有必要根据超限货物的主要特性进行分类。

根据我国公路运输主管部门现行规定，公路超限货物按其外形尺寸和质量分成四级，如表4-8所示。货物的重量和外廓尺寸中，有一项达到表列参数，即为该级别的超限货物；货物同时在外廓尺寸和重量达到两种以上等级时，按高限级别确定超限等级。

表4-8　　　　　　　　　　　　公路超限大型物件分级

大型物件级别	质量/吨	长度/米	宽度/米	高度/米
一	20～100	14～20	3.5～4	3～3.5
二	100～180	20～25	4～4.5	3.5～4
三	180～300	25～40	4.5～5.5	4.0～5
四	300以上	40以上	5.5以上	5以上

（二）超限货物运输作业流程

依据超限货物运输的特殊性，其作业流程主要包括以下7个环节。

1．办理托运

由超限货物托运人（单位）向已取得超限货物运输经营资格的运输业户或其代理人办理托运，托运人必须在托运单上如实填写超限货物的名称、规格、件数、件重、起运日期、收发货人详细地址及运输过程中的注意事项。凡未按上述要求办理托运或托运单填写不明确的，由此发生的运输事故，由托运人承担全部责任。

2．理货

理货是超限运输企业事先取得关于货物几何形状、重量、重心位置等可靠数据和图样资料的工作过程。通过理货工作分析，可为确定超限货物级别及运输形式、查验道路以及制定运输方案提供依据。

理货工作的主要内容有：调查大型构件的几何形状、质量；调查大型物件的重心位置和质量分布情况；查明货物承载位置及装卸方式；查看特殊大型物件的有关技术经济资料；完成书面形式的理货报告。

3. 勘查道路

勘查道路工作的主要内容包括：了解沿线地理环境及气候情况；查验运输沿线全部道路的路面、路基、横向坡度、纵向坡度及弯道超高处的横坡坡度、道路的竖曲线半径、通道宽度及弯道半径；查验沿线桥梁涵洞、高空障碍；查看装卸货现场、倒载转运现场。根据上述查验结果预测作业时间、编制运行路线图，完成勘查道路报告。

4. 制定运输方案

在充分研究、分析理货报告及验道报告基础上，制定安全可靠、可行的运输方案，其主要内容包括：配备牵引车、挂车组及附件；配备动力机组及压载块；确定限定最高车速；制定运行技术措施；配备辅助车辆；制定货物装卸与捆扎加固方案；制定和验算运输技术方案；完成运输方案书面文件。

5. 签订运输合同

根据托运方填写的委托运输文件及承运方进行理货分析、验道、制定运输方案的结果，承托双方签订书面形式的运输合同，其主要内容包括：明确托运与承运甲乙方、超限物件数据及运输车辆数据、运输起讫地点、运距与运输时间；明确合同生效时间，承托双方应负责任；有关法律手续及运费结算方式、付款方式等。

6. 线路运输工作组织

线路运输工作组织包括：建立临时性的超限运输工作领导小组，具体负责实施运输方案、执行运输合同和相应对外联系。领导小组下设行车、机务、后勤生活、安全、材料供应等工作小组及工作岗位，并制定相关工作岗位责任制，组织大型物件运输工作所需牵引车驾驶员、挂车操作员、装卸工、修理工、工具材料员、技术人员及安全员等，依照运输工作岗位责任制及整体要求认真操作、协调工作，保证超限运输工作全面、准确完成。

7. 运输统计与结算

运输统计是指完成运输工作各项技术经济指标统计，运输结算即完成运输工作后按运输合同有关规定结算运费及相关费用。

实训条件与组织

1. 实训条件

安装有百蝶"运输企业运营管理"理实一体化虚拟仿真软件的电脑。

2. 实训组织

每人一台电脑自行操作。

实训内容

任务一 鲜活易腐类货物运输作业

冷藏货物运输也是百蝶物流有限公司开展的业务之一,特种运输对车辆和装卸作业有着更为严格的要求,能否安全高效地完成特种运输作业也是衡量货运公司服务质量的重要标准。今日,百蝶物流有限公司接到一单业务,从南京发往上海的一批苹果,托运信息如表4-9所示,员工王杰接单后立即组织运输活动。

表 4-9 鲜活易腐货物托运信息表

发货人	南京农副产品物流中心	收货人	上海华联超市		
联系人	刘强	联系人	冯明		
地址	南京发货点5 南京市瑞金路5号	地址	上海收货点4 上海市瑞宁路9号		
电话	025-8710×××	电话	021-6325×××		
运输要求	要求1天内送达				
货物名称	重量(kg)	体积(m³)	数量	单位	备注
苹果	100	1.25	10	箱	

任务二 危险类货物运输作业

汽油是危险品,在托运、承运、运送及交付过程中必须按照特殊货物要求进行操作,遵守危险货物运输管理规定,近日,百蝶物流公司接到汽油的运输业务,具体货物信息如表4-10所示,因此要求物流人员王杰必须具备危险货物运输管理的知识,才能顺利完成任务。

表 4-10 危险货物托运信息表

发货人	中国石油吉林石化长春分公司	收货人	北京中关村华威加油站		
联系人	穆青春	联系人	魏丁青		
地址	长春发货点1 长春市民康路1号	地址	北京收货点1 北京市建国路6号		
电话	131×××7770	电话	135×××5236		
运输要求	要求3天内送达				
货物名称	重量(kg)	体积(m³)	数量	单位	备注
汽油	16000	20	20	车	

任务三　超限货物运输作业

百蝶物流有限公司接到一批特种机械的运输任务。该特种机械为超长货物，运输物流员必须掌握超限货物运输的特点，熟悉装卸技术要求及大件货物的运输组织流程等专业知识，做好前期规划和准备，才能合理运输，从而防止事故的发生。超限货物信息见表4-11。

表4-11　　　　　　　　　　超限货物托运信息表

发货人	陕西有色新材料有限公司		收货人	山西有色金属有限公司		
联系人	张俊哲		联系人	王建国		
地址	西安发货点1西安市长安路1号		地址	太原收货点1太原市普国路6号		
电话	029-8875×××		电话	0351-307×××		
运输要求	要求2天内送达					
货物名称	重量（kg）	体积（m³）	数量	单位	备注	
铝锭	20000	24	20	件		

实训要求

（1）本实训主要依托于百蝶"运输企业运营管理"理实一体化虚拟仿真软件来完成。

（2）课前学生需要熟悉实训的内容，并根据《操作手册》掌握虚拟软件的基本操作。

（3）在实训过程中，首先由指导老师介绍本次实训项目的重点内容和注意事项；然后，学生进入虚拟仿真软件操作系统，老师一步步抛出问题和任务引导学生思考并完成实训操作任务；最后，每位同学根据实训过程完成实训报告的撰写。

实训步骤

一、鲜活易腐类货物运输作业步骤

（1）按照《操作说明书》中对应任务的操作提示和步骤说明展开实验。

（2）查看任务信息，查找资料，分析鲜活易腐货物有哪些？完成表4-12中缺失的部分。此次托运的货物属于鲜活易腐类货物中的哪一类？

表4-12　　　　　　　　　　鲜活易腐货物分类

类别	具体分类	定义
按照鲜活易腐货物的自然属性分类		
按照冷藏运输时的温度需求分类		

（3）调度员审核承运人填写的托运单，审核无误后在系统中录入托运单。填写鲜活易腐货物运输托运单时应注意哪些？

（4）录入系统后，完成车辆调度，在选择运输车辆时，应选择哪种车辆进行运输？

（5）长途司机打开路单，去取车处取车，鲜活易腐货物装车前，必须认真检查车辆及设备的完好状态，冷藏车辆的检查项目有哪些？

（6）司机驾驶车辆来到南京发货点，完成装车作业，鲜活易腐货物的装车方法必须在保证货物质量良好的前提下，充分利用车辆的装载容积和载重力。那么鲜活易腐货物的装车方法有哪些？

（7）司机驾驶车辆将货物运至上海收货点，在卸货时应进行检查，那么检查的项目有哪些？

（8）货物卸载后，司机与签收人员完成货物的签收，此次任务完成。通过实验训练，梳理鲜活易腐类货物运输的流程，画出流程图。

二、危险类货物运输作业步骤

（1）按照《操作说明书》中对应任务的操作提示和步骤说明展开实验。

（2）查看任务信息，此次托运的货物为危险货物，业务人员在受理此类托运业务时，应该完成哪些工作？

（3）受理托运后，调度员根据托运单的信息在运输管理系统中录入托运单，并完成车辆调度，在选择车辆时，应该选择哪类运输车辆？

（4）完成调度和单据打印后，打开路单取车，取车前首先对车辆进行检查，那么需要检查哪些项目？

（5）司机在长春发货点装货后，驾驶车辆前往北京收货点，此次运输货物为汽油，属于易燃液体，对于易燃液体的安全运输要求有哪些？

（6）到达北京收货点后，首先对危险货物卸车检查，检查的项目以及卸货的注意事项有哪些？

（7）司机打开托运单，与签收人员完成货物交接，此次任务完成。通过实验训练，梳理危险类货物运输的流程，画出流程图。

三、超限货物运输作业步骤

（1）按照《操作说明书》中对应任务的操作提示和步骤说明展开实验。

（2）查看任务信息，此次托运货物为特种机械，属于超限货物，超限货物有哪些特点？

（3）调度员登录运输管理系统，录入托运单，完成车辆调度。在公路超限货物的运输车辆行驶公路前，应根据具体情况提出申请，查询资料，填写表4-13中缺失的部分。

（4）完成车辆调度，打印单据后，司机打开路单取车，在取车前需要对车辆进行检查，那么检查的项目有哪些？

（5）运输超限货物时，通常都要采取相应的技术措施和组织措施。鉴于超限货物的特点，对装运车辆的性能和结构，货物的装载和加固技术等都有一定的特殊要求。那么具体有

表 4-13　　　　　　　　　　承运公路超限货物的申请期限

序号	货物种类	申请期限
1		
2		
3		
4		

哪些要求？

（6）司机驾驶车辆将货物运至太原收货点，完成货物卸载，在卸载前需要进行货物卸车检查，检查的项目有哪些？在卸载过程中的注意事项有哪些？

思考题

❶ 长途司机打开路单，去取车处取车，鲜活易腐货物装车前，必须认真检查车辆及设备的完好状态，冷藏车辆的检查项目有哪些？

❷ 运输超限货物时，通常都要采取相应的技术措施和组织措施。鉴于超限货物的特点，对装运车辆的性能和结构，货物的装载和加固技术等都有一定的特殊要求。那么具体有哪些要求？

考核要求及标准

本次实训考核成绩分为软件操作和实训报告撰写两部分，具体考核标准如表4-14所示。

表 4-14　　　　　　　　　　考核要求及标准

考核内容	权重	评分要求与标准
软件操作	60%	在虚拟软件中完成实训任务，操作过程规范、完整，结果正确
实训报告	40%	实训报告格式规范、内容完整，无抄袭现象

实训三 ｜ 第三方物流企业运输方案设计

实训目的

通过本实训项目的学习让学生掌握多式联运的概念、内容、基本特征及优势，根据百蝶物流有限公司收到的客户订单信息及运输要求，为本次运输任务设计合理的运输方案，从而达到对运输组织方式及运输规划等知识综合运用的目的。

实训准备

1. 学习《操作手册》，掌握虚拟软件的基本操作。
2. 认真阅读《学生指导书》，熟悉实训项目的主要内容。
3. 完成《学生指导书》中的课前练习题，复习关于运输规划的相关内容。

知识链接

多式联运基本理论概述

（一）多式联运的组织方法

根据多式联运业务中工作性质的不同，可以将多式联运分为协作式多式联运和衔接式多式联运。

1. 协作式多式联运

协作式运输组织体制，其全程运输的组织工作是建立在统一计划、统一技术作业标准、统一运行图和统一考核标准基础上的，又被称为货主直接托运制。在接受货物运输、中转换装、货物交付等业务中使用的技术装备、衔接条件等也需要在统一协调下同步建设和协议解决，并配套运行，保证全程运输的协调性。

在协作式运输组织体制中，需要使用多式联运的发货人根据货物运输的实际需要，向多式联运机构提出申请，并按月申报货物运输的车、船计划，联运机构根据多式联运线路及各运输的实际情况制订该托运人托运货物的运输计划，并把该计划批复给托运人及转发给各运输企业和中转港站。

发货人根据运输计划安排向多式联运第一程的运输企业提出托运申请，并填写"联运货物托运委托书"，第一程运输企业接受货物后，经双方签字，联运合同即告成立。

第一程运输企业组织并完成自己承担区段的货物运输至与后一区段衔接地，直接将货物交给中转港站，经换装后由后一程运输企业继续运输，直到最终目的地，由最后一程运输企业向收货人直接交付。

在前后程运输企业之间和港站与运输企业交付货物时，需填写货物运输交接单和中转交接单。联运机构负责按全程费率向托运人收取运费，然后按各企业之间商定的比例向各运输企业及港站清算。

2. 衔接式多式联运

衔接式运输组织体制，又被称为运输承包发运制，在这种多式联运组织体制下，承接各区段货物运输的运输企业的业务与分段运输形式下完全相同，它与协作式组织体制中各区段运输企业还要承担运输衔接工作有很大的区别。

在这种组织体制下，由多式联运的发货人向多式联运经营人提出托运申请，双方订立货物全程运输的多式联运合同，并在合同指定地点（发货人的工厂或仓库，或指定的货运站、中转站、堆场、仓库）办理货物的交接，多式联运经营人签发多式联运单据。

在接受托运后，多式联运经营人首先要选择货物的运输线路、划分运输区段（确定中转、换装地点）、选择各区段的实际承运人，确定零星货物集运方案，制订货物全程运输计划，并把计划转发给各中转衔接地点的分支机构或委托的代理人。然后根据计划与各区段的实际承运人分别订立各区段的货物运输合同，通过这些实际承运人来完成货物的全程运输。

全程各区段之间的衔接，由多式联运经营人或其代表或其代理人采用从前一程实际承运人手中接受货物再向后一程承运人分运的方式来完成，并在最终目的地从最后一程实际承运人手中接受货物后再向收货人交付货物。

在与发货人订立多式联运合同后，多式联运经营人根据双方协议，按全程单一费率收取全程运费及各类服务费、保险费（由多式联运经营人代办）等费用。多式联运经营人在与各区段实际承运人订立各分运合同时，须向各实际承运人支付运费及其他必要的费用。此外，在各衔接地点委托代理人完成服务业务时，也须向代理人支付委托代理费用。

（二）多式联运运输方式的选择

在选择多式联运运输方式时，除了货品特性、运输费用、运输容量等因素外，还需要考虑中转时间、中转费用、服务水平等因素。

模型求解可以选用动态规划思想，每个节点相当于动态规划的一个阶段，利用动态规划的逆序方法一次求取节点间的最佳运输方式，其中节点对之间的运输费用可表示如下：

$$P_{i-1}(j,l) = Qt_{i-1}^{jl} + QC_{i-1}^{l}$$

式中　$P_{i-1}(j,l)$——运输总费用；

　　　t_{i-1}^{jl}——节点（$i-1$）上第j种运输方式转换为第l种运输方式的单位中转费用；

　　　Q——运量；

　　　C_{i-1}^{l}——选择第l种运输方式的单位运价。

实训条件与组织

1. 实训条件

安装有百蝶"运输企业运营管理"理实一体化虚拟仿真软件的电脑。

2. 实训组织

每人一台电脑自行操作。

实训内容

1. 实训任务

百蝶物流有限公司是国内较早运用现代物流理念为客户提供物流一体化服务的专业公司。主要从事货运业务服务，是拥有自备、合股、挂靠车辆2000余辆货车的专业运输、仓储、配送、原材料物流、成品物流、反向物流、备件物流、危险品物流、大件物流的第三方物流公司。

百蝶物流有限公司收到客户的订单，订单信息如表4-15所示。

表4-15　　　　　　　　　　客户的订单信息

发货人	成都洪泽机械有限公司	收货人	比特上海机械有限公司
联系人	王明霞	联系人	李志军
地址	成都发货点1成都市春熙路1号	地址	上海收货点1 上海市瑞宁路6号
电话	028-8828××× ×	电话	021-5818××× ×
运输要求	要求3天内送达			

货物名称	重量（kg）	体积（m³）	数量	单位	备注
高精密数控倒角磨床	6000	12	2	台	

客户需要将货物从成都运往上海，并要求集装箱运输，上海至成都之间的多式联运通道的主要节点城市为南京与郑州。百蝶物流有限公司的物流员王杰在调度的过程中考虑采用直达运输或者多式联运，请根据表4-16、表4-17、表4-18中的数据进行计算，对货物的运输路线进行规划设计，完成此次货物运输作业。

表4-16　　　　　　　各城市对之间的运输单价（元/t）

运输方式	成都—郑州	郑州—南京	南京—上海
公路	450	300	200
铁路	300	250	150
水路	—	—	100

表 4-17　　　　　　　　　　运输中转费单价

运输方式转换	从公路到			从铁路到			从水路到		
	公路	铁路	水路	公路	铁路	水路	公路	铁路	水路
中转费用单价/（元/t）	0	1	4	1	0	3	4	3	0

表 4-18　　　　　　　　各城市对之间的运输时效（天）

运输方式	郑州—南京	南京—上海	成都—南京
公路	1.4	0.7	3.5
铁路	2.3	1	6
水路	—	2.5	—

2. 实训要求

（1）本实训主要依托于百蝶"运输企业运营管理"理实一体化虚拟仿真软件来完成。

（2）课前学生需要熟悉实训的内容，并根据《操作手册》掌握虚拟软件的基本操作。

（3）在实训过程中，首先由指导老师介绍本次实训项目的重点内容和注意事项；然后，学生进入虚拟仿真软件操作系统，老师一步步抛出问题和任务引导学生思考并完成实训操作任务；最后，每位同学根据实训过程完成实训报告的撰写。

实训步骤

（1）首先由指导老师对本次的实训内容及注意事项进行介绍。

（2）按照《操作说明书》中对应任务的操作提示和步骤说明展开实验，对整个实验过程进行任务分解，引导学生思考和操作。

（3）多式联运是联合运输的一种，联合运输是经营人以一个单一的运输合同，一次交付费用，办理一次保险，通过两种及以上运输工具，负责将货物从发货地运到收货地的货物运输过程。查找资料说说联合运输的优势有哪些。

（4）根据任务信息，利用动态规划的逆序方法依次求取节点间的最佳运输方式，求解最佳的运输方法组合。

已知：

$$P_{i-1}(j,l) = Qt_{i-1}^{jl} + QC_{i-1}^{l}$$

式中　$P_{i-1}(j,l)$——运输总费用；

t_{i-1}^{jl}——节点（$i-1$）上第 j 种运输方式转换为第 l 种运输方式的单位中转费用；

Q——运量；

C_{i-1}^{l}——选择第 l 种运输方式的单位运价。

对于第三个城市：

①若第三个城市以公路运输方式到达，请计算第三个城市与第四个城市之间分别选取公路、铁路、水路三种运输方式的费用，并选择最佳的运输方式。

②若第三个城市以铁路运输方式到达，请计算第三个城市与第四个城市之间分别选取公路、铁路、水路三种运输方式的费用，并选择最佳的运输方式。

③由已知信息可知，第三个城市不能以水路运输方式到达，根据上述计算，请确定第三个城市与第四个城市之间应选取哪种运输方式最佳。

对于第二个城市：

①若第二个城市以公路运输方式到达，请计算第二个城市与第三个城市之间分别选取公路、铁路两种运输方式的费用，并选择最佳的运输方式（注：根据已知条件，第二个城市与第三个城市之间没有水路运输）。

②若第二个城市以铁路运输方式到达，请计算第二个城市与第三个城市之间分别选取公路、铁路两种运输方式的费用，并选择最佳的运输方式（注：根据已知条件，第二个城市与第三个城市之间没有水路运输）。

对于第一个城市：若第一个城市分别以公路和铁路运输方式到达（注：由已知信息可知，第一个城市不能以水路运输到达），请计算第一个城市与第四个城市之间的最小运输费用，并选择最佳的运输方式。

（5）根据表4-18可知各个城市间的运输时效，根据任务运输时效的要求以及运输时间最小的原则对上述计算结果进行优化。

（6）登录运输管理系统，进入【单据查询】—【运输费用查询】，按照货物信息和要求送达时间，查询运费，完成表4-19，对比直达运输和多式联运的运输费用，请选择本次货物的最佳运输方式。

表4-19　　　　　　　　　　　成都与上海之间的运输费用

运输方式	时效/天	费用/元
公路整车		
公路零担		
铁路20尺集装箱		
铁路40尺集装箱		
铁路零担		
航空		

（7）对比多式联运和单一运输，查找资料说明多式联运的特点有哪些。

思考题

多式联运单据是由多式联运经营人签发，证明多式联运合同以及证明多式联运经营人接管货物并负责按合同条件交付货物的单据，在单据做成指示抬头或不记名抬头时，可作为物权凭证进行转让，并可用来结汇、抵押等。查找资料说说多式联运单据的种类。

考核要求及标准

本次实训考核成绩分为软件操作和实训报告撰写两部分，具体考核标准如表4-20所示。

表4-20　　考核要求与标准

考核内容	权重	评分要求与标准
软件操作	60%	在虚拟软件中完成实训任务，操作过程规范、完整，结果正确
实训报告	40%	实训报告格式规范、内容完整，无抄袭现象

第五章
物流系统规划与设计实训

　　物流系统规划与设计实训是为配合物流系统规划与设计课程的理论教学，增强学生对物流系统规划与设计基本原理的学习和应用，是在学习了物流系统规划与设计、物流工程学、系统工程等课程的基础上开展的实训。通过实训，使学生加深对物流系统规划与设计的理论方法、物流系统综合评价方法、运输与配送路径优化、库存控制、物流设施选址及物流战略规划等内容的掌握和应用。通过实训，培养学生分析问题和解决问题的能力、团队协作能力、市场调查能力、资料收集能力、资料整理与分析能力、实习报告的撰写能力及学术论文的写作能力，为学习本专业的其他专业课程及未来就业打下扎实基础。

　　本章共有三个必做的实训项目，其中，物流节点选址方案设计项目是综合性项目，要求学生了解物流节点选址考虑的因素，理解物流节点选址的原则，掌握物流节点选址的方法。确定型存储策略制定项目是验证型项目，要求学生掌握用LINGO软件优化存储方案的技能。运输路径优化项目是综合性项目，要求学生了解运输问题类型，理解不同运输问题所用的求解方法的基本原理，掌握单点之间运输问题路径优化方法、多点之间路径优化问题解决方法、单回路及多回路路径优化方案的设计。

实训一 | 物流节点选址方案设计

实训目的

1. 学习目标

（1）掌握覆盖方法选址的基本理论；覆盖方法选址的应用场合及基本原理；集合覆盖选址问题的简单求解方法；最大覆盖选址问题的简单求解方法。

（2）掌握集合覆盖选址问题建模的要点；集合覆盖选址问题的基本模型；集合覆盖选址模型的求解方法，LINGO求解或Excel求解。

（3）掌握最大覆盖选址的模型及求解；最大覆盖选址问题建模的基本步骤；最大覆盖选址问题建模的要点；最大覆盖选址问题的基本模型；最大覆盖选址模型的求解方法——LINGO求解。

（4）能够运用覆盖方法选址理论解决实际物流设施选址问题。

2. 进行爱农德育教育。党的二十大报告指出"全面建设社会主义现代化国家，最艰巨最繁重的任务仍然在农村"。本实训设置农村配送站选址的案例背景，引导学生关心农村物流的发展、思考农村物流发展在乡村振兴中的作用，引导学生将专业知识应用到农村建设中。

3. 引导学生树立锲而不舍的求知精神、精益求精的做事风格、一丝不苟的工作态度、严谨的科学态度，加强团队协作能力锻炼，为后续学生进行学术论文写作、毕业论文写作和毕业实习打下基础。

实训准备

1. 预先学习

实训之前，教师预先提示学生从网络教学资源中了解集合覆盖的概念、集合覆盖选址方法的应用背景、集合覆盖选址方法建模与模型求解；预先了解最大覆盖的概念、最大覆盖选址方法的应用背景、最大覆盖选址方法建模与模型求解。

2. 预先分组

6人一组，小组由组长、计时员、记录员、汇报员、小组成员构成。组长兼职助教，负责引导和组织组内讨论，制订学习计划，记录已取得的成果；记录员记下讨论过程；计时员负责时间规划与提醒；汇报员负责项目完成后的汇报；小组讨论、项目完成、资料收集等都是由小组成员协作完成。

3. 提前复习LINGO软件的使用方法

4. 材料准备

A4纸、彩笔，用于制作桌签。

知识链接

一、覆盖方法的应用背景及基本原理

覆盖方法选址的应用背景：选址的目标是找出各个供需点之间使运输成本最小的物流设施（物流中心）的位置，且要确定的物流设施点不止一个。

覆盖方法选址的基本原理：将所有的供需点预先分配给位置待定的物流中心；先将问题划分为若干个供需点群落，群落数与待选址物流中心数相等，找出每个群落的精确重心点。划分群落的方法常用的是集合覆盖法和最大覆盖法。

二、集合覆盖方法的基本原理及求解方法

1. 集合覆盖方法的基本原理

用尽可能少的设施去覆盖所有的需求点。要求物流设施必须满足所有需求点的需求。

当供需点数量比较少时，集合覆盖方法可用启发式方法求解，步骤如下。

（1）找到每个物流设施备选点可以提供服务的所有需求点的集合，即，哪些需求点可以由该物流设施服务。

（2）找到可以给每一个需求点提供服务的所有物流设施的集合。即，哪些物流设施可以为该需求点提供服务。

（3）找到其他物流设施服务范围的子集，将其省去，简化问题。

（4）为了满足经济性要求，尽可能少建设物流设施，确定合适的组合解。

2. 集合覆盖模型

对于简单的集合覆盖选址问题可以用前面的简单启发式算法进行求解，但是当备选点数量增多，需要建立模型，借助规划软件，在获取求解所需数据的基础上，就可以用软件求出模型，得出选址结果。

对集合覆盖问题进行建模需要5个步骤，即明确问题、提取目标、基本假设、参数设置及建立模型。在目标相同的情况下，基本假设不同，建立的模型就不同，基本假设对应模型的约束条件，由建模人员根据问题的实际情况结合自己的实际经验给出，计算机会在约束条件的框架内为模型搜索目标优越解。

简单的集合覆盖模型，考虑的约束条件可以简单一些，建立模型过程如下。

（1）明确问题。已知n个客户，如何确定物流设施来满足这n个客户的需求，使物流设施数量最少，并确定物流设施的位置。

（2）提取目标。选定最少数量的物流设施。

（3）基本假设。n个客户的需求都能得到满足；物流设施能力足够大，没有容量限制；一个客户只能由一个物流设施服务。

（4）参数设置。

需求点N：$N=\{i=1, 2, 3, 4, n\}$

$A(j)$：物流设施j所覆盖的需求点的集合。

$B(i)$：可覆盖需求点i的物流设施的集合。

$$x_j = \begin{cases} 0, & \text{设施点}j\text{没被选中} \\ 1, & \text{设施点}j\text{被选中} \end{cases}$$

$$y_{ij} = \begin{cases} 1, & \text{需求点}i\text{由设施点}j\text{服务} \\ 0, & \text{需求点}i\text{不被设施点}j\text{服务} \end{cases}$$

（5）建立模型。

目标函数：$\min \sum_{j \in N} x_j$

约束条件：$\sum_{j \in B(i)} y_{ij} = 1 \quad i \in N$

$$x_j = \begin{cases} 0, & \text{设施点}j\text{没被选中} \\ 1, & \text{设施点}j\text{被选中} \end{cases}$$

$$y_{ij} = \begin{cases} 1, & \text{需求点}i\text{由设施点}j\text{服务} \\ 0, & \text{需求点}i\text{不被设施点}j\text{服务} \end{cases}$$

3. 集合覆盖选址问题的模型求解

集合覆盖选址问题可以用Excel规划求解，也可以用LINGO软件规划求解。

Excel规划求解步骤如下。

（1）打开Excel表格，根据已知条件以及建立的模型，将选址点、约束条件输入表格中。

（2）在选址点右边对应的单元格中输入=sum函数，并选定函数范围。

（3）将各个约束条件中涉及的选址点相加按回车键，重复这样的步骤，分别得到每个约束条件中选址点的数量。

（4）点击Excel的左上角"文件"，选择"选项"，点击左边栏中"加载项"，点击"转到"，在可用加载宏下面点击规划求解加载项。不同版本的Excel的规划求解工具在工具栏的位置不同，需要根据Excel版本的特点到正确的位置把规划求解工具找出来，才能进行下一步的运算。

（5）点击规划求解，设置目标一栏中选中选址点数量对应的单元格，选择最小值，添加约束条件，点击确定求解，在弹出的界面中点击确定，求解结果界面出现，完成规划求解。

用LINGO软件进行求解：打开LINGO软件，在主窗口的模型窗口将所建立的模型按照LINGO程序语言格式进行输入，每一条语句结束后要加英文状态下的分号，模型输入完成后点击运行按钮。

上述两种方法根据资源条件和方法熟练程度灵活选择使用。

三、最大覆盖选址方法

最大覆盖选址方法是用有限的设施点为尽可能多的需求点提供服务。物流设施仅仅覆盖有限个需求点的需求。

1. 最大覆盖选址的求解思路

最大覆盖选址方法可以用启发式算法求解，也可以借助于LINGO软件进行求解，求解思路如下。

第一步，找到每个村可以覆盖的所有村的集合，即，哪些村可以由该村服务。

第二步，找到可以给每一个村提供服务的所有村的集合。即，哪些村可以为该村提供服务。

第三步，找到其他村服务范围的子集，将其省去，简化问题。

第四步，用启发式算法中的贪婪法求解。

将空集合作为原始的解集合，在剩下的所有候选点中，选择一个具有满足能力最大的候选点加入原始的候选集合中。如此往复，直到达到了设施的数目限制，或全部需求都得到满足为止。

2. 最大覆盖选址模型

（1）基本假设。每个需求点只能有一个设施服务；设施能力有限制；设施数量有限；一个节点最多只能建设一个设施；允许一个设施提供部分需求点的需求。

（2）参数设置。

N：集合中有n个需求点；d_i：第i个需求点的需求量；c_j：第j个设施的容量；P：允许投资的设施数目；$A(j)$：设施点j所覆盖的需求点的集合；$B(i)$：可覆盖需求点i的设施点的集合。

$$x_j = \begin{cases} 0, & \text{设施点}j\text{没被选中} \\ 1, & \text{设施点}j\text{被选中} \end{cases}$$

$$y_{ij} = \begin{cases} 1, & \text{需求点}i\text{由配送站}j\text{服务} \\ 0, & \text{需求点}i\text{不被配送站}j\text{服务} \end{cases}$$

（3）建立模型。

$$\max \sum_{j \in N} \sum_{i \in A(j)} d_i y_{ij}$$

$$\sum_{j \in B(i)} y_{ij} \leq 1 \quad i \in N$$

$$\sum_{j \in N} x_j = P$$

$$\sum_{i \in A(j)} d_i y_{ij} \leq c_j x_j \quad j \in N$$

$$x_j = \begin{Bmatrix} 0 \\ 1 \end{Bmatrix} \quad y_{ij} = \begin{Bmatrix} 1 \\ 0 \end{Bmatrix}$$

模型建好后，可以根据已知调研的数据和所列模型运用LINGO程序进行编程求解。

实训条件与组织

本实训为集中实训，6人为一组，在研讨教室进行训练。本次实训需要学生进行网络查询资料和网络调研，实训需要的条件是电脑、无线网络、LINGO软件、纸张、碳素笔。

实训内容

教师向学生下发农村配送站选址的案例材料，学生根据所学的物流节点选址知识分析农村配送站选址考虑的因素，确定选址方法，应用Excel或LINGO软件进行求解，或者创新性地使用其他方法进行选址方案设计。

实训步骤

步骤1：教师向学生说明本实训项目的学习目标、学习要求、考核要求，并下发第一幕的案例资料。

第一幕：唐王镇位于济南市历城区东北部，周围交通便利，目前，全镇总面积约66平方千米，总人口近6万人，全镇辖40个行政村。唐王镇要发展集文化、休闲、娱乐、旅游于一体的环境优美、生活宜居的小镇，打造乡村振兴"泉城样板"，该镇将打造分工明确、生态与经济共发展的镇域空间结构，拟建立从镇区到中心村，中心村到基层村的三级等级体系。目前该镇农村没有配送网点，除了邮政能送快件到村，其余快递公司快件到镇不到村，离镇较远的村民及镇上的配送代理点很苦恼。对于"双十一""年货节"高峰期，镇上各配送代理点每天快递数量可多40~50个。由于离镇较远的村民取件不及时，代理点快件堆积。在农产品上行方面，唐王镇各村村民建起了草莓大棚、农家乐、"菜篮子"工程，在自媒体宣传下，产出的近1/4草莓主要经过顺丰快递进行同城配送。在农村配送需求不断增加的情况下，A快递有限公司认为有必要在唐王镇所辖的40个行政村建立配送站，解决农村物流最后一公里难题，助推该镇农产品上行和城市工业品下行。A快递有限公司委派该公司的物流顾问团来设计唐王镇农村配送站选址方案，意欲建最少的配送站来为40个村进行配送服务。唐王镇40个行政村的距离可以通过百度地图测距功能进行测量获得。

步骤2：教师给出讨论方向，要求各小组在一定的时间范围内进行讨论，并将讨论的结果做成思维导图绘制到白板上。

主要讨论方向：作为A快递有限公司的物流顾问团，应该如何设计最佳的配送站选址方案？请设计出唐王镇配送站选址方案。

步骤3：各小组学生开始讨论，计时员、记录员、组长在讨论中要分别发挥自己的作用。

步骤4：教师到每个小组中，聆听各小组的讨论，对于讨论不激烈的小组给予鼓励，对于不会讨论的小组给予问题提示，并及时解答各小组学生的困惑。

步骤5：各小组头脑风暴后，由记录员汇总并整理本小组每个成员的观点，绘制思维导图。

步骤6：教师课堂上组织第一幕的简单汇报，学生汇报后教师简单点评，并给学生提供相关数据信息，各小组学生课后继续完善第一幕的任务，为第二幕做准备。

步骤7：下发第二幕的案例资料。

第二幕：村级配送站建成后A快递有限公司要投入运营，公司物流运营部承担运营业务。物流运营部设有主管一名，副主管一名，组长一名，副组长一名，其他普通员工15名。在进行运营之前，运营策划方案公司委派物流顾问团进行设计。

第二幕的其他步骤与第一幕的步骤基本相同。

主要讨论方向：作为A快递有限公司的物流顾问团，该如何设计最佳的配送站运作方案？请设计出唐王镇配送站配送运作方案。

步骤8：下发第三幕的案例资料。

第三幕：村级配送站运营一年后，A快递有限公司发现，唐王镇40个行政村的快递业务量不成规模，由于前期建立的配送站数量多，运营成本大，A快递有限公司在该镇的农村配送业务连续一年都是亏损的，A快递有限公司想精减配送站的数量，计划仅建立2个村级配送站为40个村进行最大覆盖范围的配送服务。

第三幕的其他步骤同第一幕和第二幕的步骤基本相同。

主要讨论方向：

（1）作为A快递有限公司的物流顾问团，请优化唐王镇农村配送站选址方案。

（2）结合整个案例及实际情况，讨论农村物流发展中存在的主要问题及改善措施。

步骤9：各小组学生进行汇报。

各小组以PPT的形式进行小结，小结应包括以下内容。

（1）唐王镇农村配送站选址考虑的因素。

（2）唐王镇农村配送站集合覆盖选址方案。

（3）唐王镇农村配送运作模式。

（4）唐王镇农村配送站最大覆盖选址方案。

（5）农村物流发展中存在的主要问题及措施分析方案。

（6）PPT最后附上小组每一幕的讨论过程和学习小结。

步骤10：教师对各小组的汇报进行点评，并重点讲解实训过程中学生没有学会的有关集合覆盖和最大覆盖的理论知识。

考核要求及标准

本次实训考核包括课堂表现和实训报告两部分成绩。

1. 课堂表现考核标准

课堂表现考核标准见表5-1。

表 5-1　　　　　　　　　　物流节点选址课堂表现考核标准

教师评价（权重60%）	组内评价（权重30%）	自我评价（权重10%）
讨论积极20分	讨论次数50分	思维活跃50分
思路正确30分	组内贡献50分	组内贡献50分
方案合理30分		
创新性20分		

2. 实训报告考核标准

实训报告考核标准见表5-2。

表 5-2　　　　　　　　　　物流节点选址实训报告考核标准

考核内容	权重	评分要求与标准
第一幕选址方案正确合理	40%	选址考虑因素分析10%，选址模型10%，模型求解用Excel和LINGO程序20%
第二幕配送站运营策划方案设计合理	30%	参与主体、主体作用、运作流程、运作需要的人力资源、运作政策保障，这五个方面的权重各为6%
第三幕选址方案合理	30%	最大覆盖选址合理20%，农村物流发展中存在的主要问题及改善措施分析合理10%

其他说明

用电脑操作注意实时保存数据，避免数据丢失。

实训参考

1. 第一幕需要分析A快递公司农村配送站初选址需要考虑的因素，可以进行定量分析和定性分析。例如，从定量分析的角度可以考虑选址的固定成本、选址的变动成本、选址的收益；从定性分析的角度可以考虑客户需求、基础设施条件、物流对象特征和政策环境四个方面。也可以进行内部要素分析和外部要素分析，例如，从内部要素分析的角度可以考虑选址给企业带来的经济效益以及企业内部资源情况；从外部要素分析的角度可以考虑交通运输条件、用地条件、顾客分布情况、政策法规条件、附属设施条件以及其他条件等。如果初始选址方案用集合覆盖方法选址，那么需要考虑村与村的距离；配送站获得最佳收益，又能提供最好服务的辐射范围；配送站有没有容量限制？需要知道快件量的多少、当地政策、当地政府的规划、哪些村要进行拆迁等。

2. 选址运作方案的设计需要考虑参与主体、参与主体作用、配送运作流程、配送运作需要的人力资源、配送运作政策保障。

3. 用最大覆盖选址时可以考虑建立最大覆盖模型，并编制最大覆盖模型求解的LINGO程序。

实训二 ｜ 存储策略制定

实训目的

了解确定型存储策略的应用背景和基本原理；理解确定型存储策略的模型含义；掌握确定型存储策略模型的LINGO求解。

实训准备

电脑、LINGO软件、碳素笔、实训报告纸。

知识链接

一、存储策略概述

（一）存储策略的概念
确定存储系统何时进行补充（订货）及每次补充（订货）多少数量的决定。

（二）存储策略的类型
常见的存储策略有四种类型。

1. (T, S) 存储策略

每隔T时间检查库存，根据剩余库存量和估计的需求量确定订货量Q，使订货后的库存达到最高库存量S。

2. (R, S, s) 存储策略

每次订货量不同，间隔盘点，每隔记账间隔期R进行盘点，当库存低于或等于订货点s时，立即订货，使订货后的库存达到最高库存量S。

3. (S, s) 存储策略

每次订货量不同，经常盘点，当库存量降到订货点s就订货，使订货后的名义库存量达到最高库存量S。

4.（Q，s）存储策略

每次订货量相同，每供应一次，结算一次，盘点一次，当库存降到订货点s时，按订货批量Q订货。

确定存储策略时，首先是把实际问题抽象为数学模型。在形成模型过程中，对于一些复杂的条件尽量加以简化，只要模型能反映问题的本质就可以了。然后对模型用数学的方法加以研究，得出数量的结论，结论是否正确还要拿到实践中进行检验。如果结论与实际不符，则要对模型重新加以研究和修改。存储问题经长期研究已得出一些行之有效的模型，一类是确定性模型，模型中的数据都是确定的数值；另一类是随机性模型，模型中含有随机变量。上述的（Q，s）存储策略可以用确定性存储模型加以解决。

二、定量订货法

定量订货法（quantitative order method）是指当库存量下降到预定的最低库存量（订货点）时，按规定数量（一般以经济批量EOQ为标准）进行订货补充的一种库存控制方法。

定量订货法的基本原理是当库存量下降到订货点R时，即按预先确定的订购量Q发出订货单，经过交货周期（订货至到货间隔时间）LT，库存量继续下降，到达安全库存量S时，收到订货批量为Q的货物，库存水平上升。该方法主要靠控制订货点R和订货批量Q两个参数来控制订货，达到既最好地满足库存需求，又能使总费用最低的目的。

三、经济订货批量

（一）经济订货批量的概念

经济订货批量（economic order quantity），简称EOQ，是通过平衡采购进货成本和保管仓储成本核算，以实现总库存成本最低的最佳订货量。

（二）经济订货批量的适用条件

经济订货批量适用于整批间隔进货、不允许缺货的存储问题，某种物资单位时间的需求量为常数，存储量下降到零，此时开始订货并随即到货，库存量由零上升为最高库存量Q，然后开始下一个存储周期，形成多周期存储模型。

（三）经济订货批量模型的假设条件

（1）需求已知、延续性、不变性。

（2）订购提前期为零。

（3）不允许缺货。

（4）需求量稳定，并且能预测。

（5）存货单位成本已知，且不变。

（6）采购价格和一次订货成本不随着订货数量大小而变化。

（7）只对某一种产品分析，该产品独立需求且不可替代。

（四）经济订货批量模型

1. 参数设置

P：单位商品的购入成本，元/单位；

D：某商品的年需求量；

K：每次订货的订购成本，元/次；

Q：经济订购批量；

TC：年库存总成本；

N：一年的订货次数；

T：订货周期；

K_c：储存成本（保持存货而发生的成本，如存货资金的应计利息、存货的破损和变质损失、存货的保险费等）；

F_1：订货发生的固定成本；

F_2：存货发生的固定成本。

2. 建立模型

$$TC = D \times P + F_1 + \frac{D}{Q}K + DP + F_2 + K_c\frac{Q}{2}$$

当 F_1、D、K、F_2、P、K_c 为常数，TC 的大小取决于 Q，为了求出 TC 的极小值，对其求导，经过演算可得出经济订货批量的公式：

$$Q^* = \sqrt{\frac{2KD}{K_c}}$$

$$N^* = \frac{D}{Q^*} = \sqrt{\frac{DK_c}{2K}}$$

$$T^* = \frac{1}{N^*} = \frac{1}{\sqrt{\frac{DK_c}{2K}}}$$

实训条件与组织

计算机网络、电脑、LINGO软件。

实训内容

1. 根据教师给的实训背景资料，建立问题的确定型存储策略模型。
2. 应用LINGO软件进行编程，并进行模型求解。
3. 分析LINGO求解结果。
4. 形成实训报告。

实训步骤

步骤1：阅读教师下发的任务一的背景资料，分析背景资料对应的类型，找到对应的求解方法，准备求解。

实训背景资料：某自行车流水线生产自行车需要A零部件，A零部件每月的需求量是800件，需要采购获得。采购时一次订货费用是400元/次，每个零件单位成本是10元/件，每个零件的存储费用是0.3元/（件·月），若你是该自行车生产企业的物流经理，请制定今年A零部件的最佳存储策略和存储费用。若明年对A零部件的需求提高一倍，请决策A零部件的订货批量比今年增加多少，订货次数应定为多少次。

步骤2：根据理论课上学习的内容及老师讲解的LINGO的使用方法，调用LINGO中与任务一有关的程序，进行集合设置、数据设置和运行结果分析。按照老师的提示，进行简单库存控制案例的手算求解与LINGO求解对比，给出对比结果。

步骤3：作业完成后按要求提交实训报告。

步骤4：教师批阅实训报告，并向学生进行批阅反馈。

实训数据处理与分析

设单位时间是一年，订货费是400元/次，存储费是3.6元/（件·年），需求率是9600件/年，根据经济订货批量公式，当订货批量不是整数时要验证是向上取整还是向下取整。订货次数等于年需求除以订货批量，计算得出全年订货次数，订货次数需要取整数。订货周期等于一年的工作日除以订货次数。订货费用是零部件的购置成本、订货成本以及存储成本之和。

LINGO程序如下：

```
MODEL:
K=400;
D=9600;
Kc=3.6;
Q=@sqrt(2*K*D/Kc);
T=Q/D;
n=1/T;
TC=D*10+K*D/Q+Kc*Q/2;
END
```

思考题

如何用LINGO求解允许缺货的经济订货批量问题。

考核要求及标准

实训考核包括课堂实训考核和实训报告考核，见表5-3。

表 5-3　　　　　　　　　　存储策略制定实训考核标准

考核内容	权重	评分要求与标准
操作表现	40%	学习积极性、操作认真正确
实训报告	60%	实训报告内容完整、LINGO程序正确、结论正确

实训结束后要求学生提交实训报告。实训报告要求如下。
（1）实训报告要体现进行库存控制决策时选择定量订货法的原理。
（2）实训报告要体现定量订货法的求解过程及结果。
（3）及时上交实训成果，不及时者酌情扣除实训分值。
（4）其他（包括实训的心得、体会及意见等）。

其他说明

注意实时保存数据，避免数据丢失。

实训三｜运输路径优化

实训目的

1．掌握多点之间的运输问题的基本理论
（1）了解多点之间运输调运方案设计考虑的因素。
（2）理解多点之间运输调运问题的特点。
（3）掌握多点之间运输调运问题的模型。
（4）熟练掌握多点之间运输调运问题的表上作业法。
（5）熟练掌握多点之间运输调运问题的LINGO求解。
2．掌握单回路的运输问题的基本理论
（1）理解单回路运输问题TSP的特点。
（2）掌握单回路运输问题TSP的模型。
（3）熟练掌握单回路运输问题TSP的求解方法：最近邻点法和最近插入法。
（4）熟练掌握单回路运输问题TSP的LINGO求解。
3．掌握多回路运输问题的基本理论
（1）理解多回路运输问题的特点。

（2）掌握多回路运输问题的里程节约求解方法。

（3）熟练掌握多回路运输问题的LINGO求解。

4. 物流职业素养

（1）进行爱农德育教育。引导学生关心农村和农民。引导学生思考工业品下行到农村过程中如何降低物流成本，引导学生将运输路径优化的专业知识应用到工业品下行到农村的物流路径优化中。

（2）引导学生树立锲而不舍的求知精神、精益求精的做事风格、一丝不苟的工作态度、严谨的科学态度，加强团队协作能力锻炼。

实训准备

A4纸、桌签、笔记本电脑、碳素笔。

知识链接

运输线路优化主要是选择起点到终点最短的路线，最短路线的度量单位可以是时间最短、距离最短或费用最少等。运输路线选择是运输方式选择之后的又一重要运输决策，可以分为点点间运输问题、多点间运输问题及回路运输问题。

一、点点间运输路径优化

对于分离的、单个起点和终点的点点间运输路线选择问题，最简单和最直观的方法是最短路径法。最短路径问题，即求两个顶点间长度最短的路径，路径长度是指路径上各边的权值总和，权值所代表的意义，如费用、距离等。

（一）最短路径问题的描述

假设有一个由n个节点和m条弧构成的连通图$G(V_n, E_m)$，并且图中的每条弧(i,j)都有一个长度c_{ij}，在连通图$G(V_n, E_m)$中找到一条从节点i到节点n的距离最小的路径。

在考虑使用最短路径求解时，为了能够得到合理正确的解，建立模型时需要做基本假设。

（1）两点之间的弧线距离为整数（手算要考虑，软件算不需考虑）。

（2）在连通图中，从任何一个端点V到其他所有的端点都有直接的路径，如果存在不直接相连的端点对，则可在它们之间加上一个极大的距离正无穷，表示它们之间不可能作为一个备选方案。

（3）连通图的所有距离为非负。

（4）连通图有方向性。

（二）dijkstra算法

对于点点之间的运输问题可以用dijkstra算法求解。dijkstra算法是按路径长度的递增次序，逐步产生最短路径的算法。该算法用于求解任意指定两点之间的最短路径或定点到其余各点的最短路径。

dijkstra算法的基本思路：在一个连通图$G(V_n, E_m)$中，求V_0到V_n的最短路径时，首先要求出从V_0出发的一条最短路，再参照它求出一条次短路，以此类推，直到求出V_0至V_n的最短路径。

dijkstra算法采用标号法求解。标号是指在dijkstra算法中用来标记各个节点的属性的一套符号。从V_1开始，给每个节点记一个数称为标号。dijkstra标号有T标号和P标号两种标号。其中，T标号称为临时标号，$T(V_j)$表示从V_1到V_j的最短路径的上界，即最短路径不会超过此数。$P(V_j)$表示从V_1到V_j的最短路长，称为固定标号。dijkstra标号法求解点点间最短路径优化问题的步骤如下。

（1）给V_0以P标号，$P(V_0)=0$，其余各点均给T标号，$T(V_j)=\infty$。

（2）若V_i点为刚得到的P标号的点，考虑这样的点V_j：(V_i, V_j)属于E_m，且V_j为T标号。对V_j的T标号进行如下修改：$T(V_j) = \min\left[T(V_j), P(V_i)+l_{ij}\right]$。

（3）比较所有具T标号的点，把最小者改为P标号，当存在两个以上的最小者时，可同时改为P标号。若全部点为P标号则停止，否则用V_j替代V_i转回到第（2）步。

二、多点间运输路径优化

多点间运输问题是指在产地和需求地已知、产量和需求量已知、产地到需求地的单位运价已知的前提下，求出从产地到需求地的最佳调运方案，这类运输问题可以用表上作业法来求解。表上作业法是用来解决产地到需求地使总运输费用最小的最佳调运任务的方法，需要先采用西北角法或最小单位运价法求出初始方案，再根据位势法进行检验，最后根据闭回路法进行优化调整，再检验和调整，直至方案中的检验数非负，方案才达到最优。

三、单回路运输路径优化

单回路的路径优化问题是典型的旅行商问题，是在连通图中求从起点到其余各点一次并回到起点的路径最短的闭环回路的问题，这个问题目前没有找到求最优解的最优方法，只能找到令人满意的可行解，可采用最近邻点法或最近插入法进行求解。

（一）最近邻点法

最近邻点法算法十分简单，但是得到的解并不十分理想，有很大的改善余地。该算法计算快捷，但精度低，可以作为进一步优化的初始解。最近邻点法的步骤如下。

（1）从零点开始，作为整个回路的起点。
（2）找到离刚刚加入回路的上一顶点最近的一个顶点，并将其加入回路中。
（3）重复第（2）步，直到所有顶点都加入回路中。
（4）将最后一个加入的顶点和起点连接起来。

（二）最近插入法

最近插入法的基本原理是：首先建立一个初始回路，然后将距离已加入回路中的点距离最短的点加入子回路中，这个新加入的点的位置要根据节约的路径最短原理进行插入回路，依据这个原理，使回路不断扩大，直至回路中包括了连通图中的所有点。求解步骤如下。

（1）找出距离始点V_0最近的点V_m，形成一个子回路$T_1=\{V_0, V_m, V_0\}$。

（2）在剩下的节点中，寻找一个离子回路T_1中某一个节点最近的节点V_k。

（3）在子回路中找到一条弧(i,j)使$c_{ik}+c_{kj}-c_{ij}$最小，然后将节点V_k插入到节点V_i和V_j之间，用两条新弧(i,k)和(k,j)代替原来弧(i,j)，并将节点V_k加入子回路中。

（4）重复（2）和（3），直到所有的节点都加入子回路中。

四、多回路运输路径优化

多回路的运输问题是求从起点到其余各点并回到起点的多回路的路径最短问题，该问题是一个NPhard问题，常用里程节约法进行求解。

里程节约法求解多回路运输路径问题的步骤如下。

（1）计算配送节点之间的最短距离。

（2）计算客户之间的节约里程。

（3）对节约的里程由大到小排序。

（4）在第（3）步的基础上，按节约排序查看线路连接的可能性，按客户的需求情况，对配送量进行累加，累计达到一辆车载货量时，这些客户的节点为一条配送路线，一般优先满足大车和满载车，一条线路上的配送量不能超过车辆的容量。不断进行线路调整，直到求出最优方案。

对于以上四种运输路径问题，如果连通图中的点比较多，为了提高运输效率，需要借助于规划软件或Excel中的规划求解工具进行求解。

实训条件与组织

本实训为集中实训，采用分组教学，6人一组在实训室进行上机操作。

本次实训需要学生进行运输方案的设计，实训需要的条件是电脑、无线网络、正版LINGO软件、纸张、碳素笔。

实训内容

学生进行案例资料分析，根据所学知识，运用LINGO软件进行案例的运输方案优化，将所学理论模型用LINGO软件进行求解，熟练进行LINGO运输路径优化操作。

实训步骤

步骤1：教师向学生说明本实训项目的学习目标、学习要求、考核要求，并下发第一幕的案例资料。

第一幕：A生物科技有限公司有两个分公司，分别位于济南市历城区临港开发区和寿光市北洛工业园，其生产的蛋白有机肥（发酵腐熟肉蛋白肥料），适用于瓜果类、根茎类、叶菜类、果树类、大田作物及各种草坪。2024年7月，两个分公司分别生产该蛋白肥400吨和800吨。现公司欲将这1200吨化肥运往三个一级分销点，分别是淄博市张店金晶大道的斯坦德肥业有限公司、泰安市新安路的阳光肥料有限公司、烟台市经济技术开发区金沙江路的丰泰化肥有限公司，需求量分别是300吨、500吨和400吨，公司决定用货车进行运输。两个生产分公司到三个一级分销点间的单位运输成本见表5-4。

表5-4　　　　两个产地到三个一级分销点的单位运输成本（元/吨）

单位运输成本（元/吨）	淄博	泰安	烟台
济南	36	30	150
寿光	25	70	105

步骤2：教师给出讨论方向，要求各小组在一定的时间范围内进行讨论，并将讨论的结果做成思维导图绘制到白板上。

主要讨论方向如下。

（1）从已知资料中能获得哪些信息？

（2）安排运输调运方案需要考虑哪些因素？

（3）针对材料中的多点之间的运输问题，应建立什么样的模型？

（4）作为A生物科技有限公司聘用的物流顾问，请设计最佳化肥调运方案，所用方法和思路不局限于一种。

步骤3：各小组学生开始讨论，计时员、记录员、组长在讨论中要分别发挥自己的作用。

步骤4：教师到每个小组中，聆听各小组的讨论，对于讨论不激烈的小组给予鼓励，对于不会讨论的小组给予问题提示，并及时解答各小组学生的困惑。

步骤5：各小组头脑风暴后，由记录员汇总并整理本小组每个成员的观点，绘制思维导图。

步骤6：教师课堂上组织第一幕的简单汇报，学生汇报后教师简单点评，并给学生提供相关数据信息，各小组学生课后继续完善第一幕的任务，为第二幕做准备。

步骤7：下发第二幕的案例资料。

第二幕：当化肥由产地运输到泰安市新安路的阳光肥料有限公司时，岱岳区的山口镇、大汶口镇、祝阳镇、范镇、角峪镇、满庄镇、夏张镇、道郎镇、马庄镇二级化肥销售点的订单随之而来，订单总量是10吨，新安路一级分销点恰好有一辆10吨位的货车，其载重量恰好与9个客户的总需求匹配，于是，新安路分销点安排该10吨位的货车为9个客户配送化肥，配送结束后，货车再返回新安路的一级分销点。当前泰安市各路段交通状况良好，新安路分销点及岱岳区各销售点的距离矩阵见表5-5。

（1）所给资料中涉及的运输问题有何特点？

表 5-5　　新安路分销点及岱岳区各销售点的距离矩阵

距离（公里）	新安路	山口镇	大汶口镇	祝阳镇	范镇	角峪镇	满庄镇	夏张镇	道郎镇	马庄镇
新安路	0	61	76	62	53	45	80	86	88	85
山口镇	61	0	45	9	13	21	34	37	37	51
大汶口镇	76	45	0	52	53	61	14	37	40	11
祝阳镇	62	9	52	0	8	16	40	43	43	57
范镇	53	13	53	8	0	8	40	43	44	57
角峪镇	45	21	61	16	8	0	48	51	51	65
满庄镇	80	34	14	40	40	48	0	11	28	14
夏张镇	86	37	37	43	43	51	11	0	17	16
道郎镇	88	37	40	43	44	51	28	17	0	34
马庄镇	85	51	11	57	57	65	14	16	34	0

（2）TSP路径优化问题的模型应该如何构建？

（3）作为A生物科技有限公司聘用的物流顾问，请设计单回路下的最佳化肥运输路径，所用方法和思路不局限于一种。

步骤8：下发第三幕的案例资料。

第三幕：当化肥由产地运输到烟台市经济技术开发区金沙江路的丰泰化肥有限公司时，10个二级分销点发来订单，需求情况如下：北马镇4吨、诸由观镇3吨、石良镇3.5吨、兰高镇5吨、七甲镇2.8吨、黄山馆镇2吨、徐福镇3吨、下丁家镇4.5吨、芦头镇6.5吨、东江镇3.5吨。由于一辆10吨位的车满足不了上述10个二级分销点的总需求，烟台市经济技术开发区的一级分销点安排了5辆10吨位的货车供调度，货车给10个二级分销点配送结束后，返回到经济技术开发区的一级分销点。当前烟台市各路段交通状况良好，经济技术开发区一级分销点及10个二级分销点的距离矩阵见表5-6。

表 5-6　　经济技术开发区一级分销点及10个二级分销点的距离矩阵

距离（公里）	经济技术开发区	北马镇	诸由观镇	石良镇	兰高镇	七甲镇	黄山馆镇	徐福镇	下丁家镇	芦头镇	东江镇
经济技术开发区	0	75.8	60.1	51.9	59.8	57.2	85.6	68.5	65.8	69.6	65.3
北马镇	75.8	0	18.7	24.1	16.6	23.5	12.6	10.5	12.5	6.2	10.7
诸由观镇	60.1	18.7	0	14.1	4.8	21.9	31.2	8.8	17.3	14.1	9.1
石良镇	51.9	24.1	14.1	0	10.6	10.4	33.9	19.2	14.3	17.9	14.3
兰高镇	59.8	16.6	4.8	10.6	0	17.1	28.5	8.9	12.7	11	5.9
七甲镇	57.2	23.5	21.9	10.4	17.1	0	29.6	23.3	10.9	18.1	17.3
黄山馆镇	85.6	12.6	31.2	33.9	28.5	29.6	0	23.2	19.8	17.4	22.5

续表

距离（公里）	经济技术开发区	北马镇	诸由观镇	石良镇	兰高镇	七甲镇	黄山馆镇	徐福镇	下丁家镇	芦头镇	东江镇
徐福镇	68.5	10.5	8.8	19.2	8.9	23.3	23.2	0	14.7	8.1	5.9
下丁家镇	65.8	12.5	17.3	14.3	12.7	10.9	19.8	14.7	0	7.7	9.2
芦头镇	69.6	6.2	14.1	17.9	11	18.1	17.4	8.1	7.7	0	5.1
东江镇	65.3	10.7	9.1	14.3	5.9	17.3	22.5	5.9	9.2	5.1	0

步骤9：各小组学生进行汇报。

步骤10：教师对各小组的汇报进行点评，并重点讲解实训过程中学生没有学会的有关路径优化的模型与求解方法。

实训数据处理与分析

根据已知任务，建立相应的选址模型，打开LINGO软件，在LINGO模型窗口进行集合设置、数据设置和模型设置，设置完成后点击运行按钮，将运行结果进行分析转化成方案，也可以采用表上作业法或图上作业法求解本项目的任务。

考核要求及标准

实训考核包括课堂实训考核和实训报告考核，见表5-7。

表5-7　　　　　　　　　　运输路径优化实训考核标准

考核内容	权重	评分要求与标准
操作表现	40%	学习积极性、操作认真正确
实训报告	60%	实训报告完整、模型正确、程序正确、结论合理

实训结束后要求学生提交实训报告。实训报告要求如下。

1. 实训报告要体现路径优化的模型、程序、求解过程、结论。
2. 及时提交实训报告，不及时者酌情扣分。
3. 实训报告结尾要写明小组分工，实训心得，体会及建议等。

其他说明

注意实时保存数据，避免数据丢失。

第六章
智慧物流实训

　　物流领域是物联网技术较具现实意义的应用领域之一，积极探索和学习物联网技术在物流行业里的应用十分重要。随着我国经济和社会的高速发展，物流行业对物流信息化和物流智能化的要求越来越高，传统的物流技术和物流服务已经不能满足市场的需求，物联网必然在物流领域内广泛应用。物联网技术是一项综合性的技术，实现框架可分为感知层、传输层、应用层3个层次：通过感知层获取物品的各项属性与物流信息，通过传输层将信息传输到网络中并进行信息整合与处理，最终实现信息的泛在化智能应用。物联网技术一方面可以对物流全过程中的物品信息实现自动、快速、实时的处理，实现信息共享和远程控制，进而实现对供应链智能化的效果。另一方面，物联网技术能贯穿物流业务的各个环节，使得供应链的各个环节联系更加紧密，有效降低供应链风险，提高供应链效率。

　　本章的实训项目主要包括我国智慧物流发展现状初探、某企业应用智慧物流技术与装备案例分析、某企业智慧仓储与运输案例分析及智慧物流应用分析与开发设计，通过本章的实训使学生加深对智慧物流的基本概念、技术应用和未来发展的理解，掌握物流信息化、自动化、网络化和智能化等方面的基本技能，并培养学生的物流业务处理能力、创新意识和团队协作精神。

实训一 ｜ 我国智慧物流发展现状初探

实训目的

1. 使学生清晰认识智慧物流的概念，包括其基于物联网、大数据、人工智能等先进技术实现物流各环节智能化运作的本质，以及高效、精准、协同、绿色等显著特点，为后续深入探究奠定基础。
2. 提升学生理论知识应用于社会实践的能力，培养学生分析物流工程复杂问题的能力，锻炼学生的团队协作精神及语言表达能力。
3. 使学生了解物流业应用物联网技术的发展趋势，熟悉我国物流业在应用物联网技术方面存在的问题。

实训准备

1. 复习最近学习的智慧物流知识，例如：智慧物流的概念、智慧物流的特征、智慧物流的发展现状、发展智慧物流对意义、智慧物流系统与传统物流系统的区别、物流系统智慧化、智慧物流带来对变革与挑战。
2. 从网络搜智慧物流的相关信息。
3. 材料准备：学习用具。

知识链接

一、智慧物流的概念

智慧物流是指通过智能软硬件、物联网、大数据等智慧化技术手段，实现物流各环节精细化、动态化、可视化管理，提高物流系统智能化分析决策和自动化操作执行能力，提升物流运作效率的现代化物流模式。

二、智慧物流的特征

1. 强大的智能感知能力与智慧学习能力相结合
2. 数据集成平台或数字中台的支持
3. 全面集成性、交叉性学科的管理系统

三、智慧物流系统与传统物流系统的区别

1. 柔性化

2. 社会化
3. 一体化
4. 智能化

四、发展智慧物流的意义

1. 提高物流运作效率
2. 降低物流成本
3. 增强物流安全性
4. 促进产业升级
5. 推动经济发展

五、智慧物流的发展现状

我国智慧物流的发展现状呈现出蓬勃发展的态势，市场规模持续增长，技术不断创新，政策支持力度加大，但仍面临一些挑战。

六、物流系统智慧化

1. 先进信息技术的应用
2. 智慧物流云平台的建设
3. 智慧物流模式的产生
4. 物流资源的充分利用

七、智慧物流带来的变革与挑战

1. 智慧物流带来的变革
（1）体验升级创造智慧物流价值。
（2）智能升级促进物流业降本增效。
（3）供应链升级强化企业联动和深化融合。
（4）绿色升级促进物流业可持续发展。
2. 智慧物流带来的挑战
（1）环境基础带来的挑战。
（2）技术基础与协调机制带来的挑战。
（3）保障基础不均衡带来的挑战。

实训条件与组织

1. 实训条件：物流工程专业实训室。
2. 实训组织运行要求：分组实训，6人/组，每组选出一名组长，负责本组实训过程的组织与管理。每次实训可以推选不同的组长，使每位同学都有锻炼的机会。

实训内容

1. 实训素材

本实训项目的素材均来自中央广播电视总台官网（https://www.cctv.com/）。

（1）CCTV-10《透视新科技》人机共舞（20220219）。

主要内容简介：20世纪90年代，仓储物流等行业引入了当时正在快速发展的计算机技术与网络技术。这两项技术的应用虽然迅速提高了整个行业的运行效率，但科研人员认为依然可以有巨大的提升空间。提升方式就是让机器设备直接执行网络传来的指令，而不再通过人工中转传递信息，这样就实现了物与物的连接，奠定了当今物联网的基本架构。之后随着传感器技术、信息识别技术等相关技术的发展完善，物联网终于从理论走向现实。

（2）CCTV-7《村里来了"钢铁侠"》自动分拣机（20221230）。

主要内容简介：鸡蛋在进入超市之前，要经历重重历练和考验，鸡蛋自动分拣机帮助鸡蛋以最好的状态展现在顾客面前。鸡蛋分拣机是自动分拣设备家族的一员，也是鸡蛋的"保育员"。它的转换装置，不仅把鸡蛋整齐排列，还能避免它们相互碰撞。刚"出生"不久的鸡蛋，除了带着母亲的体温，还粘着母亲的粪便，鸡蛋分拣机会给它们来一次放松身心的"SPA"。随着中国农业机械化水平的提升，自动分拣设备的家族越来越壮大，分工也越来越细致，被应用在各种农产品上，能分拣芒果、李子、橙子等。

（3）CCTV-4《今日环球》海外博主看中国 智慧物流跑出"中国速度"（20230307）。

主要内容简介：快递业被誉为中国经济发展中的一匹"黑马"，收入规模在中国国内生产总值中比重整体呈上升趋势。国家邮政局的数据显示，2022年中国快递业务量突破千亿级别，连续9年位居世界第一。在北京大兴有一个智能物流园区，每天最多能处理50～60万单快递。如此高的运行速度背后有什么秘密？中央电视台记者徐速和来自泰国的拉琵潘一起带你去看看。

2. 小组讨论内容

在组长的协调与组织下，每位小组成员至少选择下面一个问题进行讨论。

（1）根据素材，谈谈你对智慧物流的理解和认识。

（2）根据素材，谈谈智慧物流系统与传统物流系统的区别。

（3）根据素材，谈谈你理解的智慧物流的特征。

（4）根据素材，谈谈智慧物流系统与传统物流系统的区别。

（5）根据素材，谈谈智慧物流带来的变革。

（6）通过你对素材内容的了解，你认为智慧物流带来的挑战是什么？

思考题

❶ 结合素材，谈谈智慧物流的发展前景。

❷ 结合素材，谈谈你对将来从事物流业的想法。

考核要求及标准

1. 考核要求

本次课从课堂表现和实训报告两个方面进行考核。课堂表现方面，要求学生不旷课、不迟到早退，认真分析资料、做好记录，积极参与讨论，完成个人任务，课后写出实训报告。根据素材资料，分析其中智慧物流的运作情况，结合所学智慧物流的知识，分析其运作理论基础，对于其中分析不了的现象进行探索性学习，扩展知识面。实训报告方面，每个小组提交一份，使用学校统一印发的实训报告纸，内容完整。

2. 考核标准

本实训项目的考核标准见表6-1。

表 6-1　　考核内容及权重明细表

考核内容	权重	评分要求与标准
课堂表现	50%	考勤表现10分，小组成员个人任务完成情况40分，共50分。小组内成员有迟到或早退现象按人次扣5~10分，小组内成员有旷课的、该组的课堂表现成绩为0分。根据小组成员个人任务完成情况赋分0~40分
实训报告	50%	实训报告的完成质量，从内容的完整性、问题分析的全面性、优化措施或改进建议的合理性、心得体会等方面进行考核

其他说明

在实际教学过程中，也可以选择相关文字资料作为分析素材的补充。社会在不断进步，智慧物流在不断发展，分析的素材也要不断更新，与时俱进。

实训二 ｜ 某企业应用智慧物流技术与装备案例分析

实训目的

1. 增强对智慧物流技术的理解：通过实训，使学生深入了解智慧物流的核心技术，包括但不限于物联网技术、大数据处理、人工智能算法以及自动化设备控制等。这有助于学生建立对智慧物流技术体系的全面认知，为后续的专业学习和实践应用打下坚实基础。

2. 理解物流行业在百年未有之大变局下革新与升级的重要性，明确认知智慧物流系统的运行机理与架构设计都要围绕着资源优化配置来进行，目的是使我国现代物流实现蓬勃发展、为促进经济高质量发展提供有力支撑。

3．培养智慧物流系统的综合应用能力：结合理论学习与场景模拟，实训旨在培养学生将智慧物流技术与装备整合应用于实际物流场景中的能力。学生将通过案例分析，学习如何规划、设计并实施智慧物流解决方案，以优化物流流程、提高物流效率并降低成本，从而适应未来物流行业对复合型人才的需求。

实训准备

1．复习最近学习的智慧物流知识。
2．从网络搜集智慧物流智能技术与装备方面的资料。
3．材料准备：学习用具。

知识链接

一、智慧物流系统运行机理与架构设计

1．智慧物流系统的业务体系

传统物流与智慧物流的区别最大的部分分别为物流感知层与核心业务层。物流感知层的关键技术主要包括射频识别（RFID）技术、传感器技术、纳米技术、智能嵌入技术。核心业务层主要包括智能运输、自动仓储、动态配送、信息控制。

2．智慧物流系统的层级结构

智慧物流系统的层次架构一般分成四个大的层次：社会安全环境层、感知层、网络层和应用层。

3．智慧物流系统的功能与层次

（1）智慧物流系统的功能。

智慧物流信息系统的功能包括七大部分，即物流运营的感知功能、物流数据的集成功能、物流分析的模拟功能、物流决策的优化功能、物流系统的协调功能、物流系统的自动反馈功能、物流系统的及时修正功能。

（2）智慧物流系统的层次。

智慧供应链系统主要包括三个层次：底层是以自动化为基础的运营层，中层是以数字化为基础的战术层，顶层是以智慧化为基础的战略层。

4．智慧物流系统的运行机制

在物联网基础上建立起来的智能物流供应系统通过物流资源信息流动采集信息，借现代物流运输配送技术、信息自动化技术、物流信息技术、物流资源系统集成技术，通过优化物流信息、控制物流资源对物流资源信息进行采集、提取，为物流供应链管理质量提供有效保障。

5. 智慧物流系统的运行流程

智慧物流可以对物流数据进行跟踪收集并实时分析，智能化管控货物物流情况，精准预测客户需求，优化运力资源，提高仓储及配送效率，降低成本，使企业具备强大的市场竞争力。

6. 智慧物流系统平台的设计

（1）智慧物流系统平台的设计原则。

规范性、先进性、可扩展性、开放性、安全可靠性、合作性。

（2）智慧物流系统平台的业务体系。

智慧物流信息平台业务一般指智慧物流商物管理、智慧物流供应链管理及智慧物流业务综合管理三个层面的物流业务。智慧物流商物管理业务主要是对商物的品类、流量流向、供需及商物协同等方面的管理；智慧物流供应链管理从供应链的角度出发，主要对采购物流、生产物流、销售物流等业务进行管理；智慧物流业务综合管理以仓储、配送、运输为核心业务，除此之外还包括货物信息发布、物流过程控制等一些增值业务。

二、智慧物流的关键技术

1. 智慧物流关键技术的分类

智慧物流的关键技术包括信息技术、大数据处理技术和决策仿真技术。其中，信息技术包括标签与自动识别技术、定位跟踪技术及网络与通信技术；大数据处理技术包括云计算、人工智能及大数据优化算法；决策仿真技术包括区块链技术和物流仿真技术。

2. 标签与自动识别技术之一：射频识别技术

（1）概念：射频识别技术（RFID）是自动识别技术的一种，也称为无线追踪系统，是从20世纪90年代开始兴起的。它利用无线射频方式进行非接触双向通信，以达到识别并交换数据的目的。

（2）特点：专属性、适用性强、高效性。

（3）应用：商品的出入库、库存盘点和存储、跟踪运输、物品配送。

3. 定位跟踪技术之一：地理信息系统

（1）概念：GIS可定义为用于采集、模拟、处理、检索、分析和表达地理空间数据的计算机信息系统，它是进行空间数据管理和空间信息分析的计算机系统。

（2）体系结构：一个典型的GIS应包括三个部分：计算机系统、地理数据库系统、应用人员与组织机构。

（3）特点：空间分布性、时间趋势性、层次性。

（4）应用：物流配送中心选址、追踪。

4. 网络与通信技术——物联网

（1）概念：物联网是通过射频识别、红外感应器、全球定位系统、激光扫描器等信息传感设备，按约定的协议，将任何物品与互联网相连接，进行信息交换和通信，以实现智能化识别、定位、追踪、监控和管理的一种网络。

（2）体系结构：感知层、传输层、支撑层、应用层。

（3）特点：连通性、智能性、嵌入性。

（4）应用：产品的智能可追溯网络系统、物流过程的可视化网络系统、智慧物流中心。

5．网络与通信技术——移动互联网

（1）概念：随着移动通信技术的迅猛发展，互联网的技术、平台、商业模式和应用与移动通信技术相结合，产生了移动互联网。

（2）体系结构：移动终端模块、网络与服务模块、服务应用模块。

（3）特点：终端移动性、业务使用的私密性、终端和网络的局限性、业务与终端、网络的强关联性。

（4）应用：移动物流信息公共平台、移动物流服务交易、移动运输可视化管理服务。

6．网络与通信技术——5G

（1）5G的由来。

（2）体系结构：5G结构分为三个部分：无线接入网，承载网，核心网。

（3）特点：超级宽带、海证物联、即时可靠通信。

（4）应用：增强现实物流应用、区块链物流安全平台、物流智能仓储环境、全自动化物流运输。

7．云计算

（1）概念：云计算作为一种独特的IT服务模式，其本质是一种服务提供模型，通过这种模型可以随时、随地、按需地通过网络访问共享资源池里可被动态分配、灵活划分和调整的资源，这个资源池的内容包括计算资源、网络资源、存储资源等。

（2）体系结构：云计算的基础架构由四部分组成，由上至下分别是：基础设施、平台、软件服务和客户端。

（3）特点：广泛的网络访问方式、资源池化、灵活调度、可计量的服务、按需自助服务。

（4）应用：可为物流企业提供的服务——以配送业务为例。

8．大数据优化算法

（1）图形搜索算法。

（2）分支定界算法。

（3）禁忌搜索算法。

（4）遗传算法。

9．决策仿真技术

（1）介绍区块链的概念、特点、应用。

（2）描述物流仿真步骤，物流仿真软件种类。主要介绍在智慧物流中所使用的关键技术。主要包括信息技术、大数据技术和决策仿真技术。其中，信息技术又包括标签与自动识别技术、定位跟踪技术及网络与通信技术，大数据技术包括云计算、人工智能以及大数据优化算法，决策仿真技术包括区块链技术和物流仿真技术。通过概念、性质、特点等方面对以上技术进行详细的介绍，并探讨各项技术在智慧物流中的应用场景。

三、智慧物流的硬件设备

1. 无人机

（1）无人机的概念和类型。无人机是无人驾驶航空器的简称，是由遥控站管理（包括远程操控或自主飞行）、不搭载操作人员的一种动力空中飞行器。目前民用市场普遍应用的无人机有多旋翼式无人机和固定翼无人机两种类型。

（2）无人机快递系统的构成。无人机、自助快递柜、快递盒、集散分点、集散基地、调度中心。

2. 自动化立体仓库

自动化立体仓库（automated storage and retrieval system，AS/RS）是指不用人工直接处理，由电子计算机进行管理和控制，实现自动存取物料的系统。

自动化立体仓库系统的构成有货物储存系统、货物存取和输送系统、自动控制系统、仓储管理系统、辅助设施。

3. 无人车

无人驾驶汽车，简称无人车，是智能汽车的一种，也称轮式移动机器人，主要依靠车内的以计算机系统为主的智能驾驶仪来实现无人驾驶的目的。无人驾驶汽车利用车载传感器来感知车辆周围环境，自动规划行车路线，并根据感知所获得的道路、车辆位置和障碍物信息，控制车辆的转向和速度，从而使车辆能够安全可靠地在道路上行驶，到达预定地点。

无人车的关键技术有环境感知技术、导航定位技术、路径规划技术、决策控制技术。

4. AGV

AGV（automated guided vehicle）是一种柔性化和智能化的物流搬运机器人，是装备有电量或光学等自动导引装置，能沿规定的导引路径行驶，具有安全和自我保护以及在移载功能的运输车。

实训条件与组织

1. 实训条件：物流工程专业实训室。
2. 实训组织运行要求：分组实训，6人/组，每组选出一名组长，负责本组实训过程的组织与管理。每次实训可以推选不同的组长，使每位同学都有锻炼的机会。

实训内容

1. 实训素材

本实训项目选择的实训案例来自顺丰速运有限公司（以下称顺丰）（https://www.sf-express.com/）和顺丰科技有限公司官方网站（https://www.sf-tech.com.cn/）。

1993年顺丰诞生于广东顺德，经过多年发展，已成为国内领先的快递物流综合服务商、全球第四大快递公司。顺丰秉承"以用户为中心，以需求为导向，以体验为根本"的产品设计思维，聚焦行业特性，从客户应用场景出发，深挖不同场景下客户端到端全流程接触点需求及其他个性化需求，设计适合客户的产品服务及解决方案，持续优化产品体系与服务质量。同时，顺丰利用科技赋能产品创新，形成行业解决方案，为客户提供涵盖多行业、多场景、智能化、一体化的智慧供应链解决方案。顺丰围绕物流生态圈，横向拓展多元业务领域，纵深完善产品分层，满足不同细分市场需求，覆盖客户完整供应链条。经过多年发展，依托于公司拥有的覆盖全国和全球主要国家及地区的高渗透率的快递网络基础上，顺丰为客户提供贯穿采购、生产、流通、销售、售后的一体化供应链解决方案。同时，作为具有"天网+地网+信息网"网络规模优势的智能物流运营商，顺丰拥有对全网络强有力管控的经营模式。

顺丰科技有限公司隶属于顺丰速运，成立于2009年，致力于构建智慧大脑，建设智慧物流服务。旨在基于人工智能、物联网、机器学习、智能设备等技术的综合应用，让机器解放双手、让人工智能助力决策、让智能设备汇集数据之源，促使物流行业进入智能化、数字化、可视化、精细化的新时代，提升运作效率，助力上下游产业价值升级。坚持自主创新，实现创新技术驱动物流行业升级。顺丰科技持续深耕无人机及自动化、大数据及产品、人工智能及应用、精准地图平台、智能化设备、智慧硬件、综合物流解决方案等领域，在中国物流科技行业处于领先地位。已获得及申报中的专利共有2361项，软件著作权1220个。致力发展科技实力，领建行业品牌。顺丰科技先后获得《麻省理工科技评论》全球"50家聪明公司"、中国智慧物流十大创新物流引领企业等行业荣誉，具备"深圳市重点软件企业""深圳市高新技术企业"重要资质。

（1）大数据生态。

顺丰科技经过多年的自主研发，已经建成了大数据整体生态系统，成为顺丰天网、地网、信息网的"黏合剂"。已完成数据采集与同步、数据存储与整合、数据分析与挖掘、机器学习、数据可视化等平台的构建。在建设底层平台的基础上，结合大数据与人工智能技术，广泛应用于速运、仓储、冷运、医药、商业、金融、国际等业务领域。建设了包括智慧管理平台、智能决策平台、物联网实时监控平台、智慧仓储系统等一系列大数据产品和系统。

丰景台是一款具备海量数据高性能分析能力的自助分析及可视化工具，面向业务和数据分析师，拖拽即可敏捷高效的进行商业智能分析和精美数字化看板制作。

顺丰企业一站式大数据平台基于业内主流技术，由顺丰科技自主研发，一站式提供从数据接入到数据服务的大数据管理平台。不仅能为用户提供数据采集、存储、计算、搜索、管理、治理等大数据能力，还能帮助企业完成智能数据构建与管理的管理能力。丰富而全面的组件提供完善的平台能力，帮助企业消除数据孤岛问题，打通各业务底层数据，增强企业数据管理能力。企业随着业务发展而带来的数据急剧增长，数据使用效率低，管理难，面临传统的数据系统无法支撑问题，导致数据价值无法体现，存在以下问题。数据治理：缺乏统一的数据管理，数据库模式下，数据源彼此独立、相互封闭，使得数据难以交流、共享和融合，无法发挥数据真正的价值。数据质量保障难：由于缺乏相关的经验及管理平台，无法从标准、技术和人员等多方面将数据作为资产管理。数据开发：传统代码式的数据开发门槛高、数据开发耗时长效率低、数据处理性能差、数据运维成本高,导致企业数据使用成本走高。数据分析:传统类型的分析工具研发周期长、数据分析可拓展性和自助性差,无法满足企业快速发展的业务需求。数据展现:传统报表系统数据展现缺少闭环、数据可视化效果差、研发周期长、自助性差。顺丰企业一站式大数据平台,能帮助企业客户完成海量级数据的采集、储存、计算、搜索、管理、治理等数据管理,提升数据使用能力,实现企业数据的真正价值。

(2)人工智能。

顺丰科技通过业务积累和技术创新,融合人工智能到实际业务场景中,打通各个流程,进一步推动物流全链路的信息互联互通,通过机器学习、计算机视觉、运筹学和全局优化等人工智能技术,实现物流系统状态感知、实时分析、科学决策和精准执行,构建顺丰物流体系的"智慧大脑"。AI Argus视频结构化分析平台,让计算机看懂物流。可实时监测各场地各类暴力违规操作,有效降低破损件和丢失件概率。为全网提供车辆装载率、车辆调度、运力监测和场地人员能效等基础数据。持续反馈各场地实时装载率数据,优化运力成本。实现全网标准化业务管理,6S管理,消除管理黑洞。

AI Argus慧眼神瞳VAPD子系统。针对中转场、分点部日常业务场景。暴力行为监测,人员动作评级处理,区别包裹类型,三维测算空间距离,多维度预警暴力抛扔踢甩包裹行为,降低破损件及丢失件的发生概率。6S管理,自浮框、做件台、灭火器等工具定置定位监测。业务管理,班前晨会监测。安全管理,非工作时间段人员入侵监测、全时段儿童入侵监测、防火(IoT烟雾报警器)、防盗。AI Argus慧眼神瞳LPSS子系统,针对中转场装卸口作业场景。车牌识别,克服光照不均、遮挡缺失、运动模糊、车牌扭曲/脏污等恶劣情况,智能识别蓝牌、黄牌、香港车牌、新能源车牌,可关联得到车型/吨位信息。装载率识别,即刻装载率识别,过程装载率识别,可结合装卸能效交叉分析。车辆事件判定,T1车辆到卡时间、T2装卸货开始时间、T3装卸货结束时间、T4车辆离卡时间。人员能效分析,装卸工作状态时间轴、支持后端业务系统多角度分析。AI Argus Cloud云平台,事件实时推送、历史记录可查询、数据可视化展示及导出,为用户提供即时事件掌控能力。6大趋势图,装卸次数、装载率、时长占比等趋势一览为中转作业提供日均趋势图,数据化场区异常。6大排行榜,装载率及时长排行榜为全国、大区、中转场等提供运力资源合理化配置的依据。系统状态监测,Config状态、Computing Node状态、摄像头状态监测,避免系统失控。

(3)智慧地图。

顺丰地图致力于打造智慧物流"一站式"地图服务解决方案,在客户下单、智能调度、中转分拣、规划运输、末端配送等环节积累大量数据,沉淀多种物流解决方案,提供货车和骑行场景的高效路径规划服务,为业务赋能。

(4)无人机。

顺丰无人机基于解决各种特殊场景(特色经济、医疗冷链、应急配送、特种物流等)下物流运输的末端配送问题,已成功研发出满足不同运营需求的多款机型和相关配套软硬件,包括多旋翼无人机、垂直起降固定翼无人机、运营管控系统、通信系统、无人机快递接驳柜等。并于2018年3月27日获得国内首张无人机航空运营许可证,致力于为涉山涉水、陆路交通不便的广大偏远地区提供高质量的物流配送服务，为特定行业提供通用或定制化的无人机产品和综合解决方案。多机型研发，实现包括方舟八旋翼、Manta Ray垂直起降固定翼无人机在内的多机型研发与运营机型。

（5）智慧办公。

丰声是一站式智能移动办公平台，以沟通、分享、协作、激活、开放为产品价值，为企业提供信息透明化、传达更精准、高效协同工作等智慧办公解决方案，提升管理效能。管理规范，多种管理工具服务企业，让管理信息更及时、更透明，助力企业发展。审批工作线上化、移动化，及时获取考勤信息，准确了解用工情况。协作高效，日程安排、任务协作打破地域和空间限制，随时创建随地分工。时间轴记录工作轨迹，联动多种类型信息。关键信息实时共享、有效跟踪，工作进程一手掌控。沟通便捷，提高沟通时效，精准传达重要信息，保障沟通信息安全。兼具实名沟通、表情图片插入、聊天记录查询、消息已读回执、消息撤回权限等功能。点对点沟通，群组沟通，丰声作为开放性的平台，将继续致力于快速接入个性化移动智能办公服务，为企业定制专属的解决方案。

（6）自动化与机器人。

为物流行业提供智能一体化服务，在整个快递流通过程中以高效、自动、智能的方式来减轻对人员压力，提升用户体验、保证货品安全、确保快递时效、提升员工工作舒适度，促进物流行业由劳动密集型向智慧舒适型转变。基于物流各个环节中的实际业务场景，全面布局AI自动化，增强物流系统的容错力，提升处理复杂问题的能力，减少人工失误对物流服务质量的影响，保持并增强用户黏性。

自动化系列，标准化、模块化、柔性化，可在不同场景下快速敏捷部署。交叉带分拣机，适用于小件自动化分拣，柔性敏捷。独特设计：采用有线OFDM通信，减少单独铺设信号线。标准化：可匹配无人供上件系统实现无人供件。模块化：多格口可任意配置，柔性匹配不同场地。

机器人系列，实现物流领域多场景无人化，提升操作效能。室内AGV，复杂场景下自主导航、实时定位；场地零改造，无需二维码、色带、磁条、反射板等人工布置的标志物。

IoT系列，打造货物的有感知运输。信息化封装，作为数据传输载体，实现数据无缝隙对接替代传统的一次性耗材品，实现绿色环保。在途信息记录仪，现货物全程可视化管理。超大存储容量：可连续存储1个月数据。超长运行时间：可连续运行1个月。超高数据采集密度：50次/s。

智能装备，加强人、货、环境的互动体验，提升客户满意度。第七代智能终端，高防护性：工业等级防护；高安全性：系统深度定制、非系统应用启动黑白名单管理；高速大景深扫描：可实现约60cm大景深的高速移动物体扫描；高兼容性：兼容外设实现差异化配置。

自动化及机器人实现了各项技术在物流场景中的应用，极大地降低了人力成本，是传统物流迈向智能物流的重要提升环节。

2. 小组讨论内容

在组长的协调与组织下，每位小组成员至少选择下面一个问题进行讨论。

（1）顺丰的大数据生态系统运行的机理是什么？

（2）顺丰开发的风景台工具体现了智慧物流系统的哪些功能？
（3）请分析顺丰的AI Argus慧眼神瞳LPSS子系统的业务体系。
（4）请分析顺丰开发的智慧办公工具的工作流程。
（5）顺丰应用了哪些智慧物流的关键技术？
（6）顺丰应用了哪些智慧物流的硬件设备？

> **思考题**
>
> ❶ 随着社会经济的发展变化，你认为顺丰将来的业务会有怎样的变化？
> ❷ 你认为顺丰还可以在哪些地方利用物联网技术进行优化？

考核要求及标准

1. 考核要求

本次课从课堂表现和实训报告两个方面进行考核。课堂表现方面，要求学生不旷课、不迟到早退，认真分析资料、做好记录，积极参与讨论，完成个人任务，课后写出实训报告。根据案例资料，分析其中智慧物流的运作情况，结合所学智慧物流的知识，分析其运作理论基础，对于其中分析不了的现象进行探索性学习，扩展知识面。实训报告方面，每个小组提交一份实训报告，使用学校统一印发的实训报告纸，内容完整。

2. 考核标准

本实训项目的考核标准见表6-2。

表 6-2　　　　　　　　　　考核内容及权重明细表

考核内容	权重	评分要求与标准
课堂表现	50%	考勤表现10分，小组成员个人任务完成情况40分，共50分。小组内成员有迟到或早退现象按人次扣5~10分，小组内成员有旷课的、该组的课堂表现成绩为0分，根据小组成员个人任务完成情况赋分0~40分
实训报告	50%	实训报告的完成质量，从内容的完整性、问题分析的全面性、优化措施或改进建议的合理性、心得体会等方面进行考核

其他说明

本次实训资料选自顺丰官方网站，在此表示感谢。在实际教学过程中，也可以选择相关视频或文字资料作为案例分析素材的补充。社会在不断进步，智慧物流在不断发展，分析的素材也要不断更新，与时俱进。

实训三 | 某企业智慧仓储与运输案例分析

实训目的

1. 深入理解智慧仓储与运输系统的运作模式

通过分析具体企业的智慧仓储与运输案例,使学生深入理解现代物流与供应链管理中的智慧化转型。这包括自动化仓储系统、智能分拣技术、物联网(IoT)在库存管理中的应用,以及运输路径优化、车辆调度等智能化运输管理系统。学生将学习到这些技术如何协同工作,以提高仓储效率、减少库存成本、优化运输流程,并最终提升客户满意度。

2. 培养创新思维与解决方案设计能力

通过分析案例中的成功经验和挑战,鼓励学生跳出传统框架,思考如何在智慧仓储与运输领域引入创新技术、流程或策略,以提高效率、降低成本、增强客户体验。此目的旨在激发学生的创新意识,培养他们在复杂多变的环境中寻找新机遇、设计并实施创新解决方案的能力。

3. 提升团队协作与沟通能力

实训项目通常涉及小组讨论、角色扮演、模拟决策等环节,要求学生在团队中共同分析案例、制定策略、展示成果。通过这些活动,学生将学会如何在团队中有效沟通、分工合作、协调资源,以及如何在不同观点间找到共识,提升团队协作能力和领导力。同时,通过向指导老师和同伴展示分析成果,学生还能锻炼演讲和报告撰写技能,全面提升个人职业素养。

实训准备

1. 复习最近学习的物联网与现代物流知识。
2. 从网络搜集智能物流的相关信息。
3. 材料准备:学习用具。

知识链接

一、智慧运输与路径规划

1. 运输的相关概念
2. 路径规划种类
(1)起讫点不同的单一路径规划问题。
(2)多起讫点问题。

(3)起点和终点相同的路径规划。

3. 智能运输管理

(1)概念。智能运输系统(intelligent transportation system,ITS,又名智能交通系统)需要依靠具备智慧化特点的交通与运输系统,在此基础上,对智慧化的管理模式与方法进行研究而推动智慧运输的实践与发展。

(2)作用。提高交通运输的安全水平;提高运输网络通从行能力;降低交通运输对环境的污染程度并节约能源;提高交通运输生产效率和经济效益;减少交通堵塞,保持交通畅通。

(3)功能。智能运输系统的调度指挥功能;货运运输管理功能。

(4)智能运输系统关键技术。车联网系统;无车承运人。

4. 智能配送系统

(1)概念。配送是在经济合理区域范围内,根据客户要求,对物品进行拣选、加工、包装、分割、组配等作业,并按时送达指定地点的物流活动。

(2)发展。三种模式:共同配送;设立取货点;自设终端模式。

(3)种类。"送货上门"的无人配送服务;基于客户满意的即时配送服务;小范围内的主动配送服务。

(4)智能配送相关设施设备。无人机;快递自提柜;机器人。

(5)智能配送数据管理技术。路径优化算法、大数据技术。

二、智慧仓储与库存规划

1. 智慧仓储

(1)智慧仓储的概念。

智慧仓储是仓储管理的发展的高级阶段,是智慧物流的重要节点,仓配数据接入互联网系统,通过对数据的集合、运算、分析、优化、决策,再通过互联网发布到整个物流系统,从而支持对现实物流系统的智慧管理、计划与控制。与传统仓储管理系统相比,智慧仓储系统能够实现非接触式货物出入库检验,问题货物标签信息写入,检验信息与后台数据库联动,从而显著提高货物出入库效率,改善库存管理水平。作为智慧物流系统的重要组成部分,智慧仓储的发展主要是信息技术发展与仓储管理现实结合的重要产物。

(2)智慧仓储的特征。

智慧仓储系统具有管理系统化、操作信息化、储运自动化、数据智慧化、网络协同化、决策智能化六个特性。

(3)智慧仓储的功能与结构。

智慧仓储系统具有仓储信息自动抓取、仓储信息自动识别、仓储信息自动预警、仓储信息智能管理等多项功能。其中,仓储信息自动抓取功能是指对贴有电子标签的货物、库位、库架信息自动抓取,包括货物属性、库位及库架分类等,无须通过人工一一辨认。仓储信息自动识别功能是通过与后台服务器的连接,在自动抓取信息基础上,实现信息自动识别,快速验证出入库货物信息、库内货物正确堆放信息等。仓储信息自动预警功能是通过信息系统程序设定,对问题货物进行自动预警,提前应对。仓储信息智能管理功能是自动生成各类单据,为供应链决策提供实时信息。

智慧仓储项目的工作单元包括软件单元、硬件单元、网络单元、管理单元四大部分。其中,智慧仓储的软件单元为智慧仓储管理信息系统,主要包括基本信息管理模块、货物出入库管理模块、货物盘库管理模块、标签、阅读器管理模块、货物预警模块与智慧仓储管理模块等 7 大模块。硬件单元包括 RFID 电子标签、读写器、阅读器、RFID 电子标签打印机、服务器、终端、仓库基础设施等。网络单元由计算机有线网络及无线网络组成。管理单元是指一套基于智慧仓储的管理业务流程与规范,主要包括出入库、盘库、移库作业流程及相应的规范要求。

2. 库存规划的管理技术

(1)仓库设计的五个原则。

仓库设计的五个原则包括:负载单元化、立体空间利用率最大化、仓库高度最优化、最小化内部移动、提供安全的工作环境。

(2)进货入库管理进货入库作业是在接到货物入库通知单后所进行的进货计划准备、接运、卸货、拆装、分类标示、检查票据、验收货物、办理入库手续等一系列活动,其核心环节是接运、验收和建档。进货入库管理的基本要求是:保证入库商品数量准确,质量符合要求,包装完整无损,手续完备清楚,入库迅速。

(3)储存保管管理。

货物保管是在一定的条件下,为保持货物的使用价值而进行的合理储存和科学养护。货物在仓库中的储存方式主要有就地堆码和置于货架两大类。而货物的具体储存位置则需要按照一定的储存策略和原则来确定。

(4)交货出库管理。

交货出库是仓储业务的最后一个环节,是物流企业根据客户或业务部门开出的出库凭证,按其所列货物的名称、规格、数量和时间、地点等项目,组织验单、登账、分拣配货、包装、复核、提货发运、交付、销账等一系列工作的总称。

实训条件与组织

1. 实训条件:物流工程专业实训室。
2. 实训组织运行要求:分组实训,6人/组,每组选出一名组长,负责本组实训过程的组织与管理。每次实训可以推选不同的组长,使每位同学都有锻炼的机会。

实训内容

1. 实训素材

(1)双汇冷链物流运输系统(案例素材选自G7易流官网https://www.g7e6.com.cn/)。

双汇物流投资有限公司(简称双汇物流)是双汇集团下属的从事物流管理和物流业务的

专业化冷藏物流公司，成立于2003年，注册资金7000万元，总部位于河南省漯河市。公司被评为国家AAAAA级物流企业、国家五星冷链物流企业，是中国冷链物流行业的领军企业之一。双汇物流深耕冷链物流20年，每年为社会提供超500万吨保鲜品质肉类食品，并且保证大部分区域可以做到朝发夕至，可视化车队管理，全程保鲜不脱温，这是因为一套强有力的物流网络和运营管理系统在做支撑。

G7易流（下称G7）是全球领先的物联网软件服务公司，致力于提升产业生产力，让所有产业贡献者感受物流数字化带来的美好改变。公司面向生产制造与消费物流行业的货主及货运经营者提供软硬一体、全链贯通的SaaS服务，包括订阅服务（车队管理、安全管理）与交易服务（数字货运、数字能源、智能装备、物联保险），帮助他们提升企业经营效率、降低成本、改善安全，从而获得持续的增长和商业成功。G7易流的品牌应用包括财运通、智能管车、数字货仓、数字能源、数字保险、端到端可视、运力供应链等，为客户提供全方位的物流数字化解决方案。

2016年，双汇物流找到了G7，合作的初衷是因为双汇物流意识到伴随规模扩大，冷链的数字化转型迫在眉睫。合作至今，双汇物流实现了持续降本增效。

①传统车队管理场景IoT数字化升级。

G7为双汇物流提供了"G7安全管家+在途温度管理+车辆匹配系统"全方位的数字化货运科技服务。通过安装IoT主动安全设备、冷链温控设备，将双汇物流冷链车辆行驶数据、货物温度、位置变化数据，司机驾驶行为等数据汇聚到G7平台，再通过G7算法和软件开发能力，将数据要素转化成为双汇物流量身定制的在途安全管理、在途温控管理SaaS服务，助力双汇物流车队管理数字化升级。

②车货匹配线上化，为扩大经营蓄力。

共建车货匹配平台，高效整合社会运力，帮助双汇物流建设车货匹配系统，将优质社会运力整合起来，空闲运力清晰可见，一键导入订单、批量发布运输任务，司机可在线议价，让双汇物流能够在公开的市场上，以更合理的价格匹配运力。解决双汇物流面对业务高峰及承接外部货物运输而导致的运力不足和成本居高不下的问题，保障双汇物流获得充足运力和优质运价，为扩大经营蓄力。

③IoT助力企业自营物流进化转型。

安全事故率降低51%：双汇物流实现由被动安全处理，到主动安全防护，可实时监控司机在途驾驶状态，并有全程视频和数据帮助统计和分析危险事件。接入G7安全管家设备后，双汇物流年事故率降低51%，车辆保费下降30%。在途温控不合格率下降50%：加装G7 IoT温控设备后，一旦脱温就自动报警，及时通过微信通知、电话通知等形让管车负责人及时管控，通过G7温控管理服务，双汇物流在途温控不合格率下降50%，车辆失温数量为0。车货匹配线上化，每单成本降幅超3%：通过G7车货匹配系统，双汇物流车货匹配每单成本降幅超3%，这大大缩减了运营的成本，2021年上半年成本降低了360万。

（2）京东物流"亚洲一号"智能物流园。

京东物流"亚洲一号"是京东自建的智能物流园区，是亚洲电商物流领域最具有代表性的智能仓群之一。2014年，第一座超大型智能物流中心"亚洲一号"在上海建立，其规划建筑面积达20万平方米，一期投入运行的定位是中央商品仓库，总建筑面积约为10万平方米。作为B2C行业内建筑规模最大、自动化程度最高的现代化物流中心之一，上海"亚洲一号"拥有自动化立体仓库（AS/RS）、自动分拣机等先进设备，在硬件设备上具有显著优势。同时，仓库管理、控制、分拣和配送信息系统等均由京东公司开发并拥有自主知识产权，整个系统均由京东公司总集成，90%以上操作已实现自动化。

"亚洲一号"分为四个主要区域：立体仓库区、多层阁楼拣货区、生产作业区和出货分拣区。其中，立体仓库区实现了自动化高密度的储存和高速拣货能力；多层阁楼拣货区实现了京东巨量SKU的高密度存储和快速准确的拣货和输送能力；生产作业区采用京东自主开发的任务分配系统和自动化输送设备，提高了劳动效率；出货分拣区则采用代表全球最高水平的分拣系统，分拣处理能力超过20000件/小时，分拣准确率高达99.99%。此外，"亚洲一号"通过智能的WMS系统打通各环节的人货数据和操作步骤，在仓库内搭建大型成套的货物储存、分拣、处理设备，实现软件、硬件、员工作业一体化协同和智能物流模式的创新。"亚洲一号"主要功能有以下几个方面。

①自动化存储与拣选。

立体仓库区：利用自动存取系统（AS/RS系统），实现自动化高密度的储存和高速拣货能力。库高可达24米，存储能力强大。多层阁楼拣货区：采用现代化设备，实现自动补货、快速拣货、多重复核手段以及多层阁楼自动输送能力，确保京东巨量SKU的高密度存储和快速准确的拣货。

②智能分拣。

出货分拣区：采用全球最精准、高效、节能环保的交叉皮带分拣系统，分拣速度高达2.2m/s，处理能力约20000件/小时，分拣准确率高达99.99%。自动化输送系统：全长6.5km、最高速度达2m/s的输送线遍布全场，确保流量均衡，输送能力达到15000包/小时。

③智能大脑WMS。

"智能大脑"WMS系统在智能排产、包装耗材的智能推荐、拣货路径优化等方面进行了大量创新，是"亚洲一号"智能体系高效运转的核心。在分拣中心，"智能大脑"能够在1分钟内完成千亿次计算，确保分拣和配送的高效性和准确性。

④全面升级的设备和技术。

京东物流在"亚洲一号"中大量应用了行业前沿的自动化设备，如立体仓库、地狼仓、天狼仓等，运营效率均是传统仓库的至少3倍以上。机器人自动打包机的订单处理速度更是传统仓库的5倍以上，大幅提升了仓储和分拣效率。

⑤人机协同作业。

"亚洲一号"不仅依赖自动化设备，还实现了人与机器混合作业的多场景、大范围使用，如人机CP（人机协同）等，进一步提升了仓储和分拣的效率和准确性。

2. 小组讨论内容

在组长的协调与组织下，每位小组成员至少选择下面一个问题进行讨论。

（1）结合双汇物流与G7合作的案例，谈谈你对智慧运输的认识。

（2）在双汇物流与G7合作的案例中，体现了哪些智慧运输关键技术？

（3）在双汇物流与G7合作的案例中，体现了哪些智能配送数据管理技术？
（4）结合京东物流"亚洲一号"智能物流园案例，谈谈智慧仓储的特征。
（5）京东物流"亚洲一号"智能物流园案例体现了智慧仓储的哪些功能？
（6）京东物流"亚洲一号"智能物流园案例中智慧仓储的结构是怎样的？

> **思考题**
>
> ❶ 你认为双汇冷链物流还可以从哪些方面利用物联网技术进行优化？
> ❷ 你认为京东物流"亚洲一号"智能物流园的仓储业务还可以优化吗？怎么优化？

考核要求及标准

1. 考核要求

本次课从课堂表现和实训报告两个方面进行考核。课堂表现方面，要求学生不旷课、不迟到早退，认真分析资料、做好记录，积极参与讨论，完成个人任务，课后写出实训报告。根据案例资料，分析其中智慧物流的运作情况，结合所学智慧物流的知识，分析其运作理论基础，对于其中分析不了的现象进行探索性学习，扩展知识面。实训报告方面，每个小组提交一份实训报告，使用学校统一印发的实训报告纸，内容完整。

2. 考核标准

本实训项目的考核标准见表6-3。

表 6-3　　考核内容及权重明细表

考核内容	权重	评分要求与标准
课堂表现	50%	考勤10分，小组成员个人任务完成情况40分，共50分。小组内成员有迟到或早退现象按人次扣5~10分，小组内成员有旷课的、该组的课堂表现成绩为0分。根据小组成员个人任务完成情况赋分0~40分
实训报告	50%	实训报告的完成质量，从内容的完整性、问题分析的全面性、优化措施或改进建议的合理性、心得体会等方面进行考核

其他说明

本次实训资料选自G7易流和京东物流官方网站，在此表示感谢。在实际教学过程中，也可以选择相关视频资料作为案例分析素材的补充。社会在不断进步，智慧物流在不断发展，分析的素材也要不断更新，与时俱进。

实训四 ｜ 智慧物流应用分析与开发设计

实训目的

1. 掌握智慧物流系统的运作原理与管理方法

通过实训，学生应深入理解智慧物流系统的基本概念、核心技术和主要功能模块，如仓储管理、运输管理、配送管理、订单处理等。同时，学生需要掌握智慧物流系统的运作原理，包括数据采集、信息处理、决策支持等方面的内容。

2. 增强物流管理与创新能力

通过实训，学生应能够综合运用所学知识和技能，解决实际物流管理中遇到的问题，培养创新思维和创业意识，关注物流行业的新技术、新模式和新业态，探索智慧物流在供应链管理、客户服务、可持续发展等方面的应用前景。

3. 提升物流管理与创新能力

了解智慧装备布置与精益设计，明确选址、布置等在装备设计中的重要性，树立正确的"智慧物流观"，激发效率意识、服务意识、安全意识、创新意识等。通过实训，学生将能够提升物流管理与创新能力，为未来的职业发展打下坚实基础。

实训准备

1. 复习最近学习的智慧物流知识。
2. 从网络搜集智慧供应链、智慧冷链物流的相关信息。
3. 材料准备：学习用具。

知识链接

1. 智慧装备布置与精益设计

装备选址的方法加权因素法、德尔菲模分析模型。

装备布置基本形式：按工作流程形式分类：工艺原则布置、产品原则布置、成组技术布置；按系统功能分类：存储布置、销售布置、工程项目布置。

精益思想的原则是：精确地确定特定产品的价值；识别出每种产品的价值流；使价值不间断地流动；让用户从生产者方面拉动价值；永远追求尽善尽美。

2. 智慧物流绩效管理

智慧物流的绩效评价指标与传统物流的绩效评价指标的不同。

（1）智慧物流对于技术的应用更加深入。

（2）智慧物流趋向于实现更高的可视化。

(3)智慧物流能够对其所涉及的各种信息进行更强的整合。

3. 智慧物流系统绩效评估指标的选择

(1)基础设施。

(2)信息技术。

(3)人才队伍。

(4)物流经济。

(5)企业运营。

4. 供应链运作参考模型的概念

供应链运作参考模型（supply chain operations reference model，SCOR）由供应链协会（SCC）提出，它是一个过程参考模型，实现了业务流程、度量标准、最佳实践以及技术特点的有机集成，为开展供应链分析提供了一个独特框架。

5. 我国企业智慧物流评价体系构建中存在的问题

(1)绩效评价的内容不全面。

我国很多物流企业在进行智慧物流全过程绩效评价的体系构建过程中，没有全面的绩效评价内容。

(2)历史成本的编制不合理。

对于历史成本的编制不合理也是我国很多物流企业在进行物流管理绩效评价体系构建的过程中存在的一个问题。历史成本编制不合理指的是企业在对以往的物流管理绩效评价数据的编制没有做到前后兼顾的问题。

(3)权重设置不合理。

目前我国很多企业在权重设置上不合理，权数具有非常大的主观性，这就会导致企业物流管理绩效评价的客观性和真实性大打折扣。

6. 智慧物流全过程评价体系建立的原则

(1)整体性原则。

(2)经济性原则。

(3)客观性原则。

(4)科学性原则。

(5)定性和定量结合原则。

(6)可比性原则。

(7)可操作性原则。

7. 智慧物流绩效评价方法

(1)熵权法。

熵权法是从客观的角度求解权重，和问卷、打分等主观性较强的方法比，熵权法可以从数学的角度出发，进一步解释数据的意义。

(2)层次分析法。

层次分析法（AHP法）是一种基于多目标层次结构，根据主观判断从而计算出一整套的备选方案相对重要程度的综合评价方法，是一种多目标决策方法，它的独特之处便是不仅从定性层面进行考虑，同时也考虑了定量层面。

（3）模糊综合评价法。

模糊综合评价法一种基于模糊运算的综合运算，是以模糊数学为基础、应用模糊关系合成原理，根据性能物流和信息函数间建立的隶属函数从而确定最大隶属度的原则进行识别准则的评价方法。

（4）数据包络分析法。

DEA是按照多指标投入和多指标产出，对同类型单位进行有效性评价的一种方法。它根据组关于输入输出的观察值来估计有效生产前沿面，是非参数的统计分析。

（5）关联分析技术综合评价法。

在灰色系统综合评价中，最主要采用的就是关联分析技术综合评价法，这种方法在实际操作中需要进一步进行探讨。

实训条件与组织

1. 实训条件：物流工程专业实训室。
2. 实训组织运行要求：分组实训，6人/组，每组选出一名组长，负责本组实训过程的组织与管理。每次实训可以推选不同的组长，使每位同学都有锻炼的机会。

实训内容

本实训项目的素材主要来自中央广播电视总台官网（https://www.cctv.com/）。

1. 实训素材

（1）中央电视台《中国三农报道》完善农村冷链物流体系建设、促进冷链物流高质量发展（20230314）。

主要内容：2023年中央一号文件多次提到冷链物流，明确提出加快农产品产地冷藏、冷链物流设施建设，推动冷链物流服务网络向乡村下沉。中国物流与采购联合会副会长兼秘书长崔忠付表示，十年来我国冷链物流发展取得诸多成就，农村冷链物流体系建设不断完善。

（2）中央电视台《央视财经评论》冷链"锁"鲜 提升"舌尖上的幸福"（20230330）。

主要内容：工信部等十一部门联合印发《关于培育传统优势食品产区和地方特色食品产业的指导意见》，提出加强预冷、贮藏、保鲜等农产品冷链物流基础设施建设，补齐食品原料"最先一公里"短板。本期邀请杨富江、姜楠一起探讨冷链"锁"鲜，提升"舌尖上的幸福"。

（3）中央电视台《朝闻天下》冷链物流产业观察（202302023）。

该报道大量采用了玉湖冷链（成都）交易中心项目实景及宣传片作为背景，并采访了玉湖冷链成都公司总经理李江涛，报道了项目相关情况，玉湖冷链已经成为行业及城市的名片。

2022年10月，国家发展改革委公布了"2022年国家骨干冷链物流基地建设名单"，成都榜上有名，玉湖冷链成都项目是其中的重要组成部分。本次央视新闻报道专门提到，成都青白江区正掀起冷链"新基建"热潮。为具体了解成都冷链物流基地建设情况,央视新闻记者选定了玉湖冷链作为此次专题报道的重点案例。2023年2月14日,记者来到玉湖冷链(成都)交易中心项目现场,在招商中心沙盘展示区、项目物流区等场所进行了实地采访。报道提到,作为国家骨干冷链物流基地的重要承载地,成都国际铁路港正寻求从传统的仓储物流向综合物流的方向转变。玉湖冷链项目由跨国企业(香港玉湖集团)投资,正在紧张建设中,将打造为集进出口贸易、冷链仓储、电商、物流配送等功能于一体的综合现代服务业产业交易园区。李江涛在接受采访时表示:"我们都是要尽量打提前量,确保在今年年底把我们整个工程建设,包括设备的安装调试全部完成。"

中国物流与采购联合会冷链物流专委会秘书长秦玉鸣在报道中表示,国家的"十四五"冷链物流发展规划发布之后,从各部委到地方政府也在纷纷出台支持冷链行业发展的政策,整个政策环境非常好。报道还提到,经过几年的发展,如今的青白江区已经不再满足于普通物流项目的引进,正在从单纯的通道服务向具有更高附加值的产业链方向发展。成都市青白江区副区长窦川在报道中表示,现在已经到了一个转型升级、提质增效的阶段,青白江区的优势是在于可以链通整个国际国内两个市场,可以真正把扩大内需的战略和贸易强国的战略实施落地,对此青白江区很有信心。

(4)《朝闻天下》一线调研·冷链物流产业观察(20230227)。

冷链物流作为保障食品安全、提升农产品附加值的重要手段,近年来在我国得到了快速发展。该系列报道旨在通过实地调研,展现冷链物流产业的现状、问题与发展趋势,为行业健康发展提供参考。报道内容主要有以下几个方面。

①冷链物流基础设施建设。报道关注了冷链物流基础设施的建设情况,包括冷库、冷藏车等关键设施的数量、分布及使用情况。例如,成都青白江区等地积极建设冷链"新基建",提升冷链物流的承载能力和服务质量。

②冷链物流技术与创新。报道介绍了冷链物流领域的新技术、新工艺,如温湿度传感器、GIS、GPS、4G等技术在冷链物流中的应用,以及这些技术如何提升冷链物流的智能化、自动化水平。同时,报道还关注了冷链物流企业的创新实践,如通过优化物流路径、提高装载率等方式降低成本、提升效率。

③冷链物流市场需求与趋势。报道分析了冷链物流市场的需求情况,包括农产品、生鲜电商等领域对冷链物流的需求增长。同时,报道还预测了冷链物流产业的发展趋势,如冷链物流网络将更加完善、冷链物流技术将更加先进等。

④冷链物流政策与监管。报道关注了政府对冷链物流产业的政策支持和监管措施,包括出台相关政策、加强行业监管等方面。报道还分析了这些政策对冷链物流产业发展的影响,以及未来政策可能的变化方向。

(5)《创新进行时》我在高原做物流:农产品溯源系统(20230629)。

农产品溯源系统是指追踪农产品(包括食品、生产资料等)进入市场各个阶段(从生产到流通的全过程)的系统。它涉及农产品产地、加工、运输、批发及销售等多个环节,有助于质量控制和在必要时召回产品。该系统可实现以下功能。记录与存储信息:将农产品生产、加工、销售等过程的各种相关信息进行记录并存储;查询与认证:通过食品识别号在网络上对该产品进行查询认证，追溯其在各环节中的相关信息；监管与召回：监管部门可利用系统进行市场监督检查，快速定位问题农产品的来源、批次和流向，在出现食品安全问题时及时采取召回措施；种植生产环节：记录种子来源、播种时间、种植区域的土壤肥力和灌溉水质情况、化肥和农药的使用种类及剂量、农事操作（如修剪、授粉等）的日期等信息。

（6）2024年第二届中国国际供应链博览会绿色农业链展区麦当劳供应链简介（20241129）。

绿色农业链展区展示了从"田园"到"餐桌"的农业全产业链融合发展。这一展区体现了食物从田间地头到餐桌舌尖的全过程，涵盖了农业研发、生产、加工、储运、销售、品牌、体验、消费、服务等各个环节。绿色农业链的特点在于其全程可追溯性，确保食物的安全与品质。展区内的企业展示了从种子到农产品的绿色种植方式，以及智能制造、保鲜科技、冷链物流等先进技术，这些技术共同保障了农产品的口感、营养和安全性。此外，展区还展示了变废为宝的循环模式，如果皮果渣发酵成动物饲料、养殖场废水废肥处理成有机肥等，这些模式加深了绿色农业链的底色。

2. 小组讨论内容

在组长的协调与组织下，每位小组成员至少选择下面一个任务进行讨论。

（1）请分析素材1中的农产品供应链，设计出农产品供应链管理系统总体框架。

（2）素材2、素材3、素材4的内容体现了我国冷链物流系统集成发展怎样的现状？

（3）素材2、素材3、素材4的内容体现了我国冷链物流系统集成存在什么需求？

（4）基于素材2、素材3、素材4的内容，请设计出我国冷链物流行业智慧冷链物流公共信息平台总体结构图。

（5）根据素材5的内容，分析西藏天麻溯源信息平台技术体系中用到的物联网技术。

（6）素材6体现了智慧供应链管理哪些功能？

> **思考题**
>
> ❶ 通过分析素材，你对我国智慧冷链物流发展有怎样的看法？
> ❷ 你身边的冷链运作在连续性、质量、成本等方面是怎样的？

考核要求及标准

1. 考核要求

本次课从课堂表现和实训报告两个方面进行考核。课堂表现方面，要求学生不旷课、不迟到早退，认真分析资料、做好记录，积极参与讨论，完成个人任务，课后写出实训报告。根据案例资料，分析其中智慧物流的运作情况，结合所学物联网与现代物流的知识，分析其运作理论基础，对于其中分析不了的现象进行探索性学习，扩展知识面。实训报告方面，每个小组提交一份实训报告，使用学校统一印发的实训报告纸，内容完整。

2. 考核标准

本实训项目的考核标准见表6-4。

表 6-4　　　　　　　　　　考核内容及权重明细表

考核内容	权重	评分要求与标准
课堂表现	50%	考勤表现10分，小组成员个人任务完成情况40分，共50分。小组内成员有迟到或早退现象按人次扣5~10分，小组内成员有旷课的、该组的课堂表现成绩为0。根据小组成员个人任务完成情况赋分0~40分
实训报告	50%	实训报告的完成质量，从内容的完整性、问题分析的全面性、优化措施或改进建议的合理性、心得体会等方面进行考核

其他说明

本次实训资料选自央视网，在此表示感谢。在实际教学过程中，也可以选择相关视频资料作为案例分析素材的补充。社会在不断进步，智慧物流在不断发展，分析的素材也要不断更新，与时俱进。

第七章
供应链管理实训

　　本章的实训主要是模拟运营一家生产制造型企业，在有限的市场中通过供应链运营优化来实现企业利益的最大化。本章实训需要学生组建团队，团队成员分别担任供应链总监、营销经理、采购经理、生产经理、物流经理的角色，通过融资贷款、市场投标、供应商管理、采购计划编制、工厂选址及建设工厂、生产计划编制、物流计划编制等一系列工作对企业进行供应链运营管理。实训结束后根据五项评分指标：净资产、市场占有率、库存周转率、准时交货率、现金流管理进行实训成绩评定。

　　本章的实训项目运用经验学习循环理论，让参与者通过"体验—反思—归纳—应用"四个阶段完成学习历程，循序渐进地提升供应链管理水平。

　　本章的实训项目以能力培养为导向进行设计，实训以团队竞赛的形式展开，在竞赛过程中运用供应链知识，发挥团队合作精神，设计合理的运营管理策略，并高效执行相关操作，全面地展示了一家企业的真实供应链运营管理全过程。通过实战沙盘模拟，能从供应链运营、供应链管理、供应链监控三个层面以及战略规划、分析决策、团队协作、沟通协同、运营优化、网络布局、产销平衡、数据分析、风险管控等多个维度对人员的能力培养起到促进作用。

实训 | 供应链管理运营实战

实训目的

1. 供应链运营层面上培养学生严谨周密的思维方式、系统思维能力、供应链整体运营规划与设计能力、培养学生团队合作和沟通协调能力、培养学生战略分析规划与决策能力等,学会如何通过数据分析获取相关的信息做出相应的策略调整。

2. 供应链管理层面上培养学生的营销管理与市场分析能力、采购管理与计划执行能力、生产管理与运营优化能力、物流管理与计划优化能力、库存管理与控制优化能力、设施管理与规划布局能力。

3. 供应链监控层面上培养学生的合同协议理解与分析能力、财务管理与成本控制能力、金融业务分析与管控能力、数据分析与风险管控能力。

实训准备

1. 提前熟悉供应链实战平台的基本功能及相关案例背景。
2. 提前熟悉供应链实战平台的运营规则。
3. 了解实训报告的撰写要求。

知识链接

供应链整体运营规划与设计;营销管理与市场分析;采购管理与计划执行;生产管理与运营;物流管理与计划优化;库存管理与控制;设施管理与规划布局;合同管理;财务管理与成本控制;金融业务分析与管控;数据分析与风险管控。

实训条件与组织

1. 实训条件

计算机、供应链时代实战平台软件。

2. 实训组织

(1) 四人组成一个团队,分别担任生产经理、营销经理、采购经理、物流经理,并且共同进行供应链的规划与协调。

(2) 给实训班级和学生分配账号。

实训内容

本实训项目可分为以下六个任务。

任务一 供应链时代实战平台规则讲解

本任务共4学时，实训内容与要求如下。

（1）介绍供应链时代实战平台的基本功能及相关案例背景。

（2）讲解供应链时代实战的基本规则，重点讲解供应链运营战略规划，学生明确角色分工和职责，掌握运营规划和操作要点。

（3）教师讲解基本的操作流程。

任务二 个人模拟练习及问题解答

本任务共6学时，实训内容与要求如下。

（1）学生通过任务一中的平台介绍、规则讲解、操作视频等方式学习相关实战平台的操作，掌握运营规划的思路和方法。

（2）实训内容主要包括：市场分析、财务及信用分析、供应链销售管理、供应链采购管理、供应链生产管理、供应链配送管理、供应链绩效评价方面。

任务三 团队练习赛

本任务共6学时，实训内容与要求如下。

组织学生分组分角色运用供应链运营战略规划思路进行模拟对抗，培养团队合作能力、解答对抗中遇到的问题，给出相应的解决方案。

任务四 第一场团队实战比赛及综合分析

本任务共3学时，实训内容与要求如下：组织学生进行第一场团队实战比赛并进行竞赛结果分析，运用系统提供的数据分析图表，分析各团队、各角色的运营管理思路，各团队分析总结运营中的经验及不足。

任务五 第二场团队实战比赛及综合分析

本任务共3学时，实训内容与要求如下：组织学生进行第二场团队实战比赛并进行竞赛结果分析，运用系统提供的数据分析图表，分析各团队、各角色的运营管理思路，并与第一场比赛进行对比分析，各团队分析总结运营中的经验及不足。

任务六 运营报表分析、运营反思及报告撰写

本任务共2学时，实训内容与要求如下：以分组汇报、答辩或研讨的方式对实战训练中的问题和经验教训进行分析总结，学生撰写实训报告。

实训步骤

1. 认识供应链时代实战平台

学生使用个人账号登录系统后可看到系统首页，包括【我的竞赛】【个人练习】【案例背景】。

（1）我的竞赛。点击系统首页左侧【我的竞赛】菜单进入竞赛列表，可查看当前账号参与过或待参与的竞赛及个人练习，默认显示最近五次竞赛。

（2）个人练习。点击系统首页左侧【个人练习】菜单进入个人练习发布界面，所有人均可在该界面自行发布练习赛。该界面设置内容：练习速度、练习周期、市场规模、市场曲线，可直接点击【开始练习】按钮，系统将会根据默认参数开始个人练习。团队任一成员发布个人练习后，该团队的其他队员均可在【我的竞赛】界面看到该场练习。

参数设置说明：

【练习速度】：即系统运行的模拟速度。

【练习周期】：即本次练习模拟天数。

【市场规模】：单人市场即该市场对产品的需求量比较小，市场规模小；多人市场即该市场对产品的需求量比较大，市场规模比单人市场的大。

【市场曲线】：随机市场即系统从爆发型、周期型、波动型三种类型市场中随机选择。自定义市场即自行调整市场规模。

①爆发型。

特点是市场需求开始增长比较缓慢，在达到一个临界点之后，会呈现爆发式增长的趋势，而后又逐渐下降趋于平缓。

②周期型。

表示在一定时间范围内，按照一定的时间间隔，需求有规律的起伏波动。

③波动型。

表示在一定时间范围内，需求没有规律的起伏波动。

④自定义市场。

自定义市场即自行调整市场规模。

（3）案例背景。点击系统首页左侧菜单栏的【案例背景】，可在此查看系统的案例背景及模拟流程示意图。

2．竞赛功能

（1）进入竞赛。所有角色均有【个人练习】功能，所有用户都可以创建并进入个人练习。

（2）流程说明。竞赛团队模拟运营一家虚拟企业的供应链全过程，模拟对抗过程采用即时战略模式，进度以天为单位，可进行融资贷款、市场竞标、工厂选址、生产管理、产能升级、品质提升、供应商协议签订、原料采购、仓储管理、配送管理等环节的操作。用户可在竞赛开始前通过【案例详情】进行市场分析、客户分析、供应商分析、区域配套分析等，确定供应链运营整体思路。模拟周期结束后，系统会根据发布竞赛时设置的指标占比自动评分。具体内容见图7-1。

图7-1　竞赛导航栏

功能说明：
> 【框1】：可通过点击此处的不同栏目进入相应界面完成资金管理、招投标、签署采购协议、制订采购计划、建造工厂和仓库、配送等一系列操作。
> 【框2】：点击【竞赛看板】按钮，可随时通过不同维度查看并分析各团队的经营情况。
> 【框3】：点击【案例详情】按钮，查看本场竞赛涉及的相关数据，用户可依此进行运营统筹规划。
> 【框4】：点击【案例首页】按钮，返回到系统首页。
> 【框5】：可在此处查看当前竞赛的模拟日期及运行状态。将鼠标移动到模拟日期上，系统会显示本场竞赛的相关参数，包括：竞赛时长、竞赛速度、竞赛周期、每季度的暂停模式时长、赛事名称、当前场次、当前用户。

（3）案例详情。

参赛团队进入竞赛后，可先进入案例详情界面查看本场竞赛的相关情况，包括：市场热图、城市列表、客户资料、供应商资料、案例描述。教师角色可以通过【框1】处对竞赛进行【暂停】【运行】【结束】的操作。

①市场热图。

市场热图的主要作用是让运营人员能够尽快了解市场需求分布情况，并能根据市场需求热度的月度变化情况、季度变化情况、年度变化情况等综合考量整体的供应链规划思路，同时考虑市场竞争的变化趋势，进而提前做好应对措施。

点击导航栏中的【市场热图】栏目，进入市场热图界面。该界面显示了本场竞赛周期内各个区域的市场需求分布情况，颜色越红的地方表示该区域的需求量越大。可通过界面左侧【市场热图显示选项】中的柱状图大致了解每个月的市场需求。

②城市列表。

点击导航栏中的【城市列表】栏目，进入城市列表界面。该界面显示了本场竞赛中各大城市的基本信息，包括：城市名称、城市相应参数（地价、劳动力成本系数、劳动力成熟度）、工厂及仓库的成本测算，该界面内容将对后续工厂和仓库的选址起到指导作用。可通过【框1】中的不同关键字对城市列表进行排序，点击【框2】中的参数可对该城市下不同规模工厂的建造成本和加工成本进行测算，点击【框3】中的参数可对该城市下不同规模仓库的建造成本进行测算，如图7-2所示。

属性说明：
> 【城市】：该属性中的日期表示该城市从几月份开始发布招标订单。
> 【地价】：该属性为当前城市的土地单价，将影响在该城市建造工厂或仓库所需支出的土地费。
> 【劳动力成本系数】：该属性为当前城市的人力成本的高低，劳动力成本系数越高，产品的单位加工成本越高。
> 【劳动力成熟度】：该属性为在当前城市建造工厂后的初始生产合格率。
> 【建造成本测算】：该属性为在当前城市建造不同规模工厂或仓库所需的费用。建造成本＝土地费（建筑物面积×地价）＋建设费（根据工厂或仓库的规模确定）。

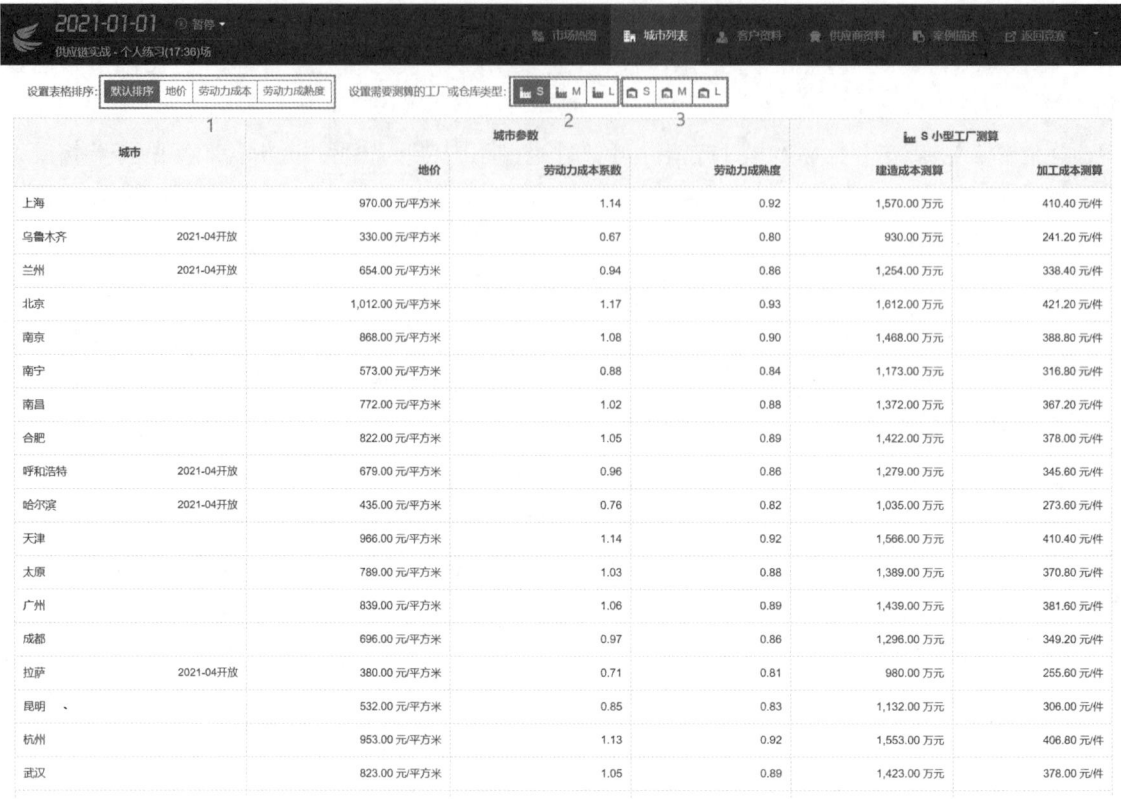

图7-2 城市列表

> 【加工成本测算】：该属性为当前城市生产的单位加工费用。加工成本测算＝初始加工成本×劳动力成本系数。

③客户资料。

点击导航栏中的【客户资料】栏目，进入客户资料界面。该界面显示了本场竞赛中的所有客户信息，包括客户名称、需求预测、包含城市、招标评分标准、重点客户标识。该界面内容主要用于市场分析，为后续的投标策略提供重要依据。

属性说明：

> 【客户】：该属性为当前客户名称。
> 【需求预测】：该属性为当前客户在本场竞赛中的预计需求货量。
> 【包含城市】：该属性为当前客户所涉及的城市。
> 【招标评分标准】：该属性为当前客户招标时四项指标的评分占比。
> 【重点客户标识】：可通过点击【设置重要标识】按钮对重点客户进行标记，设置后将出现【旗帜】图标，并且将该信息反馈到竞赛中的【招标中心】界面，方便在后续投标时及时关注到重点客户。

④供应商资料。

点击导航栏中的【供应商资料】栏目，进入供应商资料界面。该界面显示了本场竞赛中每种原料所涉及的5家供应商信息，包括供应商名称、所属城市、供货价格、最低供货价格、最低首付、供货能力（当前产能、现货库存、库存范围、最快响应时间、履约能力）。该界面为后续的供应商选择提供重要依据，可通过左上方【红框】中的不同关键字对供应商资料列表进行排序。

属性说明：

> 【城市】：该属性为供应商所在的城市。
> 【供货价格】：该属性为当前供应商提供的原料的市场报价。
> 【最低供货价格】：该属性为当前供应商理论上可提供的最低供货价格。最低供货价格 = 供货价格 × （1 - 理论上协议的最大折扣比例）。
> 【最低首付】：该属性为当前供应商可接受的最低首付比例。
> 【当前产能】：该属性为当前供应商的即时日产量。
> 【现货库存】：该属性为当前供应商的即时库存。
> 【库存范围】：该属性为当前供应商的备货库存范围。
> 【最快响应时间】：该属性为当前供应商在接受订单后的预计最快安排发货天数。
> 【履约能力】：该属性为当前供应商产能调整等级，等级越高产能调整幅度越大，履约能力也越高。

⑤案例描述。

点击导航栏中的【案例描述】栏目，进入案例描述界面。该界面展示了案例背景、项目周期、参赛队伍，可在此查看简化后的物料清单（包括：产品/物料名称、计量单位、单位用量、单位体积以及相应的堆存费计算方式）和可用的工厂类型（包括：工厂类型、最大产能、初始加工成本、固定开工费）。当前案例简化后的物料清单（BOM）见表7-1。

表 7-1　　　　　　　　　　　　　　物料清单

产品／物料名称	计量单位	单位用量	描述
基站设备	件	1	单位体积0.50立方，按体积计算堆存费
芯片组	件	2	单位体积0.05立方，按体积计算堆存费
主机箱	件	1	单位体积0.50立方，按体积计算堆存费
电源件	件	1	单位体积0.10立方，按体积计算堆存费

当前案例可用的工厂类型，见表7-2。

表 7-2　　　　　　　　　　　　　　工厂类型

工厂类型	最大产能	初始加工成本	固定开工费
小型工厂	300件/天	360.00元/件	3.60万元/天
中型工厂	600件/天	300.00元/件	6.00万元/天
大型工厂	1200件/天	220.00元/件	8.80万元/天

完成赛前分析后，可通过点击导航栏上的【返回竞赛】按钮进入竞赛平台的操作界面。

（4）财务信用。点击竞赛导航栏中的【财务信用】链接进入财务信用模块，该模块包括两个部分：净资产（账户资金、固定资产+货值、所有负债）、信用评级（信用评分、评级及利率对照）。可在该模块对企业的资金进行相关的管理工作，如：融资贷款等。

①账户资金。

点击左侧【账户资金】链接进入账户资金界面，该界面主要显示企业经营过程中收入、成本以及资金的使用情况，能够清楚地展示公司运营过程中的资金走势，见图7-3。

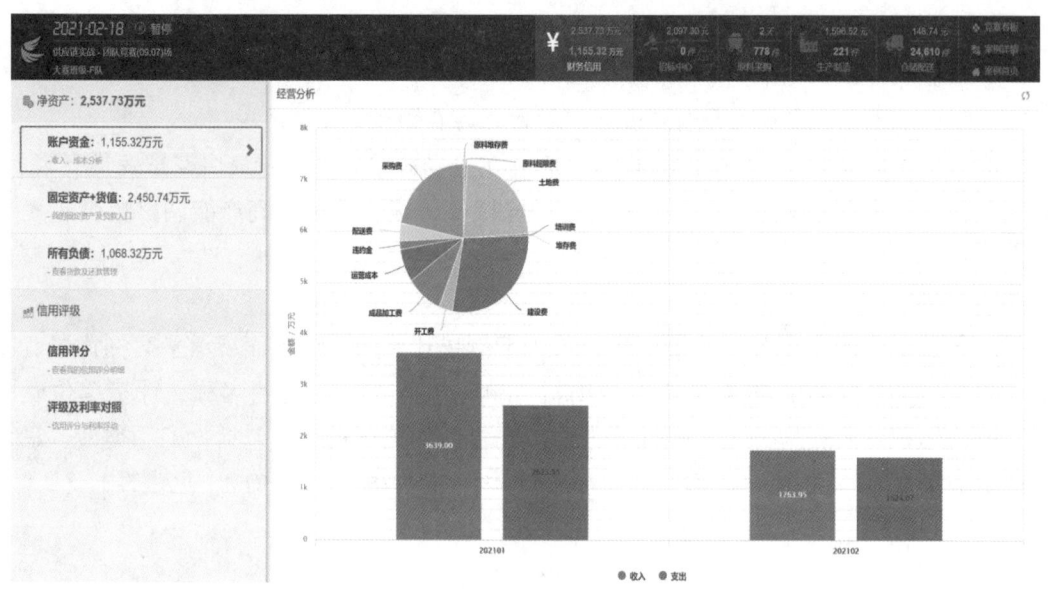

图7-3　账户资金

图7-3中的饼图表示截至目前的成本构成以及每一项成本的占比情况；绿色柱状图表示某个时间范围内的收入情况，红色柱状图表示某个时间范围内的支出情况，可通过点击成本柱进入成本分类显示界面，查看该时间范围内的支出构成，可点击【回到支出】按钮返回。

②固定资产+货值。

当团队出现资金不足的情况，可通过融资的方式获取资金，可用于融资的包括工厂、仓库、货物。但是要注意融资贷款是有成本支出的，需要考虑贷款资金的利用是否能够带来合理的收益。点击左侧【固定资产+货值】链接进入该界面，右侧所展示的是当前已建造的工厂或仓库，信息包括：资产名称、建造日期、固定资产总价值、已折旧价值、固定资产抵押状态、库存商品货值、库存商品抵押状态、库存原料货值。

可通过点击工厂或仓库对应的【融资】按钮，系统将展开选项菜单栏：抵押贷款、转让、库内商品质押贷款。可对工厂和仓库进行抵押或转让操作，也可对库内商品进行质押操作。

工厂或仓库转让后，其库存将被清零。如果工厂或仓库已抵押并且贷款未还清，将无法转让，需将贷款还清后才可进行转让。转让成功后，会在当天收到银行放款。

工厂、仓库、货物的抵押贷款利率根据贷款天数（30天、90天、180天）以及企业当前信用分数决定。注意：无论是抵押工厂或者仓库或者库内商品，贷款的金额都不得低于200万元。贷款审核周期为3天，审核通过当天可获得放款。已经处于抵押状态的工厂、仓库、货物不能再次抵押，如果出现因贷款超期未还款被罚没的情况，则不能再次进行抵押贷款。

③所有负债。

点击左侧【所有负债】链接，可在右侧看到系统考核指标中现金流管理的相关规则、近期待还明细、所有贷款、所有供应商欠款。可在此查看固定资产的抵押情况，每期还款金额，并进行还款操作。

➢【近期待还明细】：展示的是近期待还款的贷款信息，可通过【快速还款】按钮进行还款。

➢【所有贷款】：展示的是所有贷款历史。

➢【所有供应商欠款】：展示的是当前所有的供应商欠款，逾期还款将影响原料采购。

④信用评分。

点击左侧【信用评分】链接，可在右侧看到信用分数的构成明细，上方展示的是当前的信用总分及评级，信用评分每天刷新。可在表格中看到每个评分项的得分及本项用于计分的数值、每个评分项占总分的比例、计分规则，评分项包括：负债比例、营运资金、净资产、库存周转、市场占有率、贷款历史、交货违约、市场信用、队伍素质。信用评分将影响贷款利率和投标的评标分数。

⑤评级及利率对照。

点击左侧【评级及利率对照】链接，可在右侧看到本案例的基准利率以及基于信用评级的利率浮动。

（5）招标中心。点击竞赛导航栏中的【招标中心】链接进入招标中心模块，该模块包括四个部分：中标数据对比、招标清单、标的管理、中标公告。

导航栏的横线上方是中标商品均价，横线下方是正在投标中的商品数量（即：已投标未开标的信息）。

①中标数据对比。

根据各队的投标情况，计算当前团队投标的各项数值，并进行对比，可对后续投标起到非常重要的参考作用。红色表示低于平均值，绿色表示高于平均值。

参数说明如下。

【中标平均分】：汇总统计了所有中标数据的平均中标分数，上方的比率为中标平均分与总体中标平均分的差额比率。

【中标均价】：汇总统计了所有中标数据的平均中标价格，上方的比率为中标均价比总体平均中标均价的差额比率。

【中标率】：汇总统计了投标及中标数据的比例，上方的比率为当前企业中标率与总体中标率的差额比率。

【我的客户】：汇总统计了合作过的客户数量，上方的比率表示合作的客户数与总体平均合作客户数差额比率。

可通过点击【客户分析】按钮查看已中标客户的相关数据，包括客户、总标的金额、金额占比、客户单价、总订单数、合作历史评分，可根据与客户的合作情况执行【设置重点客户标识】或【取消】操作。

②招标清单。

点击【招标中】链接，系统会展示未来10天市场招标清单，负责投标的人员可根据团队制定的招标策略并在此进行投标操作。中标后所得到的首付款计算公式为：中标数量×中标单价×首付比例。

如果有设置重点客户，可在该界面查看到重点客户标识。

点击【投标】按钮会弹出投标界面，在该界面输入本次投标单价，投标价格必须在系统限定的范围内，系统会根据输入的报价自动计算出总报价（注：每次投标都需要支付一定的保证金，开标后退还，若中途撤标则不退还）。

当价格分的评分方式为【最低价】时，系统会显示四项分数在当前时间点的总得分。其中，除价格分数外，其他三项分数仅供参考，实际分数会在开标当天根据运营情况实时计算，因此在设置投标价格的时候也要预估在开标时会获得分数。

当价格分的评分方式为【平均价】时，系统会显示"交付、信用、合作"三项分数在当前时间点的参考分数，价格分会根据开标当天所有投标队伍的投标价格进行综合计算，总得分会在开标当天根据实际情况实时计算。

③标的管理。

该部分内容根据标的状态分为三个页面：【已投标】【已中标】【未中标】，可通过点击不同状态链接切换相应界面。

【未中标】：该界面显示的是未中标和已撤标的数据，包括：客户、价格分评分方式、投标得分等，可通过点击【开标日期】的月份链接进行查看。

【已中标】：该页面显示的是已中标的数据，包括客户、标的状态、招标数量、运输进度、要求送抵日期、配送完成日期、实际结款日期、中标单价、标的总额等。可通过"标的状态"和"运输进度"跟进订单情况，标的状态包括：待配送、配送中、配送完、已解约。点击运输进度中的蓝色链接可查看该订单的运输计划明细。

④中标公告。

点击【中标公告】链接，系统会展示所有招标文件的相关数据，包括：客户、招标数量、投标方数量、价格分评分方式为平均价时的投标均价、中标方、中标单价（中标单价及我方投标单价）、中标得分（中标得分及我方投标得分）等，可通过点击【开标日期】的月份链接进行查看。

（6）原料采购。点击竞赛导航栏中的【原料采购】进入原料采购模块，该模块包括两个部分：供应商管理（供应商列表、我的供货协议、采购应付款）、工厂采购管理。负责采购的人员可通过该模块进行日常的采购管理工作，可在【供应商管理】模块选择供应商并签署采购协议，可在【工厂采购管理】模块下达采购订单。

导航栏的横线上方是剩余原料还能满足多少天生产，横线下方是剩余原料还能生产多少件产品。

①供应商列表。

原料采购前,需先与各个原材料的供货商签署协议,点击左侧菜单栏中的【供应商列表】链接,选择合适的供应商进行协议签订,可通过【框1】对原料供应商进行筛选,如图7-4所示。

图7-4 供应商列表

点击【框2】的【签订协议】按钮,系统会显示该供应商的供货协议。协议包含多项条款,不同条款所享受的折扣比率不同,签署协议时可实时查看【协议总调价幅度】。

【协议有效期】:同一协议,签署的有效期越长,折扣越多。

【合作类型】:独家供货商,在协议有效期内不可再与其他供货商签署协议,只能向该供货商下达协议采购订单;战略供货商,可与多家供应商签署协议,且可同时向多家供货商采购原材料。

【订单响应天数】:即下单后最快多久发货,如订单响应天数为2天,1日下发的订单,在货源充足的时候,3日就会安排发运。订单响应天数越长,折扣越多。

【订货首付比例】:下订单立即支付的首付款,首付比例越高,折扣越多。

【月最低供货量】:每个月必须达到的最低采购量,如未达到该量,则会影响后续的发货优先级。最低采购量的值越大,折扣越多。

【供货量阶梯价格(隐性条款)】:当在本协议下采购累积到不同量级的时候,可享受一定的折扣,累积的量越大,享受的折扣越多。

②我的供货协议。

点击【我的供货协议】链接,可在此查看并管理签署的供货协议,包括协议合作类型、生效期限、协议折扣、平均单价、当前欠款额度(每周计算一次,为供应商最大欠款额度×信用分/100)、续签操作等,如图7-5所示。

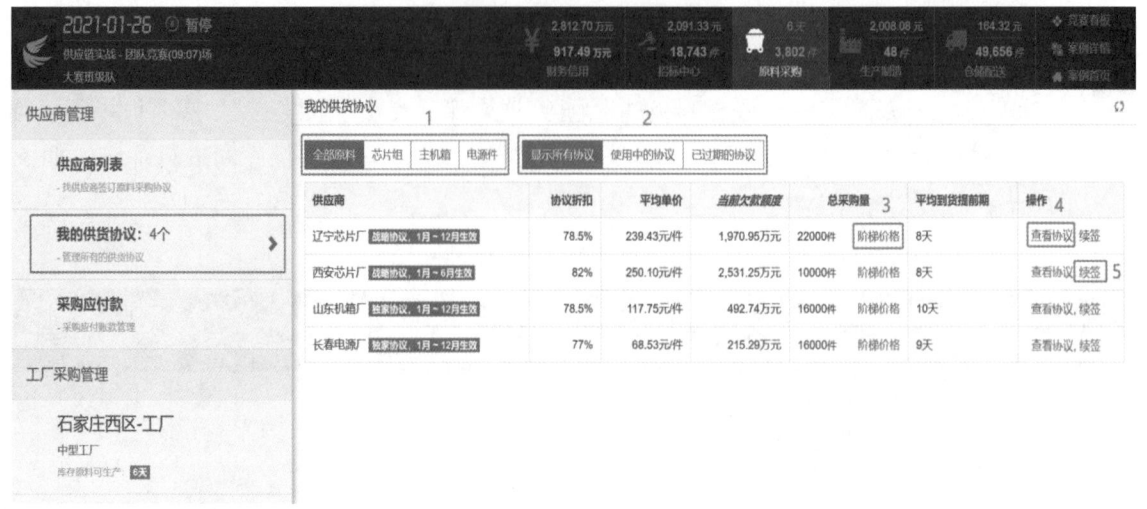

图7-5 我的供货协议

参数说明如下。

【框1】：可通过点击不同原料查看对应的原料供应商的协议签订情况。

【框2】：可通过点击不同协议状态查看对应协议，界面默认显示所有协议。

【框3】：点击【阶梯价格】链接可查看该供应商的阶梯价格折扣。

【框4】：点击【查看协议】按钮，系统会显示该协议内容的具体签署情况。

【框5】：协议到期后，可选择与其他供货商签署协议，也可以在原协议基础上进行续签。续签时，所有条款都与原协议一致，不可更改，只需选择续签的时间范围。点击【续签】按钮，系统会显示［供应商协议续期］窗口。在此选择需要续签的季度，点击【续期】按钮完成续签操作。续签完成后，界面会显示续签完成的协议。

③采购应付款。

协议采购的订单，在下达采购订单时系统会自动按照协议中的首付比例扣减采购首付款，尾款需要手动支付，在原料到货后，可在【采购应付款】界面查看到需要支付的尾款，如图7-6所示。

选中要支付的费用，并点击【框1】的【申请付款】按钮，系统会在当日进行实际的付款动作，可通过【框2】中的相应链接对应付款项进行快速勾选或取消。注意：尾款需要在30天内支付，且每个供应商都有最大欠款额度，如果存在超期或超额的情况，会导致无法下达采购订单。

④工厂采购管理。

完成工厂建设以及采购协议的签署后，可进入工厂采购管理界面进行原料采购，如图7-7所示。

参数说明如下。

【框1】：工厂采购管理界面默认显示协议有效期内的供货情况，可通过点击【所有供货】查看所有协议，包括生效、已失效、未失效。

图7-6 采购应付款

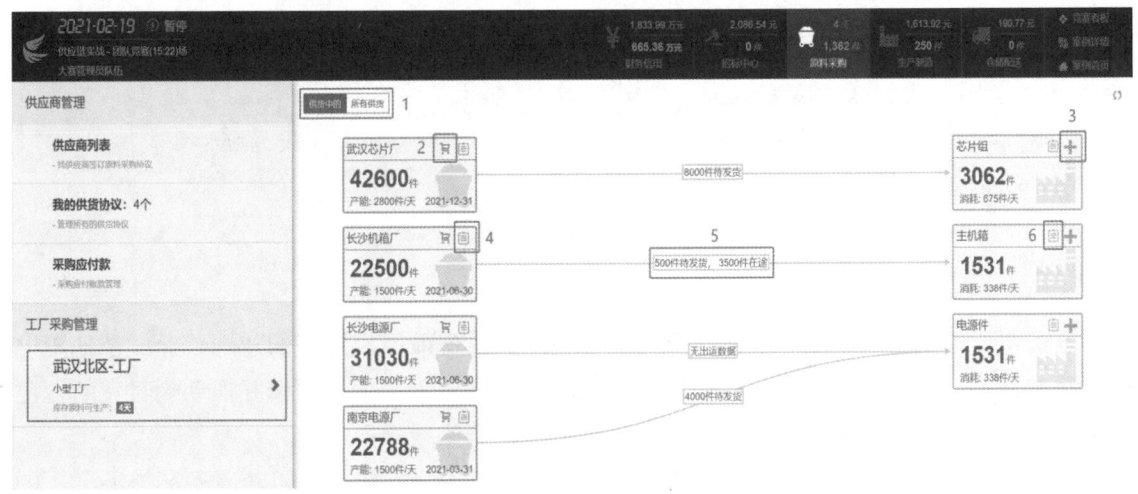

图7-7 工厂采购管理

【框2】：点击此处可进行协议采购操作，系统会弹出采购订单界面。

【框3】：点击此处可进行临时采购操作，系统会弹出临时采购界面。临时采购需要一次性付款，原料采购单价为基础单价的120%，订购数量必须在该供应商的库存范围之内。

【框4】：点击此处可查看该原料供应商的待发货明细。竞赛中供应商为所有队伍共享，即可能出现多支队伍向同一供应商采购，若在【目的地】栏中看到【保密】字样则表示有其他队伍向该供应商下达采购订单。

【框5】：点击此处可查看当前供应商未到货的订单信息，可通过点击【所有订单】查看所有订单信息。

【框6】：点击此处可查看该工厂原料未到货的订单信息，可通过点击【所有订单】查看所有订单信息。所有订单信息每页显示10条，可通过【上下页】按钮进行查看，默认排序为计划日期的倒序。

（7）生产制造。点击竞赛导航栏中的【生产制造】进入生产制造模块，该模块包括建造新工厂和工厂管理。导航栏的横线上方是产品的单位生产成本，横线下方是产品总库存。可通过点击该模块左侧的工厂列表切换不同的工厂管理界面，如图7-8所示。

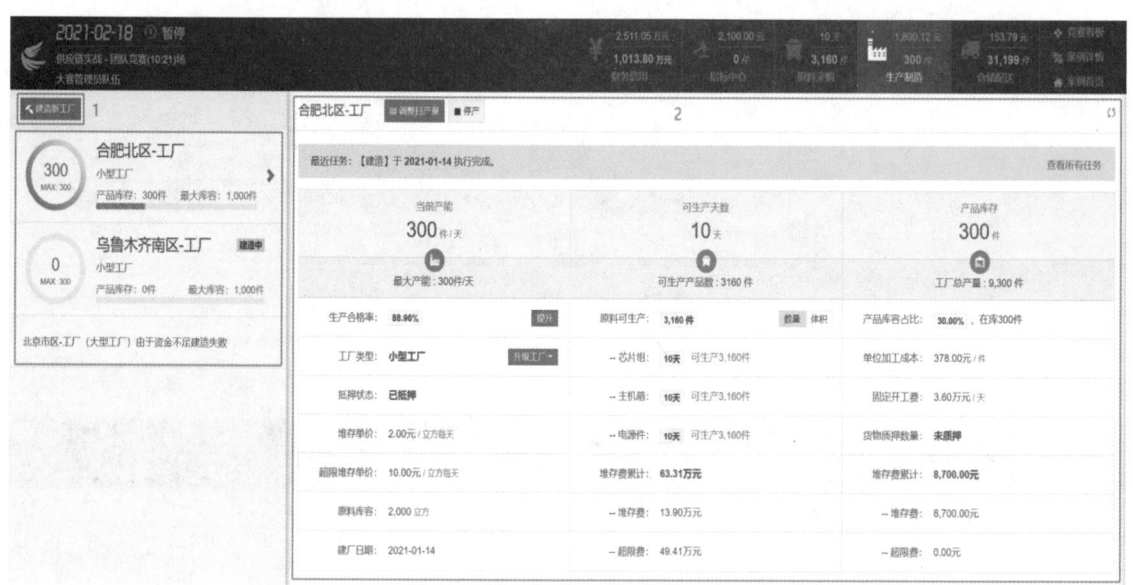

图7-8　生产制造

①建造新工厂。

点击左上角【建造新工厂】按钮进入电子地图，根据前期规划好的建厂目标，在地图中找到对应位置，点击蓝色区域后放大地图。点击地图左上角的工厂图标并拖动到对应的蓝色区域内，确定位置后松开鼠标，点击【确定】按钮即可完成建厂工作。

建造新工厂时可选择需要建造的工厂类型：小型、中型、大型。可查看不同类型工厂的相关信息，包括：产能、造价、单位生产成本、工厂开工成本、产品最大库容、原料最大库容等，支持修改工厂名称。

工厂建设周期为7天，系统会根据账户资金判断是否能够建设，建设任务启动后可查看工厂的建造完成日期，并可于建造完成次日投入使用。

②工厂管理。

工厂建造完成后，即可开始制订生产计划，可在该界面查看该工厂的三项基本信息，包括当前产能、原料可生产天数、产品库存，可对选定工厂进行相关管理操作，如图7-9所示。

参数说明如下。

【框1】：点击【调整日产量】按钮设置生产计划，设置的日产量要小于或等于工厂的最

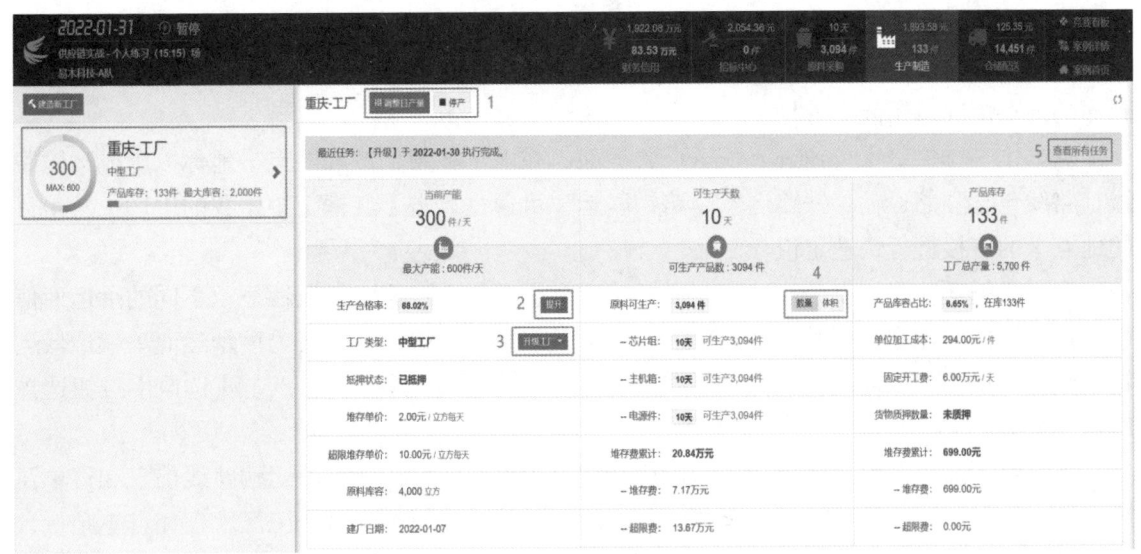

图7-9 工厂管理

大产能。通过点击【停产】按钮执行停产操作。生产计划调整后或停产后，七日内不可再次修改生产计划。

【框2】：点击【提升】按钮可对该工厂的生产合格率进行提升，系统将根据一定的算法提示本次培训所需支出的费用。注意：合格率的提升间隔为15天，系统会根据账户资金判断是否能够进行培训，如账户资金不足则培训任务失败，需重新提交任务。

【框3】：点击【升级工厂】按钮，在下拉菜单中选择需升级的工厂类型，升级后的工厂最大产能将根据当前的工厂规模进行调整。注意：工厂升级周期为7天，系统会根据账户资金判断是否能够升级，升级任务启动后可查看工厂的升级完成日期，并可于升级完成次日按最新产能投入使用，如账户资金不足则升级任务失败，需重新提交任务。

【框4】：此处默认显示原料可生产件数，可通过点击【体积】按钮查看每种原料的库容占比。

【框5】：点击【查看所有任务】链接，系统会显示工厂任务列表界面，可查看当前工厂的任务执行情况。

（8）仓储配送。点击竞赛导航栏中的【仓储配送】进入仓储配送模块，该模块包括建造仓库、未供货订单、供货中订单和仓库供货计划。导航栏的横线上方是商品的平均配送成本，横线下方是待配送的商品数量。

①建造仓库。

相对工厂，仓库的堆存费会比较低，向仓库供货的运输成本也相对较低。团队根据各自的运营方案选择是否建造仓库以及建造仓库的地点。点击并按住地图左上角的仓库图标，拖动到规划的蓝色区域内，确定位置后松开鼠标，点击【确定】按钮即可完成仓库的建造工作。

仓库建设周期为7天，系统会根据账户资金判断是否能够建设，建造任务启动后可查看仓库的建造完成日期，并可于建造完成次日投入使用。如当天账户资金不足，则会在次日提示由于账户资金不足，仓库无法新建。

②未供货订单。

中标后，系统会在【未供货订单】界面显示需要配送的订单，物流经理可以根据工厂及仓库的库存情况编制配送计划。

点击【安排供货】按钮进入配送设置界面，在电子地图上按顺序点击地标以生成运输路线，路线包含陆路运输、铁路运输、路铁联运，可通过点击【红框】中【我的工厂】及【目的地点】的链接进行快速定位。

在生成的运输路线上分段选择相应的承运商，系统会根据路线属性显示不同的承运商信息，包括承运商名称、单趟时间、单价、起运数量和起运费（起运费为该承运商单趟最低运费，起运数量为根据起运费和运输单价计算出来的最低起运件数），点击【选取】按钮选择所需的承运商。

承运商选择完毕后，系统会显示运输计划设置界面，可在此查看运输路线信息和订单及库存信息，包括运输单价、单趟运费、总费用、单趟运输所需天数、工厂库存和订单余量，其中单趟运费和总费用会根据单趟运量和承运趟数设置的信息实时调整，可通过点击【刷新】链接更新相应数据。填写本次运输计划的单趟运量、承运趟数、起运日期后，点击【确认】按钮完成运输计划配置操作。

③供货中订单。

该界面展现当前正在执行或待执行的配送计划，可通过点击【框1】查看出运明细并可对未出运的进行取消操作，可通过点击【框2】新增运输计划，可通过点击【框3】设置订单优先发货。

④仓库供货计划。

该界面展现仓库的内容包括现有库存量、货物的抵押状况和当前供货计划，可在此添加仓库供货计划，供货计划的编制与向客户供货的方式一样。

点击【升级】按钮可对仓库进行升级。仓库升级有周期限制，升级任务启动后可查看仓库的升级完成日期，并可于升级完成次日按最新库容投入使用。如当天账户资金不足，则会在次日提示由于账户资金不足，仓库无法进行升级。

可通过点击【查看所有任务】按钮打开【仓库任务列表】界面，查看当前仓库的任务执行情况，包括任务日期、任务类型、任务周期和任务状态。

3. 分析功能

【供应链时代】为教师和学生提供了多元化的数据图表分析功能，教师和学生可以通过不同维度分析团队的经营情况。

入口：点击导航栏中的【竞赛看板】按钮进入。

分析功能导航栏包括【竞赛看板】【竞赛分析】【团队分析】【查看分数】四个部分。

（1）竞赛看板。在比赛过程中或比赛结束后，可实时关注参赛团队的指标数据，以比较自身团队和其他团队的差距，从而及时调整运营策略。点击导航条中的【竞赛看板】进入相应的界面。

该界面以图表的形式生动地展示了各个参赛团队四项考核指标，包括净资产、市场占有率、库存周转率和准时交货率。这四项考核指标根据时间的变化动态刷新，实时反映各个参赛团队的指标数据，方便各个团队及指导教师随时掌握经营动态，为竞赛过程中的经营策略调整提供参考依据，同时作为最终各团队成绩评定的依据。

（2）竞赛分析。竞赛分析分为"实时分析"和"赛后分析"两个层级，其中"实时分析"数据为竞赛过程中实时统计的三类分析数据，包括【市场营销分析】中的"标量分析"和"标价分析"、【生产采购分析】中的"单位成本分析"、【仓储配送分析】中的"库存分析"和"配送分析"等实时统计数据；"赛后分析"所展示的内容为竞赛完成后的综合统计分析，在包含"实时分析"的相关数据基础上增加了【收入支出分析】【每周趋势分析】以及相关报表的资料。

点击分析功能导航栏中的【竞赛分析】链接进入该界面，可在此查看"收入支出分析、市场营销分析、生产采购分析、仓储配送分析、每周趋势分析"五个分析维度。

①收入支出分析。

该功能主要是在赛后从收入和支出的角度分析运营得失，见表7-3。

表7-3　　　　　　　　　　　收入支出分析指标项

指标项	指标计算公式及说明
ROI	=净利润/投资金额
净利润	=总收入+货值−总成本−投资金额
总收入	=初始资金+销售收入+贷款收入+固定资产转让收入
总成本	=直接成本+间接成本
直接成本	=采购成本+加工成本+仓储成本+运输成本+违约成本+投标成本 （注：采购成本中包含已支付和未支付的采购费用）
间接成本	=运营成本+折旧成本+利息成本+培训成本 （注：折旧成本包含因转让产生的折算成本）
净资产	=账户资金+固定资产+货值−负债
固定资产	=SUM[（土地费+建设费）×（1−5%）×（m−1）] （注：m表示工厂或仓库已经建设完成的月数）
货值	=（产品标准价×现有库存×60%）+（原料标准价×现有库存×60%）
负债	=未还贷款+未支付采购款
加工成本	=开工费+生产费
仓储成本	=原料堆存费+原料超限费+产品堆存费+产品超限费

②市场营销分析。

该功能主要是在赛后从营销和交付的角度分析运营得失，分析人员可以在运营的过程中实时掌握市场行情，同时可根据市场及价格曲线分析供需关系走向，相关指标说明如表7-4所示。

表 7-4　市场营销分析指标项

指标项	指标计算公式及说明
标量分析	该分析内容显示的是每月各团队的中标数量
标价分析	该分析内容显示的是每月各团队的中标均价 注：中标均价 = SUM（每个订单中标单价 × 每个订单中标货量）/ 月中标货量
市场占有率	= 总销售量 / 市场总需求量
中标率	= 中标个数 / 投标个数
订单违约率	= 违约订单个数 / 总中标订单个数
中标均价	= 中标总金额 / 中标总货量

③生产采购分析。

该功能主要是在赛后从生产和采购的角度分析运营得失，见表7-5。

表 7-5　生产采购分析指标项

指标项	指标计算公式及说明
单位原料成本	= 总采购成本 / 实际产出货量
单位加工成本	=（开工费+加工费+原料堆存费+原料超限费+培训费+运营成本）/实际产出货量
单位流通成本	=（配送费 + 产品堆存费 + 产品超限费）/ 总销售量
单位违约成本	= 总违约金 / 总销售量
最大产能	注：根据工厂规模从可生产当天开始到结束（包括转让、罚没），每个工厂最大产能之和
计划产能	注：各工厂生产计划的产量之和
实际产出	注：各工厂实际生产的产量之和
产能利用率	= 实际产出 / 最大产能
生产满足率	= 实际产出 / 计划产能
超限费占比	= 总超限费 /（总堆存费 + 总超限费）
产品合格率	= 实际产出 / 原料总消耗套数

④仓储配送分析。

该功能主要是在赛后从仓储及配送的角度分析运营得失。相关指标说明如表7-6所示。

表 7-6　仓储配送分析指标项

指标项	指标计算公式及说明
平均库存	= SUM（每日产品库存）/ 有效执行天数
单位堆存成本	= 总堆存成本 / 总销售量

续表

指标项	指标计算公式及说明
单位距离	=总配送距离/总销售量（注：总配送距离为每件产品运输距离的合计）
单位完成天数	=SUM（已送抵产品数量×完成天数）/（已送抵产品数量） （注：完成天数为每件产品从接单开始到送抵客户的天数）
单位配送成本	=总配送成本/总销售量（注：总配送成本为已经发生的所有配送费用）
配送浪费费用占比	=配送浪费费用/总配送成本

⑤每周趋势分析。

系统根据团队供应链运营模拟数据统计形成指标趋势分析图，通过趋势分析可以从净资产、现金流、市场占有率、准时交货率、库存周转率、30天库存周转率、产能比、平均库存、中标单价、流通成本、信用评分等方面更直观地了解企业在每个周期的运营情况（注：每周的数据取自每周五当天的数值）。

（3）团队分析。

①我的历程。

点击导航条中的【我的历程】按钮可查看每日的收支情况，可在运营过程中实时查看。可通过点击【选择日期】后的日期选项快速切换到需要的日期，也可通过点击时间轴上的日期及左右箭头进行切换。包括五个环节：销售、采购、生产、储运、运营。

②供应链运作参考模型分析。

供应链运作参考模型（Supply-Chain Operations Reference-model，SCOR）是供应链管理中的一个重要模型，大致可分为"供应链可靠性""供应链响应性""供应链敏捷性""供应链成本管理"和"供应链资产管理"五个层面进行分析，如表7-7所示。

表7-7　　　　　　　　　　SCOR分析维度说明

分析维度	指标项	指标计算公式及说明
供应链可靠性	准时交货率	=准时交货量/中标总货量
	生产满足率	=实际产量/计划产量
供应链响应性	产品库存周转率	=总销售量/产品日均库存 （注：总销售量为送达客户的货量，下同）
	产品平均在途天数	=物流在途天数/总销售量
	原料库存周转率	=原料消耗量/原料日均库存 （注：消耗量和日均库存按齐套计算）
供应链敏捷性	平均订单响应天数	=SUM（每个订单的交付天数）/订单个数
	平均采购交货天数	=SUM（每个采购订单的交货天数）/采购订单个数
供应链成本管理	成本利润率	=净利润/总成本
	管理成本占比	=管理成本/总成本 （注：管理成本=运营成本+培训成本）

续表

分析维度	指标项	指标计算公式及说明
供应链成本管理	产品合格率	=实际产出/原料总消耗套数
	产能利用率	=实际产出/最大产能
供应链资产管理	现金周转率	=销售收入/日均现金 （注：日均指的是有效执行天数平均值）
	资产周转率	=销售收入/日均净资产 （注：日均指的是有效执行天数平均值）
	资产收益率	=净利润/日均净资产 （注：日均指的是有效执行天数平均值）

③订单分析。

订单分析中可以看到当前团队基于每个客户、每个订单的完成情况，包括订单量、订单金额、单价、完成情况，以及基于基准成本的利润，可分析出每个订单是赚钱还是赔钱，这样对整体的运营分析可以起到把控源头的作用。具体内容如表7-8所示。

表7-8　　　　　　　　　　　　订单分析指标说明

指标项	指标计算公式及说明
订单收入	=中标价格 × 送达客户货量
实际收入	=订单收入−违约金
总成本	=采购费+原料堆存费+原料超限费+产品堆存费+产品超限费+开工费+生产费+运营成本+配送费
平均成本	=总成本/所有订单送达客户货量
单位销售利润	=（实际收入−平均成本 × 当前订单送达客户货量）/当前订单送达客户货量
利润	=单位销售利润 × 当前订单送达客户货量（注：如送达客户货量为0则利润为实际收入）

④运营分析。

该界面主要是为参赛人员提供能够进行全面复盘的数据分析功能，能实现基于地图看每个工厂、每个月的销售情况，看是否能合理分配工厂以及订单的关系，能够分析参赛人员针对本次模拟的供应链运营过程中的整体规划布局是否合理。

该界面包括3个部分：月份销量、节点的建造与升级和销售列表，以图表结合的形式生动直观地展示不同时间段的配送情况。

（4）查看分数。

项目完成后，点击导航栏中的【查看分数】进入团队分数界面，综合分数=指标分数×0.3+排名分数×0.7，可通过点击界面左上方的【显示分数计算规则】链接查看具体规则明细。

可通过点击界面右上方的【导出成绩】按钮将该场竞赛的成绩下载到本地。

> **思考题**
>
> ❶ 在实训过程中如何实现供应链上各节点之间的协调？
> ❷ 通过实训，对供应链管理有何更深入的认识？

考核要求及标准

本实训项目以实训过程表现、实训运营结果、实训报告作为考核标准，成绩为五级制。

实训过程表现占总评成绩的20%，从出勤、实训参与度等方面进行考核。

实训运营结果占总评成绩的40%，以实训结束后两场实战对抗赛的排名积分平均值计算。第一名100分，其他依次递减3~4分。如果总积分相同，则根据两场竞赛的系统分数加总进行排名。

实训报告占总评成绩的20%，从实训报告的内容完整性、运营反思程度、实训报告规范性三个方面进行考核。

第八章
物流自动化技术与应用实训

　　物流自动化技术与应用实训课程实训目的是使学生能够对自动分拣系统在节点处的通过率和极限能力进行分析；掌握自动化立体仓库系统的关键技术、作业程序及管理控制系统的设计要素。本章涉及两个实训项目，包括：自动化立体仓库管理与控制系统设计和自动化立体仓库系统作业程序编写。学生综合运用所学的知识和技术，解决物流系统工程中的有关设计、规划、改善和管理的实际问题，培养学生分析问题、解决问题的能力和开拓创新精神，提升学生自主学习、知识转化运用的能力。

实训一 ｜ 自动化立体仓库管理与控制系统设计

实训目的

通过本实训，使学生了解自动化立体仓库的作业形式与作业过程；熟悉自动化立体仓库系统的构成、运行原理和关键技术；以自动化立体仓库的巷道堆垛机为例，对集中控制和分布式控制这两种管理控制方式的系统结构进行设计，深入掌握PLC集中控制方式和FieldBus控制方式的特点，为将来从事自动化立体仓库系统的监控与管理工作提供理论与技术支持。

实训准备

1. 上网搜集若干拥有自动化立体仓库的企业，对企业自动化立体仓库的管理与控制系统有初步认识，要求搜集的企业包括生产企业、流通型企业、第三方物流企业等。
2. 了解有关物流自动化系统的知识，包括物流自动化系统的结构，物流自动化技术的类型，自动化控制系统的管理与控制方式等。
3. 根据实训内容和要求，分组制作PPT进行汇报。

知识链接

一、自动化立体仓库的构成

自动化立体仓库是机械和电气、强电控制和弱电控制相结合的产品。它主要由货物存储系统、货物存取和传送系统、管理和控制系统三大系统组成，还有与之配套的供电系统、空调系统、消防报警系统、称重计量系统、信息通信系统等。

1. 货物存储系统

本系统是自动化立体仓库的基础，由立体货架的货格（托盘或货箱）组成。货架按照排、列、层依次组合而成。大多数自动化立体仓库已经开始利用自动识别技术推进货物存放的科学化和规范化，货架的货格分别贴有各种条形码标签，标有条形码的货物分别放在货格中。

2. 货物存取和传送系统

本系统承担货物存取、出入仓库的功能，它由有轨或无轨堆垛机、出入库输送机、装卸机械等组成，其中堆垛机主要完成货物存取功能，自动导引小车则是较为先进的货物输送设备。货物存取和传送系统已经开始应用以单个装卸机械为主，配以先进的识别装置和控制装置组成一个专用的货物存取单元完成存取，并用机器人完成传送功能。

3. 管理和控制系统

本系统一般采用计算机管理和控制。

管理计算机是自动化立体仓库的管理中心，承担出入库管理、盘库管理、查询打印及显示、仓库经济技术指标的计算分析管理等功能。

中央控制计算机是自动化立体仓库的控制中心，它沟通并协调管理计算机、堆垛机、出入库输送机等之间的联系；控制和监视整个自动化立体仓库运行，并根据管理计算机或自动键盘的命令组织流程，以及监视现场设备运行情况和现场设备状态、监视货物流向及收发货显示。

4. 土建工程及辅助设施

（1）土建工程。土建工程应根据仓库的规模和功能要求，由建筑设计师根据地质概貌情况，按照国家有关标准规定进行设计。

（2）消防系统。依据我国的《建筑设计防火规范》进行设计，再根据所存物品的性质确定具体的消防方案和措施。

自动化仓库的消防系统大都采用自动消防系统。自动消防系统根据拓扑结构，可分为直接控制式和分布控制式两种类型。

5. 照明装置

为了使仓库内的管理、操作和维护人员能正常地进行生产活动，必须有一套较好的照明系统，尤其是在外围的工作区和辅助区。自动化仓库的照明系统应由日常照明、维修照明和应急照明三部分组成。对存储感光材料的黑暗库来说，由于不允许存储物品见光，因此照明系统应特殊考虑。

6. 通风及采暖装置

通风及采暖的要求是根据所存物品的条件提出的，自动化仓库内部的环境温度一般在 $-5 \sim 45$℃ 即可。通风及采暖通常由厂房屋顶及侧面的风机、顶部和侧面的通风窗、中央空调、暖气等措施来实现。对存储散发有害气体物品的仓库要考虑环保要求，对有害气体进行适当处理后再排出室外。

7. 动力系统

自动化仓库一般只需动力电源即可，总的电容量要根据所有用电设备的负荷综合考虑来确定。

8. 其他设施

其他设施包括给排水设施、避雷接地设施和环境保护设施等，这都是一个综合建筑系统所要考虑的。其中，给水设施由消防用水和工作用水两部分组成；排水设施是指将工作废水及雨水及时排出仓库外部的系统；避雷设施是必备的，因为立体仓库属于高层建筑，应设置避雷设施以防止雷击。

总之，在设计和施工自动化立体仓库时，以上各部分必须统筹考虑，以达到较好的施工效果。

二、自动化立体仓库管理与控制系统的控制方式

自动化立体仓库管理与控制系统的控制方式主要分以下几种。

（一）手动控制

货物的搬运和存储作业由人工完成或人工操作机械完成，多在调试或事故处理状态使用。适用范围：拣选作业；中小规模、出入库频率不高的仓库；大中型仓库的备用控制方式。

（二）半自动控制

货物的搬运和存储作业一部分由人工完成。整个仓库作业活动可以通过可编程控制器或微型计算机控制。

堆垛机具有自动认址、自动换速、自动停准等其中的一项或多项功能，从而显著降低司机操作的疲劳程度，提高作业效率。适用范围：拣选作业；中小型仓库。

（三）单机半自动控制

堆垛机停在立体仓库巷道端部原位，由操作人员用机上设定器设定出入库作业方式和货位地址，起重机自动完成存取作业，并返回原址，输送机等周边设备由一个控制柜自动控制。

优点：不需要进行信息传输，系统比较简单。适用范围：堆垛机数量不多、出入库频率不高的仓库；集中或联机自动控制方式的备用控制方式。

（四）遥控

仓库内全部作业的机械控制集中到一个控制室内，控制室的操作人员通过计算机进行仓库作业活动的远距离控制，可分为实时控制和监视控制两级，在其间实行信息传输。仓库计算机管理系统与控制系统之间没有实时联系，是一种脱机自动控制系统。

适用范围：具有多台堆垛机和复杂的运输机系统的控制场合。

（五）全自动控制（联机自动控制）

全自动控制是指将仓库管理计算机和集中自动控制系统实时联机的控制方式。装运机械和存放作业通过各种控制装置自动进行操作，计算机对整个仓库的作业活动进行控制。操作员只需在管理计算机终端进行人机对话，即可实现全系统最佳自动运转，进行所需的出入库作业。特点：高速、优化、方便，属于现代高级控制方式。

硬件配置：分为管理（机）、监控（机）和实时控制（机）三级；对于规模较小、工艺较为简单的系统，管理和监控可以合二为一，直接与实时控制机通信。

（六）计算机集成制造系统（CIMS）控制

计算机集成制造系统（Computer Integrated Manufacturing Systems，CIMS）控制是全企业CIMS（生产物流系统）的一个子系统。仓库本身仍按照全自动控制方式运转，但其管理机与企业CIMS联网，实现信息资源共享。仓库可以由车间或企业的CIMS根据生产自动化系统的需要进行管理和控制。

适用范围：立体仓库的最高级控制；无人化工厂生产。

三、自动化立体仓库管理与控制系统的控制系统结构

自动化立体仓库管理与控制系统的控制系统结构主要有以下两种。

（一）集中控制

这种控制结构使用一台计算机进行集中管理，实时响应的工作和高效数据处理的工作利用分时技术隔开；缺点是结构复杂，适用性差。

（二）分布式控制

这种控制结构的全部系统功能不集中在一台或几台设备上，故而抗故障能力强，并且它采用分层控制，系统既可以在高层次上运行，也可以在低层次下运行；适合于大规模控制的场合。分布式控制是目前国际发展的主要方向，大型立体仓库通常采用三级计算机分布式控制系统，分别由管理级、中间控制级和直接控制级组成，如图8-1所示。管理级对仓库进行在线和离线管理；中间控制级对通信、流程进行控制，并进行实时图像显示；直接控制级是由PLC（可编程控制器）组成的控制系统，对各设备进行单机自动操作。

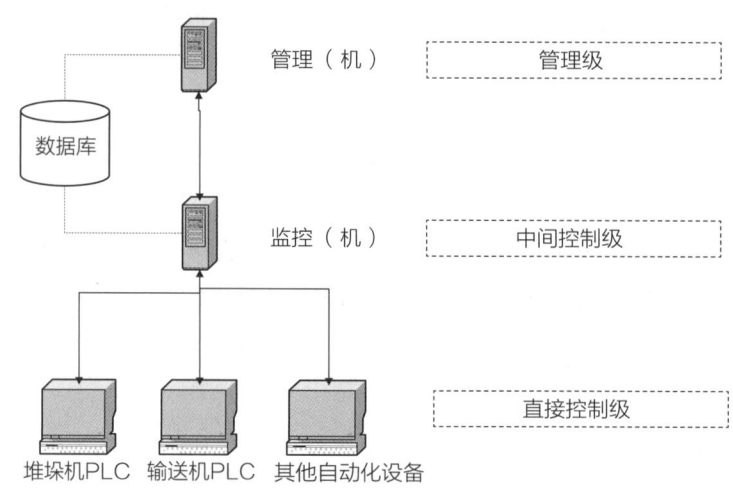

图8-1　三级计算机分布式控制系统结构图

四、设备自动控制系统

设备自动控制系统包括堆垛机自动控制系统和出入库输送设备自动控制系统。堆垛机自动控制系统由控制器、通信接口、操作器、传感检测系统、速度和位置检测与控制系统、控制软件组成。其中，速度和位置检测与控制系统是关键部分，采用先进的变频控制技术；传感检测系统采用先进的高精度检测设备，如旋转编码器和激光测距仪等。

各机构采用闭环控制系统，实现对堆垛机的高速、高精度定位控制。

出入库输送设备自动控制系统由主控制器、通信接口、输入及显示操作系统、传感检测系统、货物运动控制系统、控制软件组成，其中货物运动控制系统是关键。

设备自动控制系统有两种结构方式：可编程逻辑控制器（Programmable Logic Controller，PLC）集中控制和现场总线控制系统（Fieldbus Control System，FCS）。

（1）PLC集中控制方式。PLC集中控制方式的应用最为广泛。它以PLC为中心，通过通信接口，接收来自上位机的任务信息，采集设备传感系统的各种信息，通过PLC的控制软件，控制PLC的输出，控制设备的各项运动，对货物进行存取作业，实现货物的流转和存储。同时通过通信接口，向上位机发送设备的实时状态信息，以实现仓库实时监控系统对设备的实时监控功能，其控制系统结构如图8-2所示。

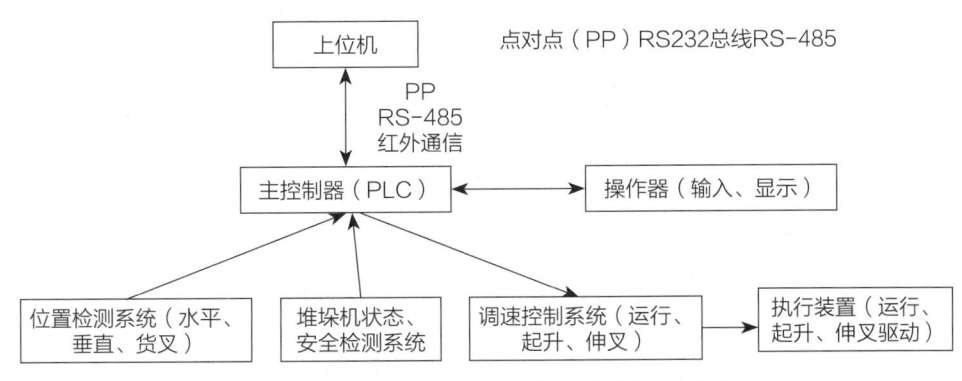

图8-2 基于PLC的堆垛机集中控制系统结构

PLC集中控制方式的基本控制思想如下。

根据激光测距仪测量反馈的当前速度信号，适时调整变频器的输出驱动频率值，从而保证堆垛机能以要求的速度平稳运行。此外，还表现在必须根据自动化立体仓库库存的具体货物，如货物的重量、重心高度等选择相应的速度控制模式，即初时运动加速度与加速控制时间、平稳运行速度与距离、减速运动加速度与控制时间等，并提供一系列的控制规范图表。

根据激光测距仪测量反馈的当前堆垛机的距离信号及预先设定的控制方案，适时调整变频器的输出驱动频率值，使堆垛机先以较高的速度运行到接近目的地址后，将速度平稳降到较低的速度下工作，并在目的地址处准确制动停准，必要时可采取机械抱闸系统来辅助快速定位；堆垛机在工作过程中实时采集水平运行、货物升降、货叉伸缩三个方向的数据，并不断地与存放在软件控制数据块里的标准位置参数进行比较和控制决策，从而达到准确定位、快速存储货物、提高作业效率的目的，并与监控系统交换工作信息和库位状态信息等，以实现系统的全面动态管理。

（2）Field Bus控制方式。Field Bus控制方式是目前最为先进的控制方式。它采用现场总线技术，组成分布式控制系统，将总线控制器、检测传感系统、速度位置控制系统、输入及显示操作系统、上位机通信接口等用Field Bus组网技术组成一个工控网络，从而控制设备运动，实现对货物的流转与存储控制，同时向上位机发送设备的实时状态信息，实现仓库实时监控系统对设备的实时监控。Field Bus控制方式的结构如图8-3所示。

Field Bus控制方式的优点：布线简单，节约空间，便于维护，减少设备维护资金，使用户具有高度的系统集成主动权，提高抗干扰能力，提高系统的准确性和可靠性，获取更多的设备信息。

通过使用现场总线，用户可以大量减少现场接线，用单个现场仪表可实现多变量通信，不同制造厂生产的装置之间可以完全互操作，增加现场一级的控制功能，系统集成大大简化，并且维护十分简便。在传统的过程控制仪表系统中，每个现场装置到控制室都需使用一

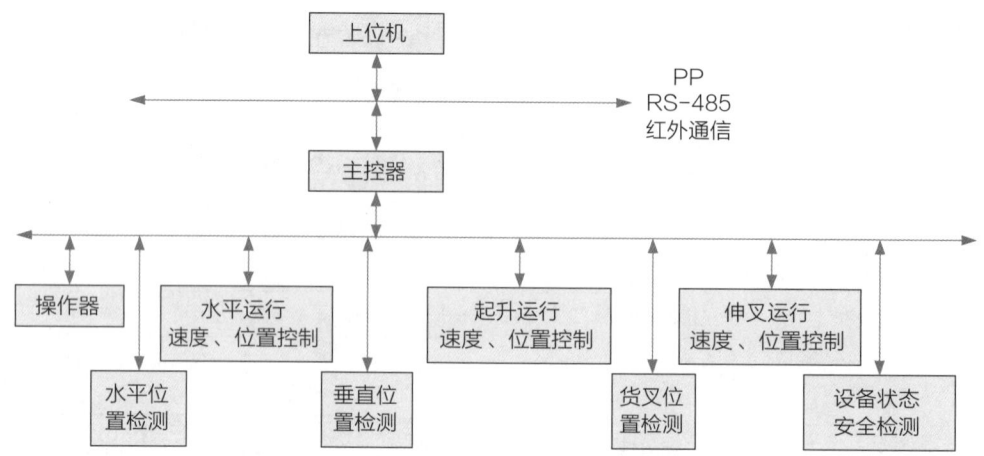

图8-3 基于Field Bus的堆垛机集中控制系统结构

对专用的双绞线,以传送4~20mA信号,而在现场总线系统中,每个现场装置到接线盒的双绞线仍然可以使用,但是从现场接线盒到中央控制室仅用一根双绞线完成数字通信。

实训条件与组织

根据本实训的特点、要求和具体条件,采用集中授课形式,课堂设置主题讨论,分组讨论并完成作业,整个班级为3~5组。

实训内容

1. 通过视频、案例分析,讲解自动化立体仓库的发展阶段,自动化立体仓库管理与控制系统的主要功能、控制方式以及控制系统的结构。

2. 学生讨论自动化仓储与集成化仓储的区别与联系,对比分析不同自动化立体仓库系统的作业形式与作业过程。

3. 基于PLC控制系统,设计自动化立体仓库堆垛机控制系统的结构,明确堆垛机自动控制系统的结构和工作原理。

4. 设备自动控制系统有PLC集中控制和Field Bus控制两种结构方式。分别对基于PLC的堆垛机集中控制系统和现场总线控制系统的结构进行堆垛机控制系统的结构设计,重点阐述控制原理,并对比分析,总结特点。

思考题

PLC集中控制方式和Field Bus控制方式下,自动化立体仓库大件整货区和零散货区能否进行有效衔接,如何实现自动化订单处理,简化出入库作业操作?

考核要求及标准

本实训项目的考核内容与成绩评分依据如表8-1所示。

表 8-1　　　　　　　　　　实训项目考核内容与评分标准

考核内容	权重	评分要求与标准	备注
实训预习	15%	1. 课前学习授课视频，明确实训目的和要求、实训任务和实训原理（10分） 2. 初步了解实训设备和软件（5分）	
课堂表现	15%	1. 学习态度与课堂纪律：要求老师讲解期间要认真听讲，仔细记录，不交头接耳、窃窃私语。学生自由操作期间不大声讲话、打闹，自觉按序使用设备（5分） 2. 要求积极参与课堂讨论，形成文字材料（10分）	
实训操作	30%	1. 能正确分析不同自动化立体仓库系统的作业形式与作业过程（10分） 2. 分别基于PLC集中控制和Field Bus控制方式，设计自动化立体仓库堆垛机控制系统的结构（10分） 3. 对比分析PLC集中控制方式和Field Bus控制方式的特点（10分）	
实训报告	40%	1. 总体要求（10分）：构思得当，结构合理，格式规范；内容完整，数据准确；过程真实，书写工整，语言流畅；逻辑清晰；无抄袭痕迹 2. 实训原理（5分）：要求对实训原理理解透彻、分析准确、书写工整 3. 实训内容（15分）：要求写明自动化立体仓库的作业形式与作业过程，以自动化立体仓库的巷道堆垛机为例，对集中控制和分布式控制系统结构进行设计，分别阐述优缺点；并于报告中书写作业和思考题的解答等内容 4. 实训结果（10分）：要求材料真实，结论明确，书写工整，无抄袭他人成果的现象，还要有对实训结果的分析及个人对本实训的见解或想法	

实训二 ｜ 自动化立体仓库系统作业程序编写

实训目的

通过本实训，使学生了解自动化立体仓库设备和机械的操作要求和操作方法，设备的管理与控制执行方式；熟悉自动化立体仓库系统的软件、硬件组成；掌握自动化立体仓库货物的入库、出库作业流程，能够依据不同自动化立体仓库系统的软硬件操作特点，编写出入库作业程序，为将来从事自动仓储系统作业提供理论支持。

实训准备

1. 上网搜集若干拥有自动化立体仓库系统的企业，对企业自动化立体仓库的出入库作业流程有初步认识，要求搜集的企业包括生产企业、流通型企业、第三方物流企业等。
2. 了解有关自动化立体仓库系统的知识，包括自动化立体仓库系统的组成、功能、特点，货物入库、出库、盘点的作业流程。
3. 根据实训内容和要求，分组制作PPT进行汇报。

知识链接

一、自动化立体仓库的设备

（一）货架

1. 按货架的发展分类

传统式货架主要分为层架、层格式货架、抽屉式货架、橱柜式货架、U形架、悬臂式货架、栅型架、鞍架、气罐钢筒架和轮胎专用货架等。

新型货架主要分为重力式货架、贯通式货架、阁楼式货架、移动式货架、旋转式货架、装配式货架、调节式货架、托盘货架、进车式货架、高层货架和屏挂式货架。

2. 按货架的适用性分类

按货架的适用性，货架分为通用货架和专用货架。

3. 按货架的制造材料分类

按货架的制造材料，货架分为钢货架、钢筋混凝土货架、钢与钢筋混凝土混合式货架、木制货架和钢木合制货架等。

4. 按货架的封闭程度分类

按货架的封闭程度，货架分为敞开式货架、半封闭式货架和封闭式货架等。

5. 按结构特点分类

按货架的结构特点，货架分为层架、层格架、橱柜式货架、抽屉式货架、悬臂架、三脚架和栅型架等。

6. 按货架的可动性分类

按货架的可动性，货架分为固定式货架、移动式货架、旋转式货架、组合货架、可调式货架和流动存储货架等。

7. 按货架结构分类

按货架的结构，货架可分为整体结构式货架和分体结构式货架。整体结构式是指货架直接支承仓库屋顶和围棚；分体结构式则是指货架与建筑物分为两个独立系统。

8. 按货架的载货方式分类

按货架的载货方式，货架分为悬臂式货架、橱柜式货架和棚板式货架三种。

9. 按货架的构造分类

按货架的构造，货架分为组合可拆卸式货架和固定式货架。其中，固定式货架又分为单元式货架、一般式货架、流动式货架和贯通式货架。

10. 按货架的高度分类

高度在5m以下的货架为低层货架；高度在5~15m的货架为中层货架；高度在15m以上的货架为高层货架。

11. 按货架的载重分类

每层货架载重量在500kg以上的货架为重型货架；每层货架（或搁板）载重量为150~500kg的货架为中型货架；每层货架载重量在150kg以下的货架为轻型货架。

其中，单元货格式自动化立体仓库是使用范围最广、实用性较强的一种仓库形式，其主要特点是每层货架都是由同一尺寸的货格组成，货格开口面向货架之间的通道，便于装取货机械进行作业，其中每两排货架为一组，其间有一条巷道供堆垛机或其他起重机等搬运设备进行存取。

货架中的每个货格可设计成存放一个托盘或存放两个托盘。为便于叉车存取作业，货架立柱与托盘间隙及托盘与托盘之间的间隙不小于100mm。出入库不受先后顺序影响，存取方便，但其存储密度不高。

（二）巷道式堆垛机

巷道式堆垛机是随着立体仓库的出现而发展起来的专用起重机，在高层货架的巷道内穿梭运行，将位于巷道口的货物存入货格，或者取出货格内的货物运送到巷道口，其载重一般为几十千克到几吨，0.5t的使用最多，其行走速度一般为80m/min，提升速度一般为20m/min。有轨巷道式堆垛起重机通常简称为堆垛机，是由叉车、桥式堆垛机演变而来的。桥式堆垛机由于桥架笨重，运行速度受限，仅适用于出/入库频率不高或存放长形原材料和笨重货物的仓库，优点在于可以方便地为多个巷道服务。

巷道式堆垛机按照结构形式分为单立柱和双立柱两种；按照在巷道中的布置形式分为直道型（一巷道一台）、转弯型（两巷道共用一台）和转轨型（三巷道以上共用一台）三种。巷道式堆垛机通常由机架、运行机构、提升机构、载货台及存取机构、电气设备、安全保护装置组成。

1. 机架

堆垛机的机架是由立柱、上横梁和下横梁组成的一个框架，整机结构高而窄。机架分成单立柱和双立柱两种。单立柱包括一根立柱和一根下横梁，特点是重量轻，制造工时和材料消耗少，结构紧凑且外形美观，刚性稍差；双立柱包括一根立柱及上、下横梁，特点是强度和刚性好，适用于起重量较大或起升高度比较高的场合。

2. 运行机构

在堆垛机的下横梁上装有运行驱动机构和在轨道地轨上运行的车轮，按照运行机构所在的位置不同分为地面驱动式、顶部驱动式和中部驱动式三种。地面驱动式的使用最广泛，地面轨道一般有两个或四个承重轮运行，顶部天轨有两组水平轮导向，堆垛机可以走弯道，从一个巷道转移到另一个巷道去工作；顶部驱动式堆垛机又可以分为支承式和悬挂式两种，支承式堆垛机支承在天轨上运行，堆垛机底部有两组水平导向轮，悬挂式堆垛机则悬挂在位于巷道上方的支承梁上运行。

3. 提升机构

提升机构由电动机、制动机、减速机及柔性件（钢丝绳、起重链）组成。卷扬机通过钢丝绳牵引载荷台作升降运动，由于需要较大减速比，除了一般齿轮减速机外，常用到蜗轮蜗杆减速机和行星齿轮减速机。也常使用带制动器的电动机，以使结构紧凑。无论用多大的工作速度，提升机构都有低速挡，用于平稳停准和取放货物的"微升降"作业。在堆垛机的起重、行走和伸叉三种驱动中，起重的功率最大。

4. 载货台及存取机构

载货台是货物单元的承载装置，对于只需要从货格拣选一部分货物的拣选式堆垛机不需要存取货装置，只在载货台上放置盛货容器。存取机构是堆垛机的特殊工作机构，取货部分必须根据货物外形特点设计，通常是一种伸缩货叉，也可以是一块可伸缩的取货板或别的结构形式。伸叉机构装在载货台上，载货台在辊轮的支承下沿立柱上的导轨作垂直方向的运动（起重），垂直于起重—行走平面的方向为伸叉的方向。堆垛机的操作平台设在底座上，工人可进行手动或半自动操作。

5. 电气设备

电气设备主要包括电力拖动、控制、检测和安全保护等设备。在电力拖动方面，常用交流变频调速、交流变极调速和晶闸管直流调速，涡流调速已经较少应用，电力拖动时要同时满足快速、平稳和准确三方面要求。其中，变极调速通过外部的开关切换，改变电动机绕组的串并联关系来实现。变频调速可以连续地改变定子的频率，也可以实现电动机的软启动，优点是在各种调速方法中效率最高，易于调节，机组的冲击小，磨损小，但一次投资大。变极调速则不能实现软启动，且一般是以两个速度为主，辅以阀门和挡板调节，优点是投资较少。堆垛机控制方面，则采用可编程控制器、单片机、单板机和计算机等。检测主要包括自动寻址、货位虚实检测及其他检测等。交流电动机的调速方法有变极调速、改变转差率调速和变频调速三种。

6. 安全保护装置

堆垛机必须配备有完善的硬件及软件安全保护装置，并在电气控制上采取一系列连锁保护措施，主要包括终端限位保护，即在行走、升降和伸缩的终端设立限位保护。连锁保护：行走与升降时，货叉伸缩驱动电路切断，在货叉伸缩时，行走与升降电路切断，行走与升降运动可同时进行。正位检测控制：货叉运动是条件控制，堆垛机在垂直和水平方向停准时，货叉才能伸缩。载货台断绳保护：弹簧通过连杆机构凸轮卡在导轨上阻止载货台坠落。断电保护：载货台升降过程中若断电，则采用机械式制动装置使载货台停止不致坠落。

（三）搬运设备

搬运设备是自动化立体仓库中的重要设备，它们一般是由电力来驱动的，通过自动或手动控制，实现把货物从一处搬到另一处。设备形式可以是单轨的、双轨的、地面的、空中的、一维运行、二维运行、三维运行等多种。

搬运设备类型主要包括以下几种。

1. 叉车

叉车按构造可分为平衡重式、插腿式、前移式和侧面叉式四种。其中，平衡重式叉车应用最广泛，其工作装置位于叉车的前端，货物载于前端的货叉上，为了平衡前端货物的重量，需要在叉车的后部装有平衡重。插腿式叉车的前方装有带小轮子的支腿。前移式叉车装有两条前伸的支腿，不能与货叉一起伸入货物底部，货叉可以沿叉车纵向前后移动。侧面叉式叉车的门架和货叉装在车体的侧面。叉车按用途分为通用和专用两种，如堆垛式、集装箱、托盘；按动力可分为电动和内燃机两种，汽油内燃机适用于2t以下的叉车，柴油内燃机适用于2t以上的叉车。

2. 低位拣选叉车

低位拣选叉车的操作者可乘立在上下车便利的平台上，驾驶和上下车拣选物料。低位拣选叉车适用于车间内各个工序间加工部件的搬运，减轻操作者搬运、拣选作业的强度。一般乘立平台离地高度仅为200mm左右，支撑脚轮直径较小，仅适用于车间平坦路面上行驶。

3. 托盘搬运车

托盘搬运车是搬运托盘为主的专用设备，根据驱动方式的不同，分为手动和电动两种。

电动托盘搬运车由外伸在车体前方的、带脚轮的支腿来保持车体的稳定，货叉位于支腿的正上方，并可以作微起升，是托盘货物离地进行搬运作业的电动插腿式叉车。根据实际运行操作的不同，电动托盘搬运车可分为步行式、踏板驾驶式和侧座式。

手动托盘搬运车在使用时，将其承载的货叉插入托盘孔内，由人力驱动液压系统来实现托盘货物的起升和下降，并由人力拉动完成搬运作业。它是托盘运输中最简便、有效、常见的装卸搬运工具。

4. 自动导引搬运车（AGV小车）

自动导引搬运车是指装备有电磁或光学等自动导引装置，能够沿规定的导引路径行驶，具有安全保护及各种移载功能的运输车，工业应用中不需驾驶员，以可充电的蓄电池作为其动力来源。AGV控制系统分为地面（上位）控制系统、车载（单机）控制系统及导航/导引系统。地面（上位）控制系统指AGV系统的固定设备，主要负责任务分配、车辆调度、路径（线）管理、交通管理和自动充电等功能；车载（单机）控制系统在收到上位系统的指令后，负责AGV的导航计算、导引实现、车辆行走、装卸操作等功能；导航/导引系统为AGV单机提供系统绝对或相对位置及航向。

AGV以轮式移动为特征，较之步行、爬行或其他非轮式的移动机器人具有行动快捷、工作效率高、结构简单、可控性强、安全性好等优势。与物料输送中其他常用设备相比，AGV活动区域无须铺设轨道、支座架等固定装置，不受场地、道路和空间限制。因此，在自动化物流系统中，最能充分地体现其自动性和柔性，实现高效、经济、灵活的无人化生产。

AGV由车体、蓄电和充电系统、驱动装置、转向装置、精确停车装置、车上控制器、通信装置、信息采集子系统、超声探障保护子系统、移载装置和车体方位计算子系统11个系统组成。AGV根据导引方式的不同分为固定和自由路径导引两种，其中固定路径导引包括电磁导引、光学导引和磁带（磁气）导引；自由路径导引包括行驶路径轨迹推算导向法导引、激光导引和惯性导引等。

5．输送机

输送机是指按照规定路线连续或间歇地运送物料的搬运机械，可进行水平、倾斜和垂直输送，也可组成空间输送线路，输送线路一般是固定的，其输送能力大，运距长，还可在输送过程中同时完成若干工艺操作。由两个以上输送机及其附件组成，完成物料的搬运、装卸和分拣的系统称为输送机系统。

输送机的类型主要包括以下几种。

（1）按有无牵引件分类。输送机按有无牵引件分成具有牵引件的输送机和没有牵引件的输送机两大类。具有牵引件的输送机包括牵引件、承载构件、驱动装置、张紧装置、改向装置和支承件等。其中，牵引件用以传递牵引力，可采用输送带、牵引链或钢丝绳；承载构件用以承放物料，有料斗、托架或吊具等；驱动装置给输送机以动力，一般由电动机、减速器和制动器（停止器）等组成；张紧装置一般有螺杆式和重锤式两种，可使牵引件保持一定的张力和垂度，以保证输送机正常运转；支承件用以承托牵引件或承载构件，可采用托辊、滚轮等。

被运送物料装在与牵引件连接在一起的承载构件内，或直接装在牵引件（如输送带）上，牵引件绕过各滚筒或链轮首尾相连，形成包括运送物料的有载分支和不运送物料的无载分支的闭合环路，利用牵引件的连续运动输送物料，其主要类型有带式输送机、板式输送机、小车式输送机、自动扶梯、自动人行道、刮板输送机、埋刮板输送机、斗式输送机、斗式提升机、悬挂输送机和架空索道等。

板式输送机：由链条牵引一系列小车在水平的环形闭合线路上低速运行，以输送成件物品。在这种输送机上还可进行各种工艺操作。

小车式输送机：各个分支都可作为工作分支，灵活地布置各项工艺操作。这种输送机尤其适用于输送特殊形状或灼热物件，广泛用在机械、冶金等工业企业中，借以组成机械化或自动化的流水生产线。例如，铸造过程中的造型、浇铸、冷却、落砂和砂箱运输等工序都可在同一台小车式输送机的不同区段上进行。小车式输送机一般由小车、牵引链、导轨系统、驱动装置和张紧装置组成。不同结构的小车，适应不同的物件形状和各种工艺要求。小车式输送机的运行速度一般为 $3 \sim 6 \text{m/min}$，有的小车式输送机还可根据需要变速。

埋刮板输送机：一种在封闭的巨型断面壳体内，借助于运动着的刮板链条来输送散状物料的连续运输设备；由于在输送物料时，刮板链条全部埋在物料之中，故称为埋刮板输送机。该机结构简单、密封性好、安装维修方便、工艺布置灵活；它不但能水平输送，也能倾斜或垂直输送；既可单机使用，也可多台联合使用；既能多点加料，也能多点卸料。由于壳体封闭，因此在输送大的、有毒、易爆、高温物料时，可以显著地改善工人的工作环境和防治环境污染。

没有牵引件的输送机的结构组成各不相同，用来输送物料的工作构件也不相同，具有利用工作构件的旋转运动或往复运动，或利用介质在管道中的流动使物料向前输送的结构特点。

（2）按驱动方式分类。输送机按照驱动方式的不同，可以分为重力输送机和动力输送机。

重力输送机可以分为重力式滚轮输送机、重力式滚筒输送机和重力式滚柱输送机三种。重力式滚轮输送机的主要特点是重量轻、容易搬动、装卸方便，对于表面较软的物品，有较好的输送性，不宜使用于底部有挖空的容器。重力式滚筒输送机以滚筒代替滚轮，其应用范围远远大于滚轮式输送机。一般不适合滚轮输送机的负载，如塑料篮子、桶形物等均适合于滚筒式输送机。重力式滚柱输送机以滚柱代替滚轮，结构简单，一般用于无动力驱动，适用于成件包装货物或整底面物料的短距离搬运。

动力输送机可分为链条式输送机和动力滚筒式输送机两种。链条式输送机是利用链条牵引、承载，或由链条上安装的板条、金属网、辗道等承载物料的输送机。根据链条上安装的承载面不同，可以分为链条式、链板式、链网式、板条式、链斗式、托盘式和台车式。此外，链条式输送机也常与其他输送机、升降装置等组成各种功能的生产线。动力滚筒式输送机适用于底部是平面的物品输送，主要由传动滚筒、机架、支架、驱动部等部分组成。具有输送量大、速度快、运转轻快，能够实现多品种共线分流输送的特点。

（3）按空间运输方式分类。为了节省占地面积，缩短输送距离，提高存储空间和使用面积，现代自动化立体仓库大多采用多层式建筑。为了在各楼层之间自动地输送物品，就必须利用立体输送机。根据空间运输方式的不同，立体输送机可以分为空中移载台车、螺旋滑槽式垂直输送机、垂直升降输送机、托盘式垂直输送机、悬挂式输送机等。

空中移载台车悬挂在空中导轨上，按照指令在导轨上运动或停止，在运动过程中，货台装置通过卷扬机和升降带被提到最高位置，并与车体合为一体。当运动到指定位置时，升降带伸长，货台下降，进行卸货或装货，其优点是快速、准确、安全、所占空间较小。

螺旋滑槽式垂直输送机利用重力及螺旋倾斜滑槽，使物品自上而下平稳滑下。由于无驱动装置，只能向下而不能向上输送物品，其具有如下特点：滑槽轨道速度缓和，不损伤物品；可连续输送料箱，当料箱很多时，可存于槽内；无驱动装置，噪声小；结构简单，成本低，维修费用少。

垂直升降输送机能连续地垂直输送物料，使不同高度上的连续输送机保持不间断的物料输送，是把不同楼层间的输送机系统连接成一个更大的、连续的输送机系统的重要设备。

托盘式垂直输送机能连续输送，效率较高。

悬挂式输送机属于链条牵引式的连续输送机，是规模较大的工厂综合机械化输送设备。它广泛地应用于大量或成批生产的工厂，作为车间之间和车间内部的机械化、自动化连续输送设备，在汽车、家电、服装、邮政等行业得到了广泛应用。

二、自动化立体仓库的业务内容

自动化立体仓库是一种高效的仓储设备，能够在较小的空间内储存大量的货物，并通过智能化管理系统实现自动化的货物入库、出库、移库等操作，提高仓储效率和管理水平。自动化立体仓库的业务内容包括以下几项。

（1）货物入库。首先，货物需要经过检验确认无误后，通过自动化输送设备进入仓库内，运输设备会将货物自动送到指定货架位置。此时，自动化货架系统会将货物放置到指定位置，并记录货物的信息和位置。

（2）货物存储。在货物存储期间，自动化立体仓库系统会根据货物信息和仓库库存情况，自动选择最合适的货架位置进行存储，并对货物进行分类和标记。货物存储期间，自动化货架系统会进行定期巡检，保证货物安全和完好。

（3）货物移库。当需要调整货物存储位置时，例如货物类别发生变化或者需要批量调度时，自动化立体仓库系统会根据库存情况和货物信息自动进行货物移库操作。系统会自动识别最佳的货架位置，并将货物移动到新的位置。

（4）货物出库。当需要出库时，自动化立体仓库系统会自动检索库存中的货物，并根据出库需求选择最合适的货架位置。此时，自动化输送设备会自动将货物取出并送往出库口，待取货人员进行验货和出库操作。

（5）盘点管理。自动化立体仓库系统会定期进行货物盘点，根据盘点结果自动更新库存记录。此外，系统会实时监测货架的使用情况和货物存放位置，保证货物管理的精度和高效性。

三、自动化立体仓库的出入库及拣选流程

随着广大企业的快速发展，现代仓储物流的需求也随之不断加速发展，自动化立体仓库已成为现代仓储物流系统中一个重要的组成部分，自动化立体仓库不但可有效节省人力成本，减少人员劳动强度，还可以节省土地使用面积，实现仓储空间最大化，提升管理员和操作员的内在素质和工作效率，从而降低在存储运输过程中造成不必要的损耗，还可以有效减少企业的投资成本和提高企业的整体动作效率及形象。

（一）智能立体仓库的入库作业流程

1. 输送分拣系统

自动化立体仓库在进行货物单元入库时，先通过输送系统运输到入库台。

2. 条码识别

当货物单元运输到入库台后，由条码识别系统进行扫码识别，条码标签携带的信息被读取后，再传递给服务器。

3. 入库指令

当条码信息被传送给服务器后，再由控制系统根据服务器返回的信息判断是否入库及货位坐标，当入库及货位坐标信息确认无误后再传递给执行系统。

4. 堆垛机或者四向穿梭车

利用堆垛机或者四向穿梭车通过自动寻址，将货物输送到货格中，当完成入库作业后，堆垛机会向控制系统返回作业完成信息，然后等待接收下一个作业指令，而控制系统会同时把作业完成的信息返回给服务器数据库进行入库管理。

（二）智能立体仓库出库作业流程

1. 出库单

当管理员接收到生产或者客户的货物出库需求后，会根据货物信息输入到系统的出库单中。

2. 库存查询

当货物信息进入到出库单后，服务器系统会自动进行库存查询，且按先进先出、均匀出

库、就近出库等原则生成出库作业，传输到终端控制系统中。

3. 发送指令

控制系统会根据当前出库作业及堆垛机状态，合理安排堆垛机的作业顺序，再将安排好的作业命令逐条逐步地传送给相应的堆垛机。

4. 取货

当堆垛机收到出库作业指令后，寻找到待出库货物的货位，将货物取出放置到出库台上，然后向控制系统发送作业完成指令，等待下一项作业。

5. 数据更新

监控系统会向服务器系统反馈该出库的完成信息，再由计算机管理系统更新库中的货物信息及货位使用情况，最后完成出库管理。

（三）自动化立体仓库拣选作业流程

1. 拣选出库

当货物单元进行拣选出库操作时，堆垛机会根据地址将货物取出并且放置到巷道出库台。

2. 分拣台

由自动导引车进行取货后，将货物送至分拣台，在分拣台上再由工作人员或自动分拣设备按照出库单进行分拣作业。

3. 出库

货物分拣完成后，再由自动导引车送回巷道入库口处，同时由堆垛机将货物进行入库或者直接出库操作。

实训条件与组织

根据本实训的特点、要求和具体条件，采用实训操作形式，课堂设置主题讨论、分组讨论并完成作业，整个班级为3~5组。

实训内容

通过案例学习西安制药厂自动化立体仓库的设计、软硬件系统构成、作业程序编写，初步掌握自动化立体仓库系统的作业流程及程序编写内容。在物流工程实训中心进行自动化立体仓库实践操作，熟悉自动化立体仓库系统的软、硬件设备，掌握仓库货物的入库、出库作业流程。

内容包括以下几个方面。

（1）运转系统基本原则。

（2）入库作业程序。

（3）出库作业程序。

利用自动控制柜手动操作货物的入库和出库，再对比使用管理控制计算机进行货物的入库和出库管理操作，从而熟练掌握自动化立体仓库货物的出入库流程，编写作业程序。

▶ 实训步骤

　　用控制柜或软件监控系统实现出入库等操作，掌握自动化立体仓库的操作方法，了解自动化立体仓库系统的构成和运行原理，熟悉自动化立体仓库系统的关键技术。使用管理控制计算机进行货物的入库和出库管理操作，解决在货物的入库和出库中出现的问题。

　　在物流工程实训中心进行自动化立体仓库实践操作，熟悉自动化立体仓库系统的软、硬件设备，掌握仓库货物的入库、出库作业流程，并结合案例材料展开思考与讨论。

　　1. 运转系统基本原则

　　（1）管理方式。采用自由货位和区域管理系统管理方式，把自动化立体仓库分成了3个区域来管理物品。在各区域内以自由货位的方式进行保管。

　　（2）入库原则。自动化立体仓库的入库原则是以托盘为单位进行入库。

　　（3）出库原则。出库原则是先进先出，自动化立体仓库之外的"多余物品"和货格内的物品都必须按先进先出的原则进行出库。

　　（4）管理系统。要求自动化物流管理中心的计算机能做各种账票、查询有关信息，管理精度高，具备盘点库存的各种程序。

　　（5）控制水平阶层化。这样即使出现故障，也能进行入出库作业。全部运转包括在线运转、自动运转和手动运转三部分。

　　利用自动控制柜手动操作货物的入库和出库，再对比使用管理控制计算机进行货物的入库和出库管理操作，从而熟练掌握自动化立体仓库货物的出入库流程，编写作业程序。

　　2. 入库作业程序

　　（1）由叉车提供空托盘。

　　（2）把制品或原材料放在托盘上。

　　（3）把记载了制品号或原材料号及托盘上物品个数的现品票，贴在托盘上的制品或原材料上。

　　（4）用叉车把"入库准备完了"的托盘放在输入传送带上。

　　（5）叉车离开传送带，托盘开始向货态检测部的方向自动移动。

　　（6）在货态检测部，对单元载荷进行货态检查。货态最大尺寸为宽1100mm、深1400mm、高1400mm，读取贴在托盘侧面上的票据数据，托盘停在"入库设定位置"。如果是空托盘，则在入库主线上自动合流。

　　（7）如果货态尺寸超过规定值，或读取托盘侧面上的票据数值发生异常，操作箱的红色信号灯亮，报警器响，同时"解除异常"按钮也亮起来。此时，如果按下"解除异常"按钮，则发生异常的托盘前进，自动向入库主线合流，托盘被送入剔出线。向入库主线合流后，"解除异常"按钮熄灯。在异常原因除去后，用叉车把被送到剔出线上的托盘送到传送带上。

　　（8）把放在制品或原材料上的现品票收集起来，通过入库终端，输入"入库／再入库数据"。入库／再入库数据包括制品号或原材料号、制造号、数量。入库／再入库数据设定完之后，在确定托盘由几号机入库后，向入库主线合流，到达指定的某号机时被自动搬运。

（9）当理论在库数与输入数量有差别，在入库主线合流后，物品被送到剔出线。如果理论在库数与输入数量一致，则正常运行。

（10）当一个托盘从货态检测部移出时，下一个托盘就进入接受检测。

（11）自动报送到入库主线的托盘，将自动转到指定的某号堆垛机的入库通道传送带上。在同一入库通道传送带上可保存2个托盘，在入库站的托盘进入货格后，后续的托盘将自动地送到入库站。

（12）入库站设有条形码阅读器，能读取托盘侧面的托盘号。这个条形码阅读器与堆垛机地面控制盘相连接，读取的托盘号被送到群管理控制盘中，若发生不良读取，则送出空数据。

（13）托盘到达入库站后，等待进入货格。

（14）群管理控制盘把从堆垛机地上控制盘送来的托盘号作为入库要求数据，传输给物流管理计算机。

（15）物流管理计算机根据托盘上制品、原材料的出库顺序，查选该货区的空货格，并向群管理控制盘发出入库指令。

（16）群管理控制盘接到来自物流管理计算机的进入货位的指令后，向堆垛机的控制盘发出托盘入库指令。

（17）堆垛机地上控制盘和堆垛机把托盘送入指定货位，当托盘进入货位后，把"完了数据"传送到群管理控制盘。

（18）群管理控制盘把进入货位"完了数据"传输给物流管理计算机。

（19）物流管理计算机接收到上述入货位"完了数据"后，修改在库文件（托盘号、货位号）和相应的其他文件，自动计入库存文件中。

3. 出库作业程序

（1）收到订单数据。

（2）在办公室通过计算机终端整理订单，决定出库计划。按先进先出原则，对在库和出库的货位进行查询处理，并打印出库指示一览表和发货明细表。

（3）根据订单，编制出库顺序计划，制作出库计划文件，并按堆垛机号打印出应取货的货位一览表。发货记录票上记载机号、托盘号、订单号、制品和数量等数据。

（4）通过办公室计算机终端，按照出库计划文件，物流管理计算机向群管理控制盘发出出库指令。

（5）群管理控制盘对堆垛机地上控制盘发出出库指令。

（6）堆垛机从指定的货位取出托盘，并搬运到移动台车上。

（7）移动台车自动行走。此时出库终端显示订单号和其他有关项目，订单号用大号字体显示出来。

（8）叉车司机根据发货记录票和终端显示订单号，把托盘从移动台车上取下来，送到指定的发货口，搬运完毕后把出库记录票附在托盘上。

（9）当叉车货叉离开移动台车时，通过传感器就知道移动台车上的托盘被取走，此时，移动台车自动回到入出库站，并在指定位置待命，等待堆垛机搬运来的托盘。

（10）在发货口，待命司机根据发货明细表和发货记录单，按指示数量从托盘上把制品或原材料取出，并放入卡车的车厢中。

（11）叉车司机把拣货完毕的托盘送到下一个订单应拣货的发货口，如果没有后续订单拣货时，则把托盘送到指定区域待命入库。

> **思考题**
>
> 备用运转是在入库主线的机器发生故障时所采取的措施。备用运转的入库设定按正常运转方式一样操作，但是入库设定的托盘被送到剔出线上。
>
> 以物流工程实训中心的自动化立体仓库模型为例，思考：备用运转作业程序应该怎样设计和编写？

考核要求及标准

本实训项目的考核内容与成绩评分依据如表8-2所示。

表8-2　　　　　　　　　　实训项目考核内容与评分标准

考核内容	权重	评分要求与标准	备注
实训预习	15%	1. 课前学习授课视频，明确实训目的和要求、实训任务和实训原理（10分） 2. 初步了解实训设备和软件（5分）	
课堂表现	15%	1. 学习态度与课堂纪律：要求老师讲解期间要认真听讲，仔细记录，不交头接耳、窃窃私语。学生自由操作期间不大声讲话、打闹，自觉按序使用设备（5分） 2. 要求积极参与课堂讨论，形成文字材料（10分）	
实训操作	30%	1. 能正确掌握自动化立体仓库软件管理系统的操作步骤（10分） 2. 正确按照货物的入库、出库作业流程实现货物的出入库作业操作（10分） 3. 正确掌握自动化仓库机械设备的操作方法（10分）	
实训报告	40%	1. 总体要求（10分）：构思得当，结构合理，格式规范；内容完整，数据准确；过程真实，书写工整，语言流畅；逻辑清晰；无抄袭痕迹 2. 实训原理（5分）：要求对实训原理理解透彻、分析准确、书写工整 3. 实训内容（15分）：要求写明自动化立体仓库系统的软、硬件组成，货物入库、出库作业流程，使用管理控制计算机进行货物的入库和出库管理操作步骤等内容；作业和思考题的回答全面且深刻 4. 实训结果（10分）：要求材料真实，结论明确，书写工整，无抄袭他人成果的现象，还要有对实训结果的分析及个人对本实训的见解或想法	

第九章 农产品物流实训

农产品物流实训是为配合农产品物流的理论教学，增强学生对农产品基本概念和基本理论的学习和应用，是在学习了现代物流学、物流设施与设备和农产品物流等课程的基础上开设的实训内容。学生通过该章节实训，加深对农产品物流活动、农产品供应链以及农产品冷链物流等内容的掌握理解和应用。学生通过完成实训项目，有助于提升其运用农产品物流理论知识分析问题和解决问题的能力、计算机软件运用能力、团队协作能力、资料检索与收集能力、资料整理与分析能力、实训报告的撰写能力及学术论文的写作能力，为学习本专业的其他专业课程及未来就业奠定基础。

本章共有四个实训项目，四个实训项目均是综合性项目，其中农产品流通实训要求学生运用农产品流通基本知识分析和解决农产品流通相关的实际问题，如选用恰当的调研方法获取实际资料，通过对资料进行整理分析并结合农产品流通的相关知识分析某地某种农产品流通的现状，流通中存在的问题及解决对策等。生鲜农产品冷链物流实训要求学生运用生鲜农产品冷链物流的基本知识，能够熟练操作果蔬、肉类、水产品三类农产品冷链物流软件，并根据实际操作情况和生鲜农产品冷链物流的基本知识理解三类农产品冷链物流的具体流程，分析和解决生鲜农产品冷链物流全过程质量管理的相关问题等。实训二实训步骤中的图片来源于实训配套软件。实训三要求对某地区农产品物流供需情况展开调研，形成报告。实训四要求以某个地区或某个企业物流系统为研究对象，根据实际情况构建恰当的评价指标体系，选用合适的方法进行评价，形成报告。

实训一 农产品流通实训

实训目的

1. 深入理解农产品流通的相关理论知识。
2. 具备运用农产品流通相关知识分析和解决实际问题的能力。
3. 具备一定的团队协作精神、自主学习精神和创新精神，具备知农、敬农、爱农情怀。

实训准备

1. 了解农产品流通的基本知识。
2. 材料准备：电脑、空白纸张、笔。

知识链接

一、基本概念

（一）农产品流通

农产品流通是指农副产品中的商品部分，通过买卖形式，实现从农业生产领域到消费领域转移的一种经济活动，其流通过程包括收购、调运、储存和销售等环节。农产品流通与农产品物流比较见表9-1。

表9-1　　农产品物流与农产品流通比较

比较对象	性质	涵盖范围
农产品物流	服务产业	生产、流通和消费活动，主要包括物流和信息流
农产品流通	农产品商品化过程中的一个环节	物流、商流、信息流、资金流

农产品物流是农产品流通的一个重要组成部分，是农产品流通的重要物质支柱，没有物质实体流动的农产品流通毫无意义。

（二）农产品流通组织

农产品流通组织是一种为了促进农产品的生产与流通的一群人所组成的群体及其内部的制度安排。如农业的产、供、销一体化组织、农民中介组织、供销合作社、农产品批发市场等都属于农产品流通组织。

二、农产品流通组织主要形式

（一）农产品批发市场

农产品批发市场是指以粮油、畜禽肉、禽蛋、水产、蔬菜、水果、茶叶、香辛料、花卉、棉花、天然橡胶等农产品及其加工品为交易对象，为买卖双方提供长期、固定、公开的批发交易设施设备，并具备商品集散、信息公示、结算、价格形成等服务功能的交易场所。

（二）农民专业合作社

农民专业合作社是以农村家庭承包经营为基础，通过提供农产品的销售、加工、运输、贮藏以及与农业生产经营有关的技术、信息等服务来实现成员互助目的的组织，从成立开始就具有经济互助性。拥有一定组织架构，成员享有一定权利，同时负有一定责任。

（三）农产品批发市场的重要分类

按照区位可将农产品批发市场分为以下三种。

产地农产品批发市场：建在靠近农产品产地的、以一种或多种农产品为交易对象的批发市场，如寿光蔬菜批发市场。

销地农产品批发市场：建在城市近郊甚至市区、以多种农产品为交易对象的批发市场，如七里堡综合批发市场。

集散地农产品批发市场：建在农产品产地和销地之间的便于农产品集散的地方、以一种或多种农产品为交易对象的批发市场，如郑州粮食批发市场。

实训条件与组织

1. 实训条件：校内实训室、电脑、办公软件。
2. 实训组织运行要求：三人一组共同完成该实训任务。

实训内容

1. 实训任务

根据所学知识和以下材料，采用线上线下调研相结合的形式获取农产品流通的相关资料，撰写农产品流通调研报告。

（1）整体布局，全供应链覆盖，京东农产品流通大中台打造乡村振兴新路径。

乡村振兴离不开"科技新农具"的研发与运用。2020年，京东成立数智农业生态部，作为集团乡村振兴工作的"桥头堡"与"先行军"，着力打造农产品流通大中台，通过联合政府与行业力量，打通农业产业链及现代流通体系，在助农增收和城乡经济融合方面为乡村振兴带来了新的增长动能。2021年，京东正式落地"农产品大流通战略"，作为京东"奔富计划"数智化社会供应链的一部分，有效推动了产业升级与流通提效。

京东农产品流通大中台战略基于商品集采、数字化改造、仓配网络、渠道拓展四大能力，通过培育新农人、打造数字农场、创建农业现代化产业园、农批市场数字化改造、智能化仓配网络、大数据精准营销等众多手段，全面提升农产品生产、流通与营销的数智化水平。为夯实业务能力和业务基础，京东提出了"1+1+N的业务模式"。

"1+1+N的业务模式"是京东农产品流通大中台的核心，指的是1个行业合作样板即联合政府及行业龙头合作伙伴布局农产品产销全供应链；1套中台基建体系即打造农产品流通数字化平台及运营一体化解决方案和包括山东寿光、新疆、四川在内的N个核心产业带。

京东农产品流通数字化平台作为农产品流通大中台的基建体系，明确了行业代表性，用数字化连接和优化农业生产端、流通端和零售端各个环节，实现了农业大流通全产业链线上化和数字化，降低了流通成本、提高了流通效率。目前，"京东农产品流通数字化平台"已积极在多地开展多产品农业数字化平台打造。

借助京东农产品流通大中台的模式，京东具体实施的成功案例如下。

一方面，京东积极探索与行业龙头共创共建行业领先性创新模式，持续沉淀产业全链条服务能力。京东联合中国地利进行模式创新，在品牌、品类、直采上进行三大共创：打造特色的农产品知名品牌、打造亿元级以上的产业带单品、实现农产品的联合直采，确保整个大流通的实施。

另一方面，京东多年深耕重点地区对口帮扶，助力当地实现"飞跃式"进展。借助京东农产品流通大中台，京东提出了健全农村电商运营体系、构建农产品上行和消费品下行双向流通体系、夯实农村电商产业集聚服务体系和完善农村电子商务培训体系这四大体系、十大服务全面助力西藏全产业链振兴发展。京东落地了西藏首个京东智能仓，实现落地运营，这是在西藏农村电商示范项目的又一实践。京东打造了西藏全产业的发展规划，实现了西藏年度农村网络零售额增长不低于20%、西藏年度网络零售额增长不低于30%、总体培训不少于3万人次，转化率不低于10%的整体目标。

资料来源：根据半月谈网访谈资料整理而成

（2）池上仙桃、西河蜜薯流通困局。

农产品大多季节性较强，大批量上市后，容易造成市场供过于求的情况。相关领域专家认为农户种植的果蔬品种相对单一、质量不高导致市场竞争力低，再加上资金、规模有限，农产品科学保鲜成本高等原因，不得已只能扎堆上市。以池上鲜桃为例，同样品质的桃子有的年份售价较高，有的年份售价很低，导致部分农户连种植成本也收不回。随着生活水平的提高，消费者对产品的要求逐步提升，追求高品质、健康消费的受众群体越来越多。相关企业负责人介绍，市场上的农产品产量虽多，一旦按照企业生产标准采购农产品，将有大部分农产品被排除在外。淄川区西河镇的蜜薯某年在没有达到亩产平均量4000斤的情况下，仍有70万斤面临滞销的困境，抛开第一年种植、知晓度不高等原因不谈，产品规格成了蜜薯不能被大批量采购的主因。据实地调研，蜜薯小的有几两，大的有五六斤重，大个蜜薯看上去喜人，却鲜有企业愿意收购。企业收购的蜜薯规格在3两至1斤5两之间，从目前的市场反馈来看，这种规格的制成品最符合消费者的需求。在近期对供货市场的调查中，符合企业收购条件的产品占比较低，而剩余部分产品加工后附加值不高，导致企业收购动力不足。很多人曾遇到过某一款农产品价格突增或突降的情况，类似情况的出现与农民种植的盲目性有很大关系。当某种农产品出现赚钱效应的时候，大家会一哄而上种植这种产品，结果这种产品严重供过于求；当某种产品亏损的时候，大家又大量减少甚至停止该种农作物的种植，结果该种农产品供不应求，价格暴涨；供过于求则价格暴跌，当市场价格远低于种植成本，农产品滞销的情况便会出现。目前，很多农产品销售模式仍是"农户–收购商–批发商–零售商–消费者"，这种模式增加流通环节、降低流通效率、产品损失严重。种植户大多是村里的留守老人，年轻人不愿意留在村里种地。村里的老人不懂微商、电商，他们勤勤恳恳，有的是经验，缺的是理念和技术，对于新鲜事物他们很难接受，难以预测市场行情。此外，运输成本提高了农产品流通成本，缺乏品牌意识导致部分低质农产品生产过剩，农民获取市场信息的渠道落后，也是造成农产品滞销的因素。

资料来源：根据鲁中晨报记者访谈资料整理而成

（3）农产品批发市场。

在我国，"菜篮子"产品的生产供应是小生产、大流通、大市场的格局，全国大型农产品批发市场按照各地市场需求集散配货，买全国卖全国，承担了70%以上的产销衔接，在稳定市场供应方面发挥了重要作用。自中国第一个农产品批发市场——山东寿光蔬菜批发市场建立，我国农产品批发市场经过三十多年的发展历程，已经成为我国农产品流通体系中重要的组成部分。

作为中部地区最大的农产品批发交易市场，河南万邦农产品批发市场承担着郑州市80%以上、河南省60%的果蔬消费供应，农产品交易覆盖全国。整个河南省常年蔬菜播种面积2600万亩，蔬菜的年产量7400万吨，其中有50个县（市、区）是蔬菜生产大县。除了本地菜进入市场，还有来自河南省外的各种蔬菜，如一家经销商进货的丝瓜是山东的，菜心是广东的，生菜是云南的，香菜是河北的等。河南万邦农产品市场物流城保供专班负责人介绍，得益于中欧班列和国家航空港区优势，万邦投资200亿元，布局全国批发市场，打造农产品冷链物流体系，打通田间地头和老百姓餐桌的"最后一公里"，实现南菜北运、北粮南运、西果东输，把生活物资和农产品运输供应到全国各地。

然而，我国农产品批发市场仍存在一些问题。一方面存在集约化程度不高、数量多但规模偏小、缺乏统一规划等问题，严重影响了现代化农产品批发市场的发展进程。并且，我国传统农产品批发市场通常建立在商业氛围浓厚的城区，紧邻居民区，随着批发市场规模扩张，商品流通量的增加，造成交通堵塞，影响市场内商户、客户和周边居民出行。同时，由于市场周围环境的限制，难以提供仓储配送等物流服务，制约了批发市场的发展壮大。另一方面农批市场地域发展差异大。东部市场数量过多，对部分区域的基础设施、环境等造成极大压力，而批发市场不足的地区难以满足人民日益增长的物质需求。一些农产品批发市场基础设施落后、功能不完善。一些批发市场的水电配套、交易环境还处于无序管理状态。运输、仓储、搬运、配送等物流活动的操作方式仍停留在人工、自发的阶段。

随着互联网、大数据技术充分发展，农批市场正式迎来了集团化、规模化、现代化，向智慧农贸靠拢的新趋势，农批市场的发展也迎来了新的挑战。

资料来源：根据央视网新闻和中科深信公众号资讯内容整理而成

（4）全国农民合作社典型案例——青州市南小王晟丰土地股份专业合作社。

青州市南小王晟丰土地股份专业合作社位于青州市何官镇南小王村，合作社以村集体经济组织为支撑，以村民承包土地经营权入股为核心，依托南小王村传统的区位和资源优势，走出了一条蔬菜种植、加工、销售和乡村旅游为一体的产业融合发展之路。目前，合作社成员525名，入股土地4500亩，年经营收入8560万元，被评为国家级示范社，入选国家典型案例。

①党员干部带头干，组建土地股份合作社。

首先，坚持党建引领。通过充分宣传，在广泛征求村民意见的基础上，形成《青州市晟丰土地股份专业合作社章程》，每年组织召开合作社社员大会，选举产生理事会、监事会，带领村民发家致富。

其次，发挥农民主体作用。充分尊重村民意愿，坚持"民办、民管、民受益"，全村105户农民都自愿签订了土地经营流转协议书，还流转周边北大王、耿家里双、北牛家等8个村共4500亩土地，入社会员达525户。

最后，合理确定股权和分红标准。以农户土地承包经营权、集体农用土地使用权为股权依据，采取保底收入加分红的分配方式，每股每年固定享受926斤小麦的股利，年底按比例提取10%公积金、5%的公益金后，再将所有剩余利润根据股份进行二次分红，保障社员收入。

②科学规划谋出路，实现合作社跨域发展。

首先，成立土地股份合作社。把分散经营的土地集中统一经营，规划无公害蔬菜大棚种植区、有机蔬菜种植区、粮食种植区、特色养殖区、良种繁育区等区域，科学规划，实现规模化、集约化经营。

其次，做强高品质农产品。创建"南小王"高品质放心农产品品牌，建设"四位一体"蔬菜大棚，配套育苗一体化温室2处、有机肥发酵厂1处。目前，合作社带动周边2万亩土地实现水肥一体化覆盖，引进大棚蔬菜、大姜作物秸秆还田，有效改善土壤质量、提高地力，解决土地板结、作物病虫害问题。

最后，发展智慧农业。创建合作社智能大数据平台，通过网络实时查看蔬菜生长情况，用手机即可控温、控湿、控肥、控光，每个大棚每年可降低人工成本5万元左右。跟进电商农业发展，创建"南小王蔬菜"网上生鲜购物平台，研发合作社"火眼金睛"手机微信小程序，为农户购买生资、日常消费品、咨询农作物种植技术及病虫害管理等提供指导和便利。

③促进集体大发展，带动农民齐增收。

首先，实现农民增收。农民土地入股合作社后，既可从合作社得到一份收益，又可放手从事二、三产业或给合作社打工，再增加一份收入。2022年，合作社经营收入达8560余万元，社员每股分红3350元，村集体分红80万元，南小王村农民人均纯收入达到3.4万余元。

其次，提高村民居住生活质量。合作社从提取的公积金、公益金和村集体分红中拿出资金，建设了28套老年公寓，供老人免费入住。同时，合作社加强村内基础设施建设，对道路进行硬化和绿化，安装路灯、健身器材等公用设施，整修了水电，为全村人缴纳水费、农村合作医疗保险费等。

最后，助力南小王村乡村治理水平提升。村庄事业有了长足发展，先后荣获山东省干事创业好班子、潍坊市创先争优先进基层党组织、潍坊市新农村建设带头村、全国文明村、国家级示范合作社等荣誉称号。

资料来源：2023年8月4日大众网 潍坊报道

2. 实训要求

调研报告要求围绕现有农产品流通模式，农产品流通模式优化，以农产品批发市场为代表的农产品流通组织的发展情况等内容展开。要求调研内容具体化且具有针对性，如现有农产品流通模式及其优化可以某地某农产品为例来展开调研，以农产品批发市场为代表的农产品流通组织的发展情况可以某地为研究地区展开调研。

思考题

1. 我国现有农产品流通组织主要有哪些类型？
2. 我国农产品批发市场发展的特点及发展对策有哪些？

考核要求及标准

本实训项目考核内容包含课堂表现与实训报告两部分，各部分所占比重及考核标准如表9-2所示。

表9-2　　实训项目考核标准表

考核内容	权重	评分要求与标准
课堂表现	20%	1. 不旷课，不迟到早退（10分） 2. 遵守实训室守则及各项纪律（10分） 3. 实训过程中有良好的团队精神，互相协作（20分） 4. 实训态度认真，积极参与实训（20分） 5. 实训结束做好整理、卫生工作（10分） 6. 实训前对实训进行充分的预习，熟悉实训原理、方法及步骤（30分）
实训报告	80%	1. 按时提交报告（15分） 2. 根据实训内容撰写报告，文字精练，图表清晰（20分） 3. 报告内容丰富翔实，应包含某地某农产品现有农产品流通模式及其优化，某地以农产品批发市场为代表的农产品流通组织的发展情况等内容（35分） 4. 报告格式排版规范（15分） 5. 报告内容不得照搬，实训报告不得抄袭（15分）

实训二 | 生鲜农产品冷链物流实训

实训目的

1. 理解生鲜农产品冷链物流的相关知识。
2. 能够运用生鲜农产品冷链物流的相关知识分析和解决实际问题。
3. 能够熟练操作生鲜农产品冷链物流仿真软件。
4. 具备一定的团队协作精神、自主学习精神和创新精神,具备知农、敬农、爱农情怀。

实训准备

1. 了解生鲜农产品冷链物流的相关知识。
2. 了解认识农产品冷链物流肉类、果蔬类、水产品类软件。
3. 材料准备:空白纸张、中性笔。

知识链接

一、农产品冷链物流概述

(一)农产品冷链物流的概念

农产品冷链物流是指水果、蔬菜、肉类等物品在生产、贮藏运输、销售,到消费前的各个环节中始终处于规定的低温环境下,以保证物品质量和性能的一项系统工程。

(二)农产品冷链物流的特征

1. 复杂性

生鲜农产品在流通过程中质量随着温度和时间的变化而变化,不同的产品都有对应的温度和储藏时间。还有产品生产、消费市场和冷链物流服务环境还具有明显的区域性,这就大大提高了它的复杂性,所以说生鲜农产品冷链物流是一个庞大的系统工程。

2. 协调性

由于生鲜食品的不易贮藏,各部门必须高效运转,每个环节必须具有协调性,这样才能稳定链条的稳定运行。

3. 高成本性

为了确保生鲜果蔬等在流通各环节中始终处于规定的低温条件下,必须安装温控设备,使用冷藏车或低温仓库,采用先进的信息系统等。农产品冷链物流的成本要比其他物流系统成本偏高。

4. 时效性

要求各环节具有更高的组织协调性。由于易腐食品的时效性，要求冷链体系中的各个环节具有更高的组织协调性，所以生鲜农产品冷链的运作始终是和能耗成本相关联的，有效控制运作成本与生鲜农产品冷链的发展密切相关。

二、典型农产品冷链物流的作业流程

（一）肉类冷链物流的流程

肉类冷链物流作业流程如图9-1所示。

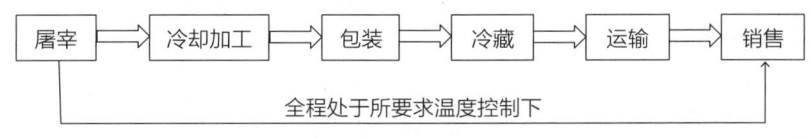

图9-1　肉类冷链物流作业流程图

（二）果蔬类冷链物流的流程

果蔬类冷链物流的作业流程如图9-2所示。

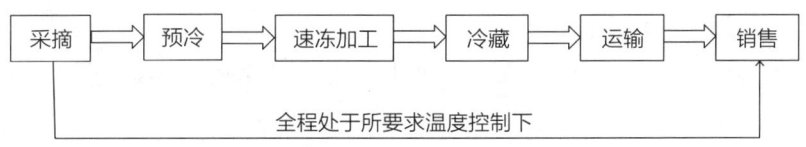

图9-2　果蔬类冷链物流作业流程图

速冻加工一般经过选料-清洗-切分-烫漂-沥水-快速沥干冻结-包装等流程。

（三）水产品类冷链物流的流程

水产品类冷链物流作业流程如图9-3所示。

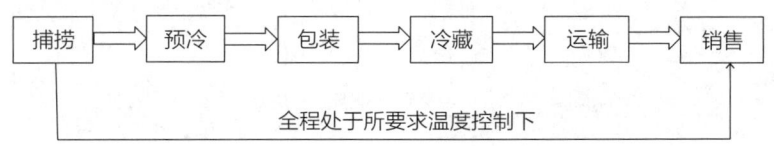

图9-3　水产品类冷链物流作业流程图

实训条件与组织

1. 实训条件：物流虚拟仿真实验室、农产品冷链物流虚拟仿真软件。
2. 实训组织运行要求：三人一组共同完成该实训任务。

实训内容

1. 实训任务

（1）肉类冷链物流软件操作。

（2）果蔬类冷链物流软件操作。

（3）水产品类冷链物流软件操作。

（4）围绕以上三个软件所涉及的内容撰写实训报告。

2. 实训要求

软件操作熟练、流畅，实训报告内容应结合软件操作过程中所涉及的三类农产品冷链物流流程内容及思考题展开。

实训步骤

1. 农产品冷链物流肉类实训

（1）基本操作。打开农产品冷链物流实验一开展实验。戴上眼镜，两手分别拿左右手柄进行操作。

（2）基本流程。

①肉类分类与质量变化子实训。

打开软件后，出现"任务提示"的提示面板，如图9-4所示，提示面板会告诉你这个实训的学习内容。鼠标左键点击面板右上方，使面板消失。点击大屏幕上的播放按钮，观看肉类入库前预处理视频介绍，如图9-5所示。

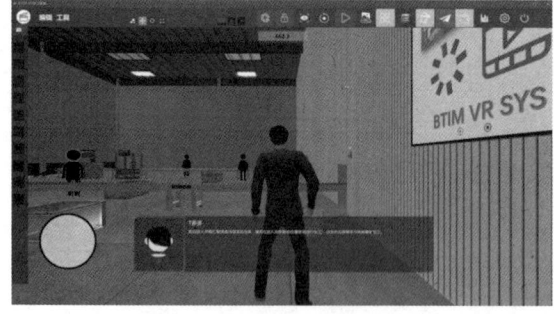

图9-4

图9-5

前往下一个任务点，点击开关开启猪肉预处理流水线，如图9-6。在拣选区挑选出腐烂不合格的猪肉放在图示的框中，完成拣选，如图9-7、图9-8所示。前往下一个任务点，猪肉质量检测与消毒学习，如图9-9、图9-10所示。拿起检测完的猪肉，进行猪肉预处理实训，如图9-11、图9-12所示。依次打开冷库预冷消毒开关和库门，如图9-13所示。

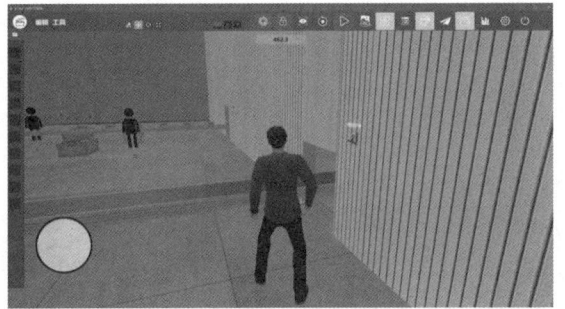

图9-6

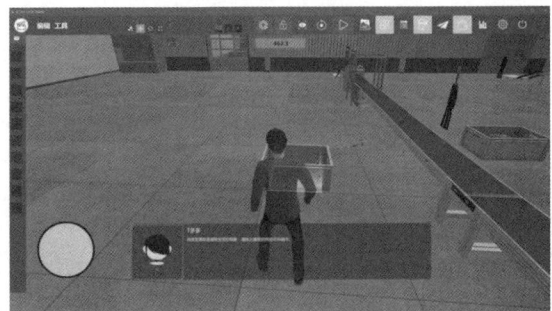

图9-7

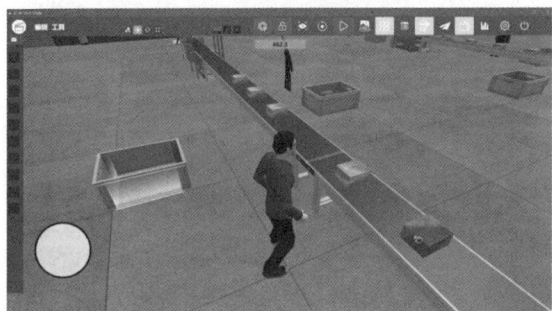

图9-8

图9-9

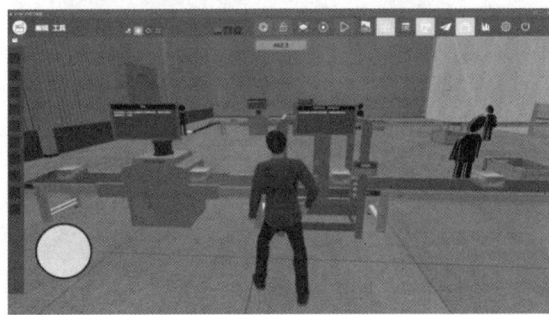

图9-10

图9-11

图9-12

图9-13

②肉类预冷子实训。

进入预冷库完成猪肉预冷学习。如图9-14所示。分别完成猪肉预冷，空气冷却法、冷水冷却法、碎冰冷却法的学习，如图9-15、图9-16、图9-17所示。

图9-14

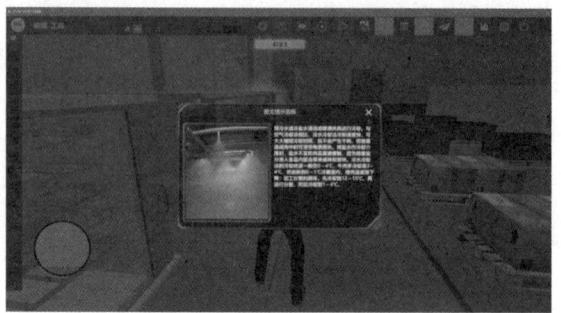

图9-15

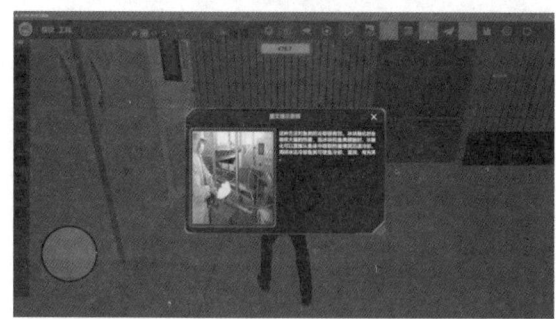

图9-16

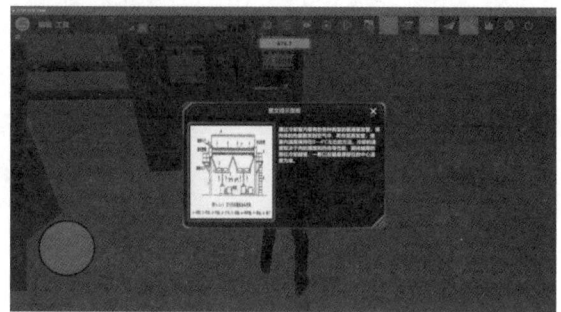

图9-17

根据提示将猪肉放在合适的预冷间，选择错误的冷却方法会有提示，如图9-18所示。选择正确的冷却方式，将猪肉放进去，关闭库门。在等待猪肉冷却的时间里将会自动播放一个冻肉处理视频，学习冻肉处理知识，如图9-19、图9-20所示。完成冷却后，拿起猪肉前往冷藏间进行冷藏，如图9-21所示。

图9-18

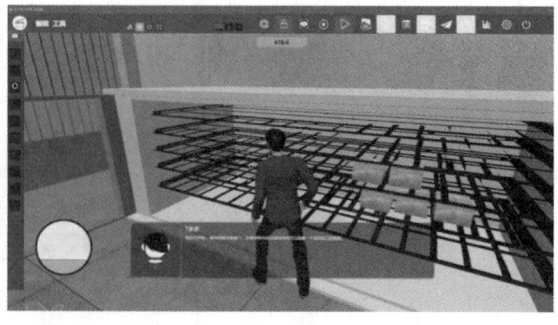

图9-19

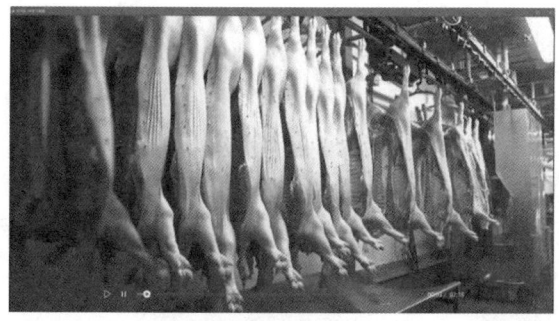

图9-20

图9-21

③冷却肉冷藏子实训。

进入冷藏库，学习肉类冷藏知识，如图9-22所示。

根据要求挑选合适的冷藏库，完成猪肉入库，如图9-23、图9-24所示。

④冷却肉出库子实训。

将冷却好的猪肉拿出，然后进入下一个房间，如图9-25所示。根据提示，将猪肉放入右侧的检测台上，如图9-26所示。

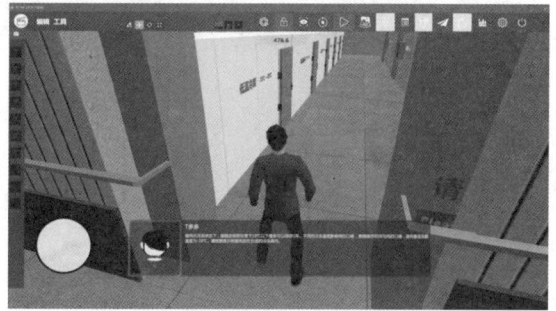

图9-22

图9-23

图9-24

图9-25

图9-26

检测完成以后，将猪肉放到桌子上，猪肉会自动进行打包，然后打包完成以后，将箱子放在滚轴机处，如图9-27，图9-28所示。完成实训。

图9-27　　　　　　　　　　　　图9-28

2. 农产品冷链物流果蔬类实训

（1）基本操作。打开农产品冷链物流实验二开展实验。戴上眼镜，两手分别拿左右手柄进行操作。

（2）基本流程。

①果蔬商品化处理子实训。

打开软件后，出现"任务提示"的提示面板，如图9-29所示，提示面板会告诉你这个实训的学习内容。鼠标左键点击面板右上方，使面板消失。点击大屏幕上的播放按钮，观看果蔬预处理视频介绍，如图9-30所示。

图9-29　　　　　　　　　　　　图9-30

前往下一个任务点，开启果蔬预处理流水线，如图9-31所示。

在拣选区挑选出绿色未成熟的橘子放在图示的框中，完成拣选，如图9-32、图9-33所示。

前往下一个任务点，进行水果打蜡学习。如图9-34所示。预处理完成的水果进入

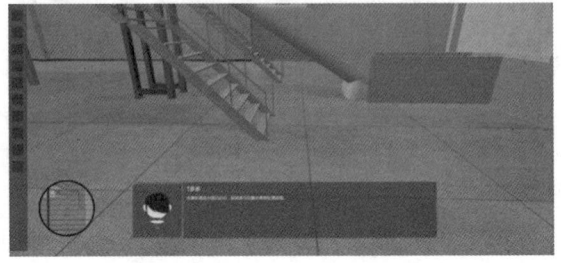

图9-31

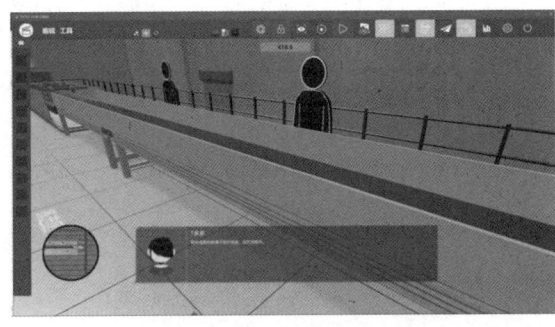

图9-32

图9-33

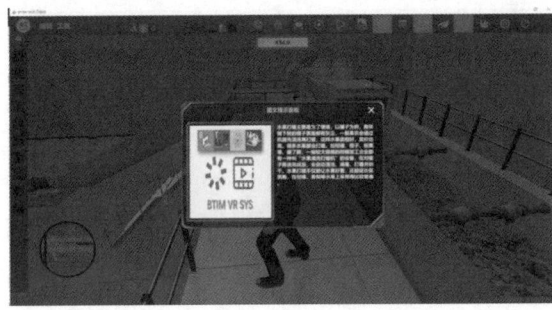

图9-34

图9-35

水果筐，前往下一个实训，果蔬贮藏与保鲜子实训，如图9-35所示。

②果蔬贮藏与保鲜子实训。

进入冷库，如图9-36、图9-37所示。

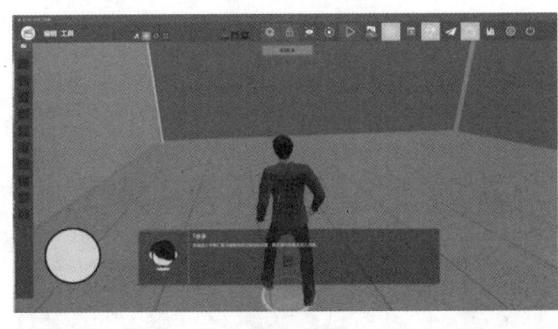

图9-36

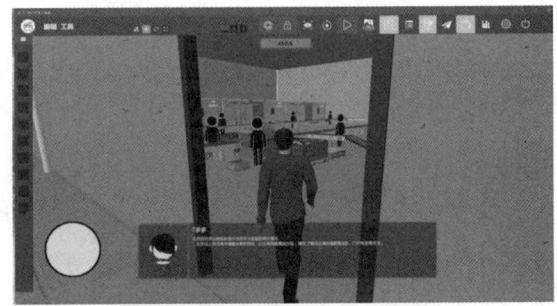

图9-37

观看并学习各类水果采摘与保存知识。如图9-38所示。点击打开生产线开关，如图9-39所示。

生产线启动后不同种类水果将会完成分拣至要入的库门前，拾取要进行入库的水果，进入库房，如图9-40、图9-41所示。

按照要求完成入库，如图9-42所示。

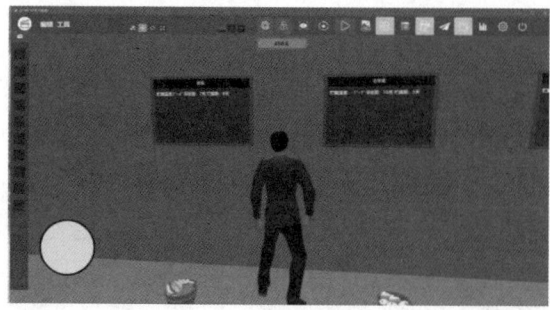

图9-38

图9-39

图9-40

图9-41

完成五种不同水果的入库,结束实训。

3. 水产品、乳制品、禽蛋冷链物流实训

(1)基本操作。打开农产品冷链物流实验三开展实验。戴上眼镜,两手分别拿左右手柄进行操作。

(2)基本流程。打开软件后,出现"任务提示"的提示面板,如图9-43所示,提示面板会告诉你这个实训的学习内容。鼠标左键点击面板右上方,使面板消失。

图9-42

图9-43

观看视频并结合知识点完成水产品食物加工的学习,如图9-44所示。学习完相关知识后进行答题,如图9-45所示。

图9-44

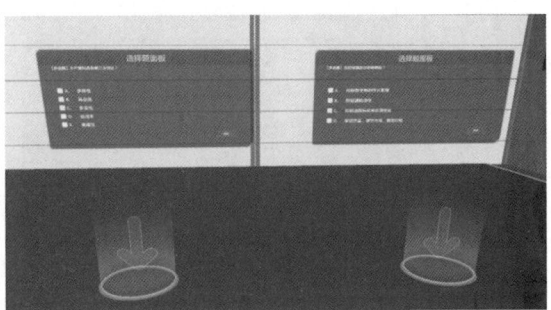
图9-45

墙壁上会显示当前知识点学习时长,如图9-46、图9-47所示。

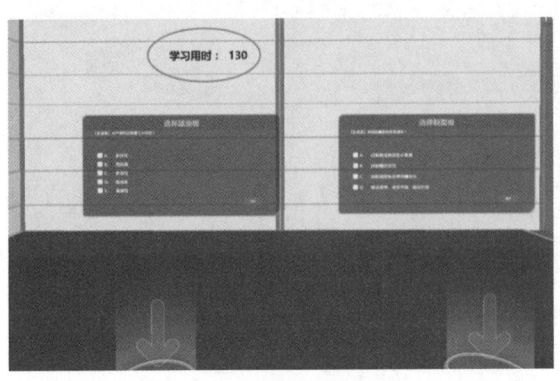
图9-46

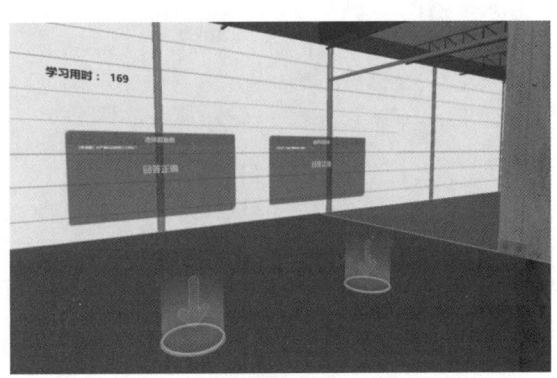
图9-47

学习后前往下一个任务点。如图9-48所示。充气式增压机学习,如图9-49、图9-50所示。海水制冷机学习,如图9-51、图9-52所示。海鲜预冷方式学习,如图9-53、图9-54、图9-55所示。

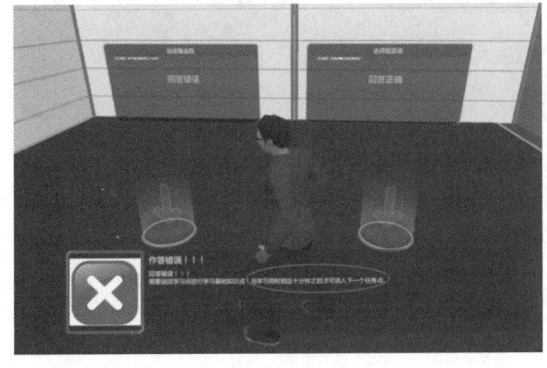
图9-48

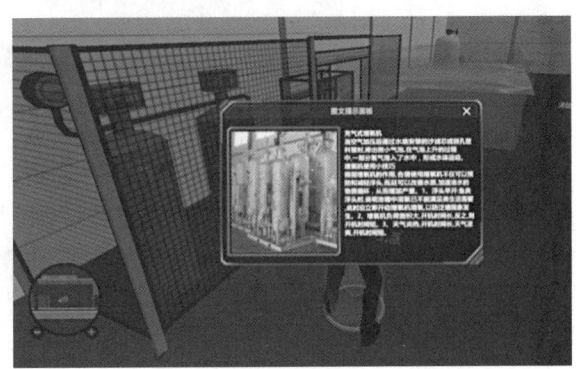
图9-49

图9-50

图9-51

图9-52

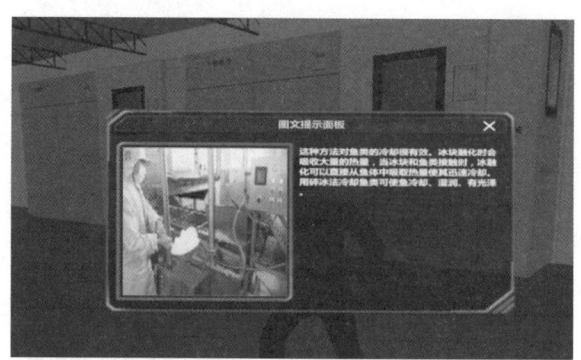

图9-53

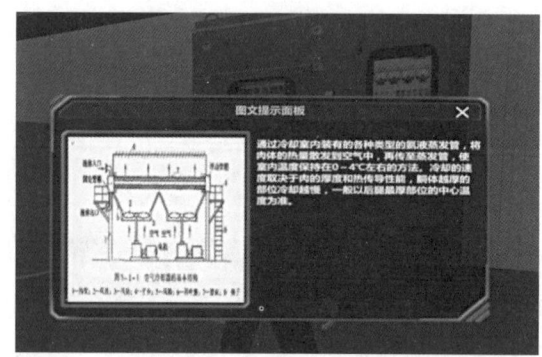

图9-54

图9-55

开始乳制品灌装学习,如图9-56所示。进行乳制品灌装操作,如图9-57所示。

进行禽蛋冷藏方法学习,如图9-58所示。不同冷藏方法学习,如图9-59、图9-60、图9-61、图9-62、图9-63所示。

图9-56

图9-57

图9-58

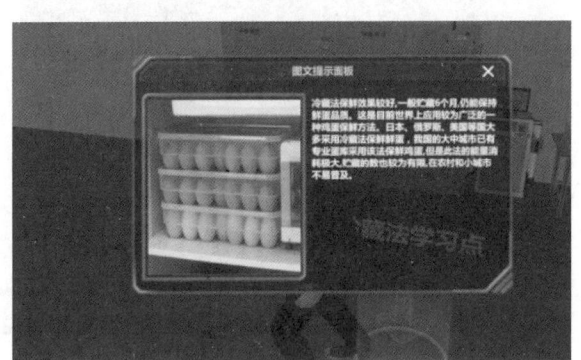

图9-59

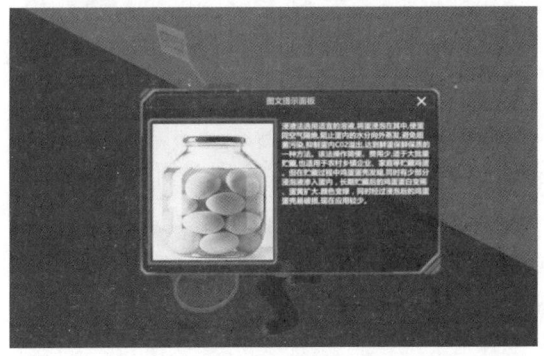

图9-60

图9-61

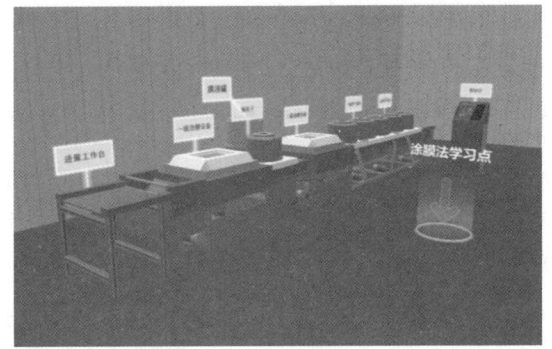

图9-62

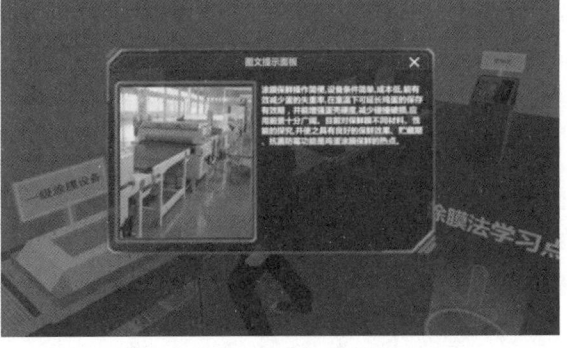

图9-63

进入禽蛋包装子实训，禽蛋包装视频，然后根据任务提示进行学习和参观禽蛋包装流水线，如图9-64、图9-65所示。完成实训。

图9-64

图9-65

实训三 | 农产品物流供需调研

实训目的

1. 能够采用合适的调查方法获取农产品物流供需的相关数据资料。
2. 能够运用统计分析方法对农产品物流供需的相关数据资料进行整理分析，绘制相应图表，分析和解决实际问题。
3. 具备一定的团队协作精神、自主学习精神和创新精神，具备知农、敬农、爱农情怀。

实训内容

选用合适的调查方法，以某地区为研究地区，对其基本概况、农产品物流需求分析、农产品物流供应分析、农产品物流供需存在的问题与建议分别展开论述，形成调研报告。

考核要求及标准

本实训项目考核内容包含课堂表现与实训报告两部分，各部分所占比重及考核标准如表9-3所示。

表 9-3　　　　　　　　　　　实训项目考核标准表

考核内容	权重	评分要求与标准
课堂表现	20%	1. 不旷课，不迟到早退（10分） 2. 遵守实训室守则及各项纪律（10分） 3. 实训过程中有良好的团队精神，互相协作（20分） 4. 实训态度认真，积极参与实训（20分） 5. 实训结束做好整理、卫生工作（10分） 6. 实训前对实训进行充分的预习，熟悉实训相关知识，做好实训准备（30分）
实训报告	80%	1. 按时提交报告（15分） 2. 根据实训内容撰写报告，文字精练，图表清晰（20分） 3. 报告内容丰富翔实，应包含某地农产品物流需求分析、农产品物流供应分析、农产品物流供需存在的问题与建议等内容（35分） 4. 报告格式排版规范（15分） 5. 报告内容不得照搬，实训报告不得抄袭（15分）

实训四 ｜ 农产品物流系统评价及优化

实训目的

1. 能够采用合适的调查方法获取所研究的农产品物流系统的相关数据资料。
2. 能够构建恰当的农产品物流系统评价指标体系，选用合适的评价方法对其展开评价分析，并根据评价结果探讨优化建议。
3. 具备一定的团队协作精神、自主学习精神和创新精神，具备知农、敬农、爱农情怀。

实训内容

选用合适的调查方法和评价方法，以具体的农产品物流系统为评价对象，对其评价指标体系构建、评价分析过程、根据评价结果进行问题分析、优化建议展开论述，形成调研报告。

考核要求及标准

本实训项目考核内容包含课堂表现与实训报告两部分，各部分所占比重及考核标准如表9-4所示。

表 9-4　　　　　　　　　　　　　实训项目考核标准表

考核内容	权重	评分要求与标准
课堂表现	20%	1. 不旷课，不迟到早退（10分） 2. 遵守实训室守则及各项纪律（10分） 3. 实训过程中有良好的团队精神，互相协作（20分） 4. 实训态度认真，积极参与实训（20分） 5. 实训结束做好整理、卫生工作（10分） 6. 实训前对实训进行充分的预习，熟悉实训相关知识，做好实训准备（30分）
实训报告	80%	1. 按时提交报告（15分） 2. 根据实训内容撰写报告，文字精练，图表清晰（20分） 3. 报告内容丰富翔实，应包含评价指标体系构建、具体评价分析过程、结果分析及优化建议等内容（35分） 4. 报告格式排版规范（15分） 5. 报告内容不得照搬，实训报告不得抄袭（15分）

第十章

采购管理实训

采购管理实训是为配合采购管理课程的理论教学,增强学生对采购管理课程基本理论和基本方法的理解和应用,是在学习了管理学、统计学、经济学、现代物流概论等课程的基础上开设的实训内容。学生通过该章节实训,加深对采购管理的基本理论、供应商选择、采购谈判等内容的掌握理解和应用。学生通过完成实训项目,有助于提升其运用采购管理理论知识分析问题和解决问题的能力、团队协作能力、语言表达能力、资料整理与分析能力、实训报告的撰写能力及学术论文的写作能力,为后续课程的学习、为将来走上社会从事采购管理工作,打下坚实的基础。

本章共有4个实训项目,4个实训项目均是综合性项目。其中招标采购综合训练要求学生全面掌握招标采购的基本知识、操作流程、实战技巧,为从事招标采购工作奠定理论基础。撰写采购报告要求学生熟悉采购前期的基础性工作,掌握市场调查、采购预测的基础知识,为编制采购计划、分析成本、签订合同等工作奠定基础。采购谈判模拟实训要求学生在了解商务谈判和合同签订基本知识的基础上,深刻了解采购人员进行采购谈判的策略和技巧、采购合同签订的程序和注意事项等。供应商调查与评估帮助学生加深对企业供应商的选择、审核、绩效考评和供应商关系管理等知识的理解。

实训一 | 招标采购综合训练

实训目的

通过本次实训编制招标文件、投标文件，模拟招标现场，达成合作意向等实训步骤，要求学生全面掌握招标采购的基本知识、操作流程、实战技巧，能够灵活运用评标方法，培养学生团结协作能力、沟通表达能力，为从事招标采购实际工作奠定理论基础。

实训准备

1. 理论课讲授招投标文件编制要求、招标程序、评标方法等知识点。
2. 以实训内容为背景，学生分组编制公开招标文件和投标文件并打印。
3. 制作抓阄道具，用于招标现场身份确定。

知识链接

一、招投标文件编制要求

（一）招标文件的准备

招标文件是整个招投标活动的核心文件，是招标方全部活动的依据，也是招标方的智慧与知识的载体。

1. 招标通告

招标通告的核心内容就是向未定的投标方说明招标的项目名称和简要内容，发出投标邀请。

2. 投标须知

投标须知是通过建立一些在整个招投标过程中的共同的概念和规则，并把它们明确地写出来，主要内容基本上是招投标的一些基本规则、做法标准。

3. 合同条款

合同条款的基本内容就是购销合同、任务明细组成、描述方式、货币价格条款、支付方式、运输方式、运费、税费处理等商务内容的约定和说明，包括一般合同条款和特殊合同条款。

4. 技术规格

技术规格是招标文件和合同文件的重要组成部分，它规定所购货物、设备的性能和标准。

5. 投标书的编制要求

投标书是投标供应商对其投标内容的书面声明，包括投标文件构成、投标保证金、总投标价和投标书的有效期等内容。

6. 供货一览表、报价表

供货一览表应包括采购商品品名、数量、交货时间和地点等。

（二）投标文件的准备

投标文件是投标者投标的全部依据，也是招标者招标所希望获得的成果，是投标者智慧与技术的载体。

1. 投标书

投标书的基本内容，是以投标方授权代表的名义写的明确表明参加对招标方招标项目进行投标的意愿、简要说明项目投标的底价和主要条件。

2. 目标任务的详细技术方案

针对招标项目提出自己的技术的和经济的指标参数，并且详细说明达到这些技术经济指标的技术方案、技术路线和保障措施等。

3. 投标资格证明文件

本部分要列出投标方的资格证明文件。

4. 公司与制造商代理协议和授权书

如果投标方是某些制造商的产品代理，则还要出具和制造商的代理协议复印件以及制造商的委托书。

5. 公司有关技术资料及客户反馈意见

这一部分主要是投标方企业对自己的业务水平、技术能力、市场业绩等提出一些让招标方可信的说明以及证明材料，一般用实例写出自己令人信服的技术能力、质量保证能力等，列出自己有关技术资格证书、获奖证书、兼职聘任证书等的复印件。

二、招标程序

（一）策划

明确招标的内容和目标，对招标采购的必要性和可行性进行充分的研究和探讨；对招标书的标底进行仔细研究和确定；对招标方案、操作步骤、时间进度等进行研究和确定，例如采用公开招标还是邀请招标，是自己亲自主持招标还是请人代理招标，分成哪些步骤，每一步怎么进行等；对评标方法和评标小组进行讨论研究；把以上讨论形成的方案计划形成文件。

（二）招标

形成招标书，招标书是招标活动的核心文件，要认真起草好招标书；对招标书的标底再次进行仔细研究确定，有些要召开专家会议，甚至邀请一些咨询公司代理；招标书发送，要采用适当的方式，将招标书传送到所希望的投标人手中。例如，对于公开招标，可以在媒体上发布，对于选择性招标，可以用挂号或特快专递直接送交所选择的投标人。许多标书是要花钱买的，有些标书是规定要交一定的保证金的，这种情况下要交钱以后才能得到招标书。

（三）投标

投标人在收到招标书以后，如果愿意投标，就要进入投标程序。其中，投标文件需要经过特别认真的研究、详细的论证完成。这些内容是要和许多供应商竞争评比的,既要先进,又要合理,还要有利可图。

投标文件要在规定的时间准备好,一份正本、若干份副本,并且分别封装签章,信封上分别注明"正本""副本"字样,寄给招标人。

（四）开标

公开招标中,开标应按招标通告中规定的时间、地点公开进行,并邀请投标人或其委派的代表参加。

开标前,应以公开的方式检查投标文件的密封情况,当众宣读供应商名称、有无撤标情况、提交投标保证金的方式是否符合要求、投标项目的主要内容、投标价格及其他有价值的内容。

开标时,对于投标文件中含义不明确的地方,允许投标人作简要解释,但所作的解释不能超过投标文件记载的范围,或实质性地改变投标文件的内容。以电传、电报方式投标的,不予开标。

开标要作开标记录,其内容包括项目名称、招标号、刊登招标通告的日期、发售招标文件的日期、购买招标文件单位的名称、投标人的名称及报价、截标后收到标书的处理情况等。

在有些情况下,可以暂缓或推迟开标时间,如:招标文件发售后对原招标文件作了变更或补充;开标前,发现有足以影响采购公正性的违法或不正当行为;采购单位接到质疑或诉讼;出现突发事故;变更或取消采购计划等。

（五）评标

招标人收到投标书后,直到招标会开会那天,不得事先开封。只有当招标会开始,投标人到达会场,才将投标书邮件交投标人检查,签封完好,当面开封。

开封后,投标人可以拿着自己的投标书向全体评标小组陈述,并且接受全体评委的质询,甚至参加投标辩论。陈述辩论完毕,投标人退出会场,全体评标人员进行分析评比,最后投票或打分选出中标人。

评标由招标人依法组建的评标委员会负责。评标委员会由招标人的代表和有关技术经济等方面的专家组成,成员人数为5人以上单数,其中技术、经济等方面的专家不得少于成员总数的2/3。一般招标项目可以采取随机抽取方式选择评标委员会成员,特殊招标项目可以由招标人直接确定。与投标人有利害关系的人不得进入相关项目的评标委员会,已经进入的应当更换。评标委员会成员的名单在中标结果确定前应当保密。招标人应当采取必要的措施,保证评标是在严格保密的情况下进行的。任何单位和个人不得非法干预、影响评标的过程和结果。

评标委员会应当按照招标文件确定的评标标准和方法,对投标文件进行评审和比较。设有标底的,应当参考标底。评标委员会完成评标后,应当向招标人提出书面评标报告,并推荐合格的中标候选人。招标人根据评标委员会提出的书面评标报告和推荐的中标候选人确定中标人,招标人也可以授权评标委员会直接确定中标人。

投标人就投标价格、投标方案等实质性内容进行谈判。评标委员会成员不得私下接触投标人，不得收受投标人的财物或者其他好处。评标委员会成员和参与评标的有关工作人员不得透露对投标文件的评审和比较、中标候选人的推荐情况以及与评标有关的其他情况。

1. 初步评标

初步评标工作比较简单，但却是非常重要的一步。初步评标的内容包括供应商资格是否符合要求，投标文件是否完整，是否按规定方式提交投标保证金，投标文件是否基本上符合招标文件的要求，有无计算上的错误等。如果供应商资格不符合规定，或投标文件未作出实质性的反应，都应作为无效投标处理，不得允许投标供应商通过修改投标文件或撤销不合要求的部分而使其投标具有响应性。

经初步评标，凡是确定为基本上符合要求的投标，下一步要核定投标中有没有计算和累计方面的错误。在修改计算错误时，要遵循两条原则：如果数字表示的金额与文字表示的金额有出入，要以文字表示的金额为准；如果单价和数量的乘积与总价不一致，要以单价为准。但是如果采购单位认为有明显的小数点错误，此时要以标书的总价为准，并修改单价。如果投标人不接受根据上述修改方法而调整的投标价，可拒绝其投标并没收其投标保证金。

2. 详细评标

在完成初步评标以后，下一步就进入详细评定和比较阶段。只有在初评中确定为基本合格的投标才有资格进入详细评定和比较阶段。具体的评标方法取决于招标文件中的规定，并按评标价的高低，由低到高，评定出各投标的排列次序。

在评标时，当出现最低评标价远远高于标底或缺乏竞争性等情况时，应废除全部投标。常用的评标方法有：以最低评标价为基础的评标方法（价格作为评标考虑的唯一因素）；综合评标法（确定评分因素，分配因素权重）；以生命周期成本为基础的评标方法（标书报价基础上加上一定运行年限的各项费用，再减去一定运行年限后的设备残值）。

（六）定标

在全体评标人员投票或打分选出中标人以后，交给招标人，通知中标人。同时，对于没有中标者也要明确通知，并表示感谢。

实训条件与组织

1. 分组要求：每班以6-7人为一组，其中一组作为招标企业，剩余组为投标企业。
2. 团队分工：每组同学共同完成招标书、投标书的编制，并推选一人作为发言人，对本企业进行介绍。招标企业组同学抓阄组成评标小组；投标企业组同学抓阄确定：监标人、唱标人、公证员。

实训内容

以山东农业工程学院集中采购350台学生机房电脑为例，编制公开招标文件和投标文件。

实训步骤

1. 介绍到会成员
2. 业主方代表发言（介绍招标项目）
3. 各投标单位代表发言（介绍企业基本情况和竞标优势）
4. 监标人检查密封性
5. 唱标人开启投标文件依次唱标
6. 评标委员会介绍评标标准
7. 评标委员会评标并公布评标结果（评标过程中注意招标文件的准确性以及报价是否低于成本价）
8. 公证员公证此次评标结果
9. 招标人与中标人订立书面合同

实训数据处理与分析

评标委员会成员按照所学评标方法对各个投标企业进行评价打分，最后将打分数据进行汇总整理，确定最终中标企业。

思考题

❶ 招标的过程主要分为哪些步骤，分别需要注意什么？
❷ 招标采购有哪些缺点，如何克服？

考核要求及标准

1. 课堂实训考核要求

课堂考勤（不迟到，不早退，不无故旷课）；课堂表现（实训过程中积极参与实训环节）。

2. 实训报告考核要求

实训报告撰写规范，结构完整，思路清晰，能够将所学知识实践运用到实训过程中。

3. 项目实训考核标准

考核标准见表10-1。

表 10-1　　　　　　　　招标采购综合训练实训考核标准

考核内容	权重	评分要求与标准	备注
课堂实训	50%	考勤、在小组讨论中的参与度与积极性	
实训报告	50%	实训报告的完成质量	

实训二 ｜ 撰写采购报告

实训目的

本实训通过撰写采购报告（采购调查方案、调查表和调查报告），帮助学生了解采购的需求辨别和分析过程，学会市场调查，培养团队合作能力，为将来撰写毕业论文打下基础。

实训准备

1. 上网搜集实训内容涉及企业的产品及供应商，对产品市场有初步认识。
2. 学习有关市场调查的相关知识。
3. 根据实训内容需要，了解调查问卷的设计方法以及调查报告的撰写要求。

知识链接

一、采购市场调查的步骤

（一）调查前的准备阶段
市场调查的内容、方法和步骤，调查计划的可行性、经费预算、调查时间及调查进度等。
（二）正式调查阶段
根据确定的调查方案展开调查。
（三）综合分析整理资料阶段
分析和整理调查获取的资料，并使用适当的形式呈现出来，如统计图、统计表等。
（四）提出调查报告阶段
写出一份调查报告，得出调查结论。

二、采购市场调查的内容

（一）采购需求调查
调查的主要内容包括现在市场的需求量及影响因素，特别要重点进行购买力调查、购买动机调查和潜在需求调查，其核心是确定未来市场需求。
（二）供应商关系调查
调查内容包括供应商的供应能力，竞争能力，合作倾向，经营战略，新产品、新技术开发情况，价格变化及定价策略等，还要注意调查潜在的供应商。
（三）政策法规调查
政府政策的变化及法律、法规的实施都对企业的采购行为有重大影响，如税收政策、银行信用情况、能源交通情况、行业的限制等。

三、市场调查的方法

（一）统计分析研究法

在室内对各种资料进行研究的方法，其前提是对已有的统计资料和调查资料进行系统研究和分析。

（二）现场直接调查法

询问法（当面询问、座谈集体询问、电话询问、信函询问等）；观察法（销售现场观察、生产现场观察、使用现场观察和家庭现场观察等）；试验法（向市场投放部分产品进行试销）。

实训条件与组织

每10个同学一大组，共分为三个大组，每个大组负责一种产品的采购调查。

实训内容

北美大型汽车企业为了实现成本优化，决定向低成本国家如中国、马来西亚等国家采购大部分乘用车的主要备件。山东RR公司作为企业的代理商，受委托负责采购下列产品。

（1）轮胎及轮辋组合件。

（2）前后灯光组合件及车内阅读灯。

（3）内饰织物。

RR公司由供应商开发经理带领三名助理，负责这个项目。

根据实训背景撰写采购调查方案、调查表和调查报告。

实训步骤

1. 阅读并讨论实训背景。

2. 根据采购要求，设计一份采购调查方案，需包含以下内容：①调查目的和内容；②调查对象与范围；③调查方法与实施计划；④调查资料整理与分析方法；⑤调查日程安排与时间限制；⑥调查预算；⑦其他部分。具体要求：结合所学内容完成。

3. 设计供应商访问调查问卷，根据以上调查方案，设计一份调查问卷，需包含以下内容：前言、问卷主体、结尾、受访者个人资料。具体要求：问卷主体的问题不少于10个，问题以封闭为主，开放为辅。

4. 撰写采购市场调查报告，根据以上的调查问卷，采用访问法进行调查实施，将调查信息进行整理和分析，撰写一份调查报告。需包含以下内容：①调查目的（包括调查目的，调查背景和调查内容）；②调查方法（包括调查对象、方法和实施的内容）；③调查结果（包括信息整理与分析，适当加入图表）；④调查结论与建议。

5. 教师评估，结合素材给予评价。

> **思考题**
> ❶ 撰写调查报告的目的是什么？
> ❷ 供应商调查问卷编制有何技巧？

考核要求及标准

1. 课堂实训考核要求
课堂考勤（不迟到，不早退，不无故旷课）；课堂表现（实训过程中积极参与实训环节）。
2. 实训报告考核要求
实训报告撰写规范，结构完整，思路清晰，能够将所学知识实践运用到实训过程中。
3. 项目实训考核标准
考核标准见表10-2。

表10-2　　　　　　　　　撰写采购报告实训考核标准

考核内容	权重	评分要求与标准	备注
课堂实训	50%	考勤、在小组讨论中的参与度与积极性	
实训报告	50%	实训报告的完成质量	

实训三 ｜ 采购谈判模拟实训

实训目的

通过模拟某个场景的谈判现场，实现对商务谈判过程的技巧和习惯的了解，在谈判过程中培养学生的应变能力、语言表达能力。

实训准备

1. 上网搜集感兴趣的谈判案例，对企业经营的产品、价格、质量进行了解。

2. 学习谈判技巧并灵活运用。
3. 材料准备：A4纸、彩笔，用于制作桌签。

知识链接

采购谈判概述

采购主体为采购商品，作为买方，与卖方就购销业务有关事项进行反复磋商，谋求达成协议，建立双方都满意的购销关系。

（一）采购谈判的适用条件

（1）采购结构复杂，技术要求严格的成套机器设备。

（2）采购金额较大时，降低成本。

（3）公开招标，开标结果达不到要求时。

（4）某些国际采购。

（二）谈判的程序

（1）准备阶段。明确谈判的内容；确定谈判达到的目标；制定谈判策略；整理和计划在谈判中遇到的一些问题；在谈判内容较复杂时的人员安排。

（2）开局阶段。进一步加深彼此的了解和沟通；洞察对方，调整策略；刺激对方的兴趣；共同设计会谈程序。

（3）正式洽谈阶段。开始洽谈阶段；业务洽谈阶段。

（4）成交阶段。保证组织中的成员具有执行协议的义务；根据协议准备正式合同；要找时间对绩效进行评估。

（三）谈判的关键因素

（1）要具备必胜的信念，敢于面对任何困难和挑战。

（2）谈判者要有耐心，很好地控制自己的情绪。

（3）谈判者要有诚意。

（4）善于树立第一印象。

（5）营造和睦的谈判氛围。

（6）表述准确、有效。

（7）采用稳健的谈判方式。

（8）拒绝方式要正确。

（9）正确使用臆测。

（四）谈判技巧

1. 买方占优势时的谈判技巧

（1）声东击西。所谓"声东击西"，是指从非报价最低者开始谈判。比如先找比价结果排行第三低者来谈判，探知其可能降低的限度后，再找第二低者来谈判，经过这两次谈判，"底价"就可浮现出来。

（2）化整为零。如果拟购物品是由几个不同的零件组合或者装配而成的，则可要求供应商"化整为零"，列示各项零件并逐一报价；同时询问专业制造这些零件的厂商的报价，借此寻求最低的单项报价或总价，作为谈判的依据。

（3）压迫降价。在买方占优势的情况下，可以以胁迫的方式要求供应商降低价格，并不征求供应商的意见。这通常是在买方处于产品销路欠佳或者竞争十分激烈，导致发生亏损或利润微薄的情况下，为改善其获利能力而使出的"杀手锏"。

2．买方处于劣势时的谈判技巧

（1）迂回战术。由于卖方占优势，正面杀价通常效果不好，采取迂回战术才能奏效，计算采购总成本。

（2）预算不足。在买方居于劣势的情况下，应以"哀兵"姿态争取卖方的同情与支持。由于买方没有能力与卖方谈判，有时会以预算不足为借口，请求卖方同意在其有限的费用下，勉为其难地将货品卖给买方。

（3）釜底抽薪。为了避免卖方由于优势地位而获取过高利润，采购人员可口头上同意卖方有"合理"利润，但要求卖方提供所有成本资料。

实训条件与组织

每4～6个同学为一组，组与组之间两两进行谈判。

实训内容

以具体谈判案例为背景运用谈判技巧进行谈判模拟，具体要求如下。
（1）能体现某一种谈判技巧或谈判习惯。
（2）点到为止，时间控制在20分钟。
（3）谈判应当富有成效，不要流于表面。
（4）每个小组的谈判案例不应重复，需提前相互告知和规避。

实训步骤

（1）课前学生自行搜集一个感兴趣的案例，并准备好谈判用到的技巧。
（2）根据不同案例，以小组为单位，现场谈判。
（3）完成谈判过程总结。
（4）教师评估，结合实际谈判内容予以集中讲评。

> **思考题**
>
> 在谈判过程中如何灵活应用谈判技巧？

考核要求及标准

1. 课堂实训考核要求

课堂考勤（不迟到，不早退，不无故旷课）；课堂表现（实训过程中积极参与实训环节）。

2. 实训报告考核要求

实训报告撰写规范，结构完整，思路清晰，能够将所学知识实践运用到实训过程中。

3. 项目实训考核标准

考核标准见表10-3。

表10-3　　　　　　　　　采购谈判模拟实训考核标准

考核内容	权重	评分要求与标准	备注
课堂实训	50%	考勤、在小组讨论中的参与度与积极性	
实训报告	50%	实训报告的完成质量	

实训四 ｜ 供应商调查与评估

实训目的

通过搜索某个产品的多个供应商信息，并进行评估对比，撰写调查评估报告，了解供应商调查和考评的主要环节及内容，掌握供应商评估方法，培养学生搜集信息、数据以及处理能力。

实训准备

1. 上网搜集某感兴趣产品的若干供应商企业信息。
2. 学习供应商评估方法并灵活运用。

知识链接

一、供应商评估时考虑的因素

（一）短期标准

1. 商品质量合适

采购物品的质量合乎采购单位的要求是企业生产经营活动正常进行的必要条件，是采购单位进行商品采购时首要考虑的因素。评价供应商产品的质量，不仅要从商品检验入手，而且要从供应商企业的内部去考察，如企业内部的质量检测系统是否完善，是否已经通过了ISO 9000认证等。

2. 成本低

对供应商的报价单进行成本分析是有效甄选供应商的方式之一。成本不仅包括采购价格，而且包括原料或零部件使用过程中或生命周期结束前所发生的一切支出。报价最低的供应商不一定就是最佳选择，比如由于地理位置过远而使运输费用增加，会使总成本增加，因此总成本最低才是选择供应商时考虑的主要因素。总成本包括取得成本、作业成本和处置成本。取得成本包括开发成本、采购价格、运输成本和检验成本。作业成本主要包括仓储成本、维修成本等。处置成本则表示在处置一项资产时，可能会发生的咨询费、劳务费、清理运费等。

3. 交货及时

供应商能否按照约定的交货期限和交货条件组织供货，将直接影响企业生产和供应活动的连续性，所以交货时间也是选择供应商时所要考虑的重要因素之一。供应商交货的及时性一般用合同完成率或者委托任务完成率来表示。

4. 整体服务水平高

供应商的整体服务水平是指供应商内部各作业环节能够配合购买者的能力与态度，主要指标有：安装服务、培训服务、维修服务、升级服务、技术支持服务等。

5. 有履行合同的承诺与能力

确定供应商有无履行合同的承诺与能力时主要考虑以下几点。

（1）供应商对采购的项目、订单金额及数量是否感兴趣。

（2）供应商处理订单的时间。

（3）供应商在需要采购的项目上是否具有核心能力。

（4）供应商是否具有自行研发产品的能力。

（5）供应商目前的闲置设备状况。

（二）长期标准

1. 供应商的财务状况是否稳定

供应商的财务状况直接影响到其交货和履约的绩效，可以利用资产负债表来考核供应商一段时期营运的成果，观察其资产和负债情况；通过利润表，考察供应商一段时期内的销售业绩与成本费用情况。

2. 供应商内部组织与管理是否良好

供应商内部组织与管理关系到日后供应商供货效率和服务质量。如果供应商组织机构设置混乱，采购的效率与质量就会因此下降，甚至会由于供应商部门之间的互相扯皮而导致供应活动不能及时地、高质量地完成。另外，供应商的高层主管是否将采购单位视为主要客户也是影响供应质量的一个因素。如果供应商的高层没有将买方视为主要客户，在面临一些突发状况时，便无法取得优先处理的机会。

除此之外，还可以从供应商机器设备的新旧程度及保养状况看出管理者对生产工具、产品质量的重视程度以及内部管理的好坏。另外，还可以参考供应商同业之间的评价及其在所属产业的地位。对客户满意程度的认知、对工厂的管理、对原材料来源的掌握、对生产流程的控制也是评估供应商内部管理时的重要指标。

3. 供应商员工的状态是否稳定

供应商员工的状况也是反映企业管理中是否存在问题的一个重要指标。例如，若员工平均年龄偏高，则表明供应商员工的流动率较低，或供应商无法吸收新员工的加入，从而缺乏新观念、新技术的引进。另外，供应商员工的工作态度及受培训的水平会直接影响到产出的效率，这些都是可以在现场参观时观察到的。

4. 供应商实力

在供应商实力的层面，主要考虑的指标有供应商规模、行业地位以及人员素质水平和技术能力。

5. 供应商的社会责任

企业社会责任是近年来跨国公司选择供应商的新要求，它衡量供应商承担对员工、消费者、社区和环境的社会责任履行情况。

二、供应商评估的方法

（一）定性选择评估法

1. 直观判断法

直观判断法是指通过调查、征询意见、综合分析和判断来选择供应商的一种方法，是一种主观性较强的判断方法，主要是倾听和采纳有经验的采购人员的意见，或者直接由采购人员凭经验作出判断。这种方法的质量取决于供应商资料是否正确、齐全和决策者的分析判断能力与经验。这种方法运作方式简单、快速、方便，但是缺乏科学性，受掌握信息详尽程度的限制，常用于选择企业非主要原材料的供应商。

2. 协商选择法

协商选择法是由采购单位选出供应条件较为有利的几个供应商，同它们分别进行协商，再确定合适的供应商的方法。和招标方法比较，协商选择法能充分协商，在商品质量、交货日期和售后服务等方面较有保证；但由于选择范围有限，不一定能得到最便宜、供应条件最有利的供应商。当采购时间紧迫、投标单位少、供应商竞争不激烈、订购物资规格和技术条件比较复杂时，协商选择法比招标方法更合适。

（二）定量选择评估法

1. 综合评分法

依据供应商评价的各项指标，由采购商列出评选的因素，每个标准档次赋予不同的分值，根据评分情况，确定最高得分者为最佳供应商，并对存在的不足之处进行改进。

2. 考核选择法

所谓考核选择，就是在对供应商充分调查了解的基础上，再进行认真考核、分析比较而选择供应商的方法。根据供应商选择的目的和依据的不同，分为初步供应商调查和深入供应商调查。初步确定的供应商还要进入试运行阶段进行考察。

3. 作业成本分析法

通过分析供应商的总成本来选择合作伙伴，基本思想是，供应商所供应物资的任何因素的变化都会引起采购企业总成本的变动，价格过高、质量达不到要求、供应不及时等都会增加采购企业的成本，因此需要通过分析供应商总成本来选择合作伙伴。

4. 层次分析法

根据具有层次结构的目标、子目标、约束条件等来评价方案，采用两两比较的方法确定判断矩阵，最后综合给出各个方案的权重和供应商各自的权重，通过所有层次之间的总排序计算所有元素的相对权重并进行排序。

5. 人工神经网络法

通过对样本模式的学习，获取评价专家的知识经验、判断以及对目标重要性的倾向。当对供应商进行综合评价时，可再现评价专家的敏捷思维，从而实现了定性和定量分析的有效结合，也可以较好地保证供应商选择评价的客观性。

实训条件与组织

1. 以个人为单位完成供应商评估说明报告。
2. 上交评估报告书。
3. 应具有一定的评估参考价值。
4. 每个人的评估对象和报告不能重复。

实训内容

根据理论知识的学习，对某产品的供应商进行评估与管理。

实训步骤

1. 学生自行搜集任意某个产品多个供应商的信息。
2. 利用所学习的供应商考评项目进行评估比较。
3. 提交评估文件。

4. 教师总结评价。

> **思考题**
>
> 评估过程中的评估指标如何确定？

考核要求及标准

1. 课堂实训考核要求

课堂考勤（不迟到，不早退，不无故旷课）；课堂表现（实训过程中积极参与实训环节）。

2. 实训报告考核要求

实训报告撰写规范，结构完整，思路清晰，能够将所学知识实践运用到实训过程中。

3. 项目实训考核标准

考核标准见表10-4。

表 10-4　　供应商调查与评估实训考核标准

考核内容	权重	评分要求与标准	备注
课堂实训	50%	考勤、在小组讨论中的参与度与积极性	
实训报告	50%	实训报告的完成质量	

第十一章
配送中心规划与设计实训

　　配送中心规划与设计实训是配送中心规划与设计课程的一个非常重要的环节，通过实训能够巩固学生的配送中心规划与设计的基础理论知识，培养学生的实训技能，提高学生独立分析问题和解决问题的能力。

　　本实训项目是一个综合性的实训，在一个案例背景下将实训内容分为五部分。实训内容贯穿了配送中心规划与设计课程的主要知识点。通过分组进行方案的设计完成本实训项目。

　　项目背景资料：A 物流公司是专业的第三方物流公司，主要业务包括货物存储、流通加工、商品配送等方面。该公司成立于 2008 年，成立之初与某仓储公司签订了仓库租用合同，合同有效期至 2020 年 8 月。由于原仓库设施设备较为陈旧，在一定程度上限制了公司的进一步发展，公司决定利用自有资金投资建设一座新的配送中心，配送中心的主体建筑仓库的建筑平面图见附件 1。

　　公司业务基本情况：目前，公司为 8 家供应商提供配送服务且均以形成了较为稳定的合作关系，涉及的产品主要为加工食品，还有部分为日用品，总品项数达到 2000 种。各种商品之间没有很大的影响，且均无特殊储存要求。A 公司的运营数据见附件 2、附件 3、附件 4、附件 5。

　　要求：

　　1. 在给定的项目背景资料基础上完成实训一至实训五。

　　2. 要求每个实训项目结束后提交设计过程稿，五个实训项目完成后提交一份完整的设计方案。

　　3. 实训报告要求内容完整、思路清晰、步骤详细、逻辑严谨、列明小组成员分工。

实训一 | EIQ-ABC分析法的运用

实训目的

1. 了解配送中心规划与设计收集的资料类型。
2. 熟悉配送中心规划与设计基本资料分析常用的方法。
3. 掌握EIQ规划法和ABC分类法的原理及步骤，能够运用EIQ和ABC分析法对相关运营数据进行分析，对配送中心的商品进行分类。通过对配送中心规划设计所学知识的综合运用，培养学生分析问题和解决问题的实际能力。

实训准备

1. 了解配送中心规划与设计所需的基本资料；掌握资料处理与分析的方法。
2. 分析项目背景资料。

知识链接

一、EIQ分析法

（一）EIQ分析法的基本原理

EIQ分析法是针对不确定和波动状态的物流系统，利用订单（Entry）、品项（Item）、数量（Quantity）这三个物流关键规划要素来研究物流配送中心的需求特性，为物流配送中心的规划与设计提供依据的一种分析方法。

（二）EIQ分析法的基本步骤

（1）资料收集与取样。
（2）资料分析与图表制作。
（3）图表分析与解读。
（4）规划与应用。

（三）EIQ分析法的内容

1. 订单量分析（EQ分析）

主要可了解单张订单订购量的分布情形，可用于决定订单处理的原则，以便进行拣选系统、发货方式和发货区的规划，通常以单一营业日的EQ分析为主。

2. 品项数量分析（IQ分析）

主要了解各类产品出货量的分布状况，分析产品的重要程度与运量规模，可用于仓储系统的规划、储位空间的估算、拣选方式及拣选区的规划。

3. 订单发货品项数分析（EN分析）

主要了解订单别订购品项数的分布，对于订单处理的原则及拣选系统的规划有很大的影响，并将影响出货方式及出货区的规划。通常需配合总出货品项数、订单出货品项累计数及总品项数综合参考。

4. 品项发货次数分析（IK分析）

主要分析产品别出货次数的分布，对于了解产品别的出货频率有很大的帮助，主要功能可配合IQ分析决定仓储与拣货系统的选择。

二、ABC分类法

（一）ABC分类法的基本思想

ABC分类法又称帕雷托分析法，也叫主次因素分析法，是项目管理中常用的一种方法。它是根据事物在技术或经济方面的主要特征，进行分类排队，分清重点和一般，从而有区别地确定管理方式的一种分析方法。

ABC分类法将库存物资按照重要程度分为特别重要库存（A类物资），一般重要物资（B类物资）和不重要物资（C类物资）三个等级，根据不同类型的物资进行分类管理和控制。ABC分类法是帕累托理论在物流管理领域中的应用。如表11-1所示为ABC分类法的基本思想。

表 11-1 ABC 分类法的基本思想

产品类别	数量占比	价值占比	类别管理
A	5%~15%	60%~80%	重点对待
B	20%~30%	20%~30%	较重点对待
C	60%~80%	5%~15%	一般对待

（二）ABC分类法的步骤

本章以库存管理为例来说明ABC分类法的具体应用。

（1）收集各个品目商品的年销售量，商品单价等数据。

（2）对原始数据进行整理并按要求进行计算，如计算销售额、品目数、累计品目数、累计品目百分数、累计销售额、累计销售额百分数等。

（3）作ABC分类表。在总品项数不太多的情况下，可以用大排队的方法将全部品项逐个列表。按销售额的大小，由高到低对所有品项顺序排列；将必要的原始数据和经过统计汇总的数据，如销售量、销售额、销售额百分数填入；计算累计品项数、累计品项百分数、累计销售额、累计销售额百分数。如果品项数很多，无法全部排列在表中或没有必要全部排列出来，可以采用分层的方法，即先按销售额进行分层，以减少品项栏内的项数，再根据分层的结果将关键的A类品项逐个列出来进行重点管理。

（4）以累计品项百分数为横坐标，累计销售额百分数为纵坐标，根据ABC分析表中的相关数据，绘制ABC分析图。

（5）根据ABC分析的结果，对ABC三类商品采取不同的管理策略。

实训条件与组织

1. 实训条件：实验室、计算机。
2. 实训组织：两人一组共同完成方案的设计。

实训内容

附件2给出了供应商6的客户订货的情况（仅以饮料类为例进行分析），要求完成下列内容。

（1）学生分析案例资料给定的运营数据。

（2）利用Excel工具进行EQ、EN、IQ、IK四个项目的分析，并绘制相关的图形，针对IQ、EQ利用ABC分类法进行分类，要求有相应的图表及分析结论。

（3）学生进行方案的设计，形成电子版的报告。

实训步骤

（1）根据EIQ分析法的基本理论知识，计算附件2中的各订单发货数量、订单发货品项数、各品项发货数量和各品项发货次数。

（2）EQ分析。利用Excel表格对附件2中的数据进行分析处理做出EQ分析表，了解每张订单或每个客户的订购量分布情况，根据具体情况自行决定是否采用ABC分类法按照订单发货数量对客户进行分类，进而确定订单处理的原则。

（3）IQ分析。利用Excel表格对附件2中的数据进行分析处理做出IQ分析表，掌握各种物品发货量的分布情况，根据具体情况自行决定是否采用ABC分类法按照各品项发货数量对货物进行分类，进而确定物品的重要程度。

（4）EN分析。利用Excel表格对附件2中的数据进行分析处理做出EN分析表，分析单张订单的发货品项数的分布，进而为订单处理原则、拣选系统的规划与设计提供依据。

（5）IK分析。利用Excel表格对附件2中的数据进行分析处理做出IK分析表，分析各类货品发货次数的分布，配合IQ为仓储系统及拣选系统的规划提供依据。

> **思考题**
>
> 资料分析时常采用的统计方法有哪些？

考核要求及标准

本实训项目的成绩由实训过程表现和实训报告两部分组成,权重分别为40%和60%。

实训过程表现:根据实训过程中的方案设计进度、方案设计过程中的思路、对基本知识的理解掌握等方面进行评定。

实训报告:要求实训报告内容全面、方案设计思路清晰、过程详细、小组成员分工明确、不得抄袭。根据实训报告中各分项目的设计过程、设计结果、报告规范性等方面进行评定考核。

实训二 配送中心选址规划

实训目的

1. 了解配送中心选址的影响因素。
2. 熟悉设施选址的常用方法及适用范围。
3. 掌握重心法选址的基本原理、步骤,参数的设定,能够运用规划求解工具解决实际问题。

实训准备

1. 安装规划求解的工具。
2. 分析项目背景资料。

知识链接

一、配送中心选址的影响因素

配送中心选址是指在包含若干个供应点及需求点的区域内,选择合适的位置设置配送中心的过程。配送中心选址的影响因素如下。

(一)自然环境因素

自然环境因素主要考虑气象条件、地质条件、水文条件以及地形条件。

(二)经营环境因素

1. 产业政策

配送中心选址所在地区的优惠物流产业政策对物流企业的经济效益会产生重要影响。

2. 货物流量

物流配送中心设立的根本目的是降低社会物流成本，如果没有足够的货物流量，规模效益就不能充分发挥。所以，物流配送中心的建设一定要以足够的货物流量为基础。

3. 货物流向

货物流向决定着物流配送中心的工作内容和物流设施、设备等的配置。对于供应物流来说，物流配送中心主要为生产企业提供原材料、零部件，应选择靠近生产企业的地点，便于减少生产企业的库存，随时为生产企业提供服务，同时还可以为生产企业提供暂存或发运工作。对于销售物流来说，物流配送中心的主要职能是将产品集中、分拣，配送到门店或客户手中，故应选择靠近客户的地点。

4. 物品特性

物流配送中心应该根据经营物品的不同特性进行选址。物流配送中心的选址应与工业布局、产业结构、物品特征等紧密结合。

5. 物流费用

大多数物流配送中心选择接近物流服务需求地，如接近大型工业、商业区，以缩短运距，降低相关物流费用。

6. 物流服务水平

在现代物流系统中，能否实现准时运送是反映物流服务水平的重要标志。因此，在选址时，应保证客户在向物流配送中心提出物流需求时，能获得快速满意的物流服务。

7. 人力资源条件

物流配送中心的现代化运作需要机械化、自动化、智能化的物流设备，而高素质的人力资源有利于物流配送中心的建设与运营。

8. 城市的扩张与发展

物流配送中心的选址，既要考虑城市扩张的速度和方向，又要考虑节省物流总费用和减少装卸搬运次数。

（三）基础设施因素

1. 交通条件

交通条件是影响物流配送中心配送成本及效率的重要因素之一。物流配送中心地址宜紧邻重要的运输线路，以方便配送运输作业的进行。一般物流配送中心应尽量选择在交通方便的高速公路、国道及快速道路附近，如果以铁路及轮船作为运输工具，则要考虑靠近火车站、港口等。

2. 周边公共设施状况

物流配送中心所在地要求道路、通信等周边公共设施齐备，有充足的供电、供水、供燃气的能力，且周边应该具备污水、固体废弃物处理能力。选址时既要保证物流作业的安全，满足消防、生活等方面的需求，又要保证物品的品质。

（四）法律法规因素

物流配送中心的选址应符合国家的法律法规要求，应在国家法律法规允许的范围内选址，且应符合国家对物流设施标准、员工劳动条件、环境保护等方面的要求。

（五）社会因素

社会因素包括所选城市的地位、生活环境、就业情况、居民态度、治安情况和环境保护等。

（六）竞争对手因素

配送中心的选址决策必须考虑到竞争对手的配送中心布局情况及未来发展战略，并根据自身经营或提供服务的特征来决定是靠近竞争对手还是远离竞争对手。

二、配送中心选址的重心法

（一）重心法的基本思想

重心法是物流设施选址决策的常用方法，是一种模拟的方法。这种方法将物流系统中的需求点和资源点看成是分布在某一平面范围内的物流系统，各点的需求量看成是物体的重量，物体系统的重心作为物流网点的最佳设置点，利用求物体系统重心的方法来确定物流网点的位置，能够充分真实地反映实际问题。

（二）重心法模型构建及步骤

假设有 n 个需求点，它们各自的坐标分别为 $R_i(x_i, y_i)$，需新建的配送中心的坐标为 $W(x_w, y_w)$，现在想要确定新建配送中心的位置，使得配送中心到各需求点的总运输费用最小。

已知条件如下：

① f_i 为配送中心 W 到需求点 i 的运输费率，指单位产品运输单位距离的费用。

② V_i 为新建配送中心与各需求点之间的运输量。

③ d_i 为新建配送中心到各需求点 i 的距离。

由此可得，新的配送中心到各个需求点的总运输费用为：

$$TC = \sum_{i=1}^{n} C_i \tag{11-1}$$

其中 C_i 可以表示成

$$C_i = f_i \cdot V_i \cdot d_i \tag{11-2}$$

配送中心到各个需求点的距离为：

$$d_i = \sqrt{(x_w - x_i)^2 + (y_w - y_i)^2} \tag{11-3}$$

将式（11-2）和式（11-3）代入式（11-1）中：

$$TC = \sum_{i=1}^{n} f_i \cdot V_i \cdot \sqrt{(x_w - x_i)^2 + (y_w - y_i)^2} \tag{11-4}$$

现需确定坐标 (x_w, y_w) 为何值时，TC 最小。

根据函数求极值原理，利用式（11-4）分别对 x_w 和 y_w 求偏导，令偏导数为0，可以求得函数 TC 的极值点 (x_w, y_w)，即：

$$x_w^* = \frac{\sum_{i=1}^{n} f_i \cdot V_i \cdot x_i / d_i}{\sum_{i=1}^{n} f_i \cdot V_i / d_i} \tag{11-5}$$

$$y_w^* = \frac{\sum_{i=1}^{n} f_i \cdot V_i \cdot y_i / d_i}{\sum_{i=1}^{n} f_i \cdot V_i / d_i} \quad (11-6)$$

由于式（11-5）和式（11-6）中含有d_i，又因为d_i含未知数x_w和y_w，所以难以求出x_w^*和y_w^*。因此采用迭代法进行计算，其表达式为：

$$x_w^{*(k)} = \frac{\sum_{i=1}^{n} f_i \cdot V_i \cdot x_i / d_{i(k-1)}}{\sum_{i=1}^{n} f_i \cdot V_i / d_{i(k-1)}} \quad (11-7)$$

$$y_w^* = \frac{\sum_{i=1}^{n} f_i \cdot V_i \cdot y_i / d_{i(k-1)}}{\sum_{i=1}^{n} f_i \cdot V_i / d_{i(k-1)}} \quad (11-8)$$

其中：

$$d_{i(k-1)} = \sqrt{(x_w^{*(k-1)} - x_i)^2 + (y_w^{*(k-1)} - y_i)^2} \quad (11-9)$$

迭代的步骤如下。

① 给出新建配送中心的初始位置$(x_w^{*(0)}, y_w^{*(0)})$，一般是将区域内需求点坐标的重心点作为初始配送中心位置，令$k=1$，代入式（11-9）得出$d_{i(0)}$，并代入式（11-4）求出$(x_w^{*(0)}, y_w^{*(0)})$对应的应运输费用$TC_{(0)}$。

② 令$k=k+1$，并将$(x_w^{*(0)}, y_w^{*(0)})$代入式（11-7）和式（11-8），求出第2次迭代的结果$(x_w^{*(1)}, y_w^{*(1)})$。

③ 将$(x_w^{*(1)}, y_w^{*(1)})$代入式（11-4）中得出对应的运输费用$TC_{(1)}$，将$TC_{(0)}$与$TC_{(1)}$进行比较，如果$TC_{(0)} > TC_{(1)}$，继续进行迭代。

④ 若$TC_{(k)} < TC_{(k-1)}$，说明总运输费用仍有改善空间，返回步骤②，继续迭代，否则，说明$(x_w^{*(k-1)}, y_w^{*(k-1)})$为最佳的配送中心位置，停止迭代。

实训条件与组织

1. 实训条件：实验室、计算机、Excel规划求解软件。
2. 实训组织：两人一组共同完成方案的设计。

实训内容

A物流公司的8家供应商的坐标位置如表11-2所示，请根据给定的有关资料选择配送中心选址的方法，并确定配送中心的位置。

表 11-2　　　　　　　　　　　供应商坐标位置

供应商	X	Y
1	3	1
2	9	2
3	15	3
4	13.5	6
5	15	10
6	12	11
7	6	10
8	1.5	8

要求完成下列内容。
（1）根据项目背景资料和本实训中给定的各供应商的位置关系，确定选址方法，建立模型。
（2）分析案例背景资料，确定选址的相关参数。
（3）进行求解。
（4）撰写选址规划方案。

实训步骤

（1）分析项目背景资料，确定采用精确重心法进行选址。
（2）新建Excel表格，找到选项，加载Excel规划求解工具，如图11-1所示。

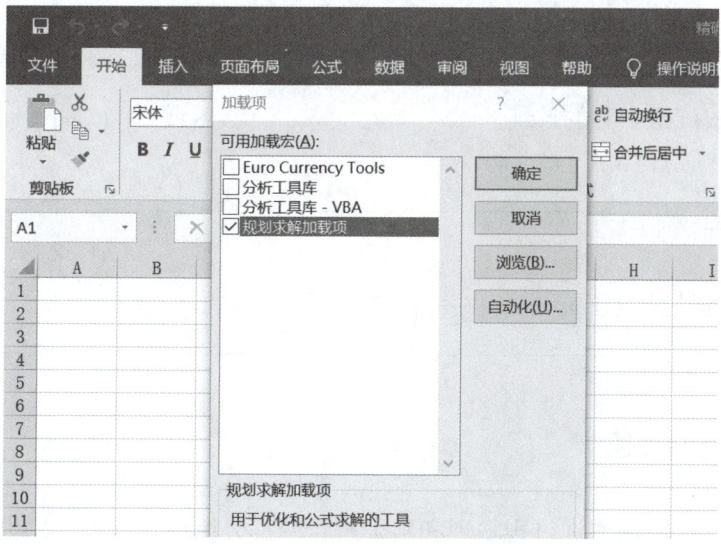

图11-1　加载Excel规划求解工具

（3）新建Excel表格，将已知条件输入表格中，见图11-2。

	A	B	C	D	E	F	G	H	I	J	K
1											
2		坐标值		配送中心坐标值		运输量Vi	运输费率fi	距离di	运输成本Ci		Ci=fi*Vi*di
3		Xi	Yi	XW	YW						
4	供应商1	3	1				1				
5	供应商2	9	2				1				
6	供应商3	15	3				1				
7	供应商4	13.5	6				1				
8	供应商5	15	10				1				
9	供应商6	12	11				1				
10	供应商7	6	10				1				
11	供应商8	1.5	8				1				
12								运输总成本			
13											

图11-2 建立重心法选址Excel数据

（4）根据项目背景资料，分析项目背景资料和附件2给定的出入库量，确定精确重心法所需要的运输费率、运输量等参数。

（5）运用 $d_i = \sqrt{(x_w - y_w)^2 + (y_w - y_i)^2}$ 计算配送中心到各供应商的距离 d_i。

（6）运用Excel中的公式计算配送中心到各个需求点的运输成本。

运输成本=运输费率×距离×总运输量

（7）计算运输总成本。

（8）打开规划求解界面，设置目标单元格—选定最小值—设定可变单元格（变量）—求解，见图11-3。

（9）在井字型交通路线图上标出配送中心的位置，完成配送中心的选址。

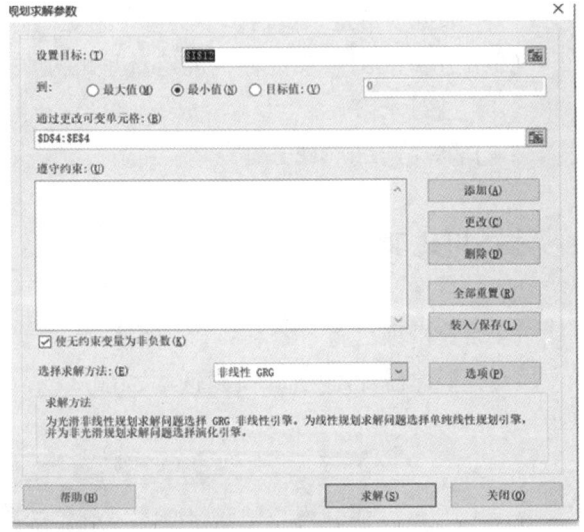

图11-3 Excel选址求解

思考题

重心法选址有哪些局限性？

考核要求及标准

本实训项目的成绩由实训过程表现和实训报告两部分组成，权重分别为40%和60%。

实训过程表现：根据实训过程中的方案设计进度、方案设计过程中的思路、对基本知识的理解掌握等方面进行评定。

实训报告：要求实训报告内容全面、方案设计思路清晰、过程详细、小组成员分工明确、不得抄袭。根据实训报告中各分项目的设计过程、设计结果、报告规范性等方面进行评定考核。

实训三 配送中心作业区域能力规划

实训目的

1. 了解配送中心作业区域规划的内容。
2. 熟悉仓储区和拣选区作业能力规划的方法。
3. 掌握周转率估计法和送货频率估计法的运用，能够根据案例背景资料查阅调研相关的参数，合理地进行参数的假设，合理地规划配送中心的作业能力。

实训准备

1. 分析项目背景资料。
2. 了解作业能力规划的相关方法。

知识链接

仓储区作业能力规划的方法主要有周转率估计法和送货频率估计法。

一、周转率估计法

周转率估计法的计算步骤如下。

1. 年运转量（年出货量）计算

把配送中心的各项进出物品单位换算成相同的储运单位，求出全年各种物品的出货总量即配送中心的年运转量。

2. 估计年周转次数（库存周转率）

在建设配送中心时，可针对经营品项的特性、物品价值、附加利润和缺货成本等因素，决定仓储区中各物品的年周转次数。

3. 计算仓容量

仓容量=年运转量/年周转次数

4. 估计安全系数

为了满足高峰期的运转量需求，增加仓储区运转弹性，一般需要设安全系数。

5. 计算规划仓容量

规划仓容量=仓容量×安全系数

二、送货频率估计法

送货频率估计法的主要计算步骤如下。

1. 估计每年的发货天数
2. 年运转量计算
3. 计算平均日运转量
4. 估计供应商送货周期
5. 计算仓容量

仓容量=平均日运转量×供应商的送货周期

6. 估计安全系数
7. 计算规划仓容量

规划仓容量=仓容量×安全系数

实训条件与组织

1. 实训条件：实验室、计算机。
2. 实训组织：两人一组共同完成方案的设计。

实训内容

拟规划新建的配送中心以托盘作为基本储存单位。附件3给出了8家供应商的货物出入库情况及托盘堆码情况。要求完成下列内容。

（1）根据给定的项目背景资料，确定作业区域能力规划的方法。
（2）查阅调研相关的参数，合理进行参数的假设。
（3）进行仓储区作业能力的规划。
（4）形成设计方案。

实训步骤

1. 分析项目背景和附件中的相关数据，确定仓储区作业能力规划的方法。
2. 分析项目背景资料和附件3中的数据，确定各供应商与配送中心之间的年运转量。
3. 根据拟新建的配送中心的业务类型、产品特性等通过查阅相关资料、调研等确定各供应商的年周转次数或者供应商的送货周期。

4. 根据配送中心的未来发展情况，结合惯例确定安全系数。
5. 计算配送中心仓储区的作业能力。

周转率估计法时的计算公式：规划仓容量=年运转量/年周转次数×安全系数。

送货频率估计法时的计算公式：规划仓容量=平均日运转量×供应商的送货周期×安全系数。

> **思考题**
>
> 进行配送中心的仓储作业区的能力规划时，季节性的产品对其对何影响？如何规避？

考核要求及标准

本实训项目的成绩由实训过程表现和实训报告两部分组成，权重分别为40%和60%。

实训过程表现：根据实训过程中的方案设计进度、方案设计过程中的思路、对基本知识的理解掌握等方面进行评定。

实训报告：要求实训报告内容全面、方案设计思路清晰、过程详细、小组成员分工明确、不得抄袭。根据实训报告中各分项目的设计过程、设计结果、报告规范性等方面进行评定考核。

实训四 ｜ 配送中心仓储作业区域规划与设计

实训目的

1. 了解配送中心区域的划分。
2. 熟悉配送中心各作业区域的功能，熟悉货物储存的方式。
3. 掌握配送中心作业区域布局的方法，掌握仓储区面积估算的方法，能够根据项目背景资料查阅调研相关的参数，合理地进行参数的假设，锻炼学生的分析问题和解决问题的能力。

实训准备

1. 分析项目背景资料。

2. 调研托盘货架储存的特点以及相应的间距规定。

知识链接

一、系统化布置方法

系统化布置方法（systematic layout planning，SLP）是由理查德·缪瑟提出的一种新的研究方法。SLP方法目前得到了较为普遍地运用，它通过对作业流程和相关的物流量进行分析，最终对总体布局进行布置设计，从而形成合理的布局方案。在应用SLP法进行物流配送中心的平面布置时，首先要对配送中心的基本要素进行分析。

SLP的基本要素有5个，分别是物流的对象：P；物流量：Q；物流作业路线或搬运路线：R；服务或辅助部门：S；作业时间：T。

SLP方法的基本程序如图11-4所示。

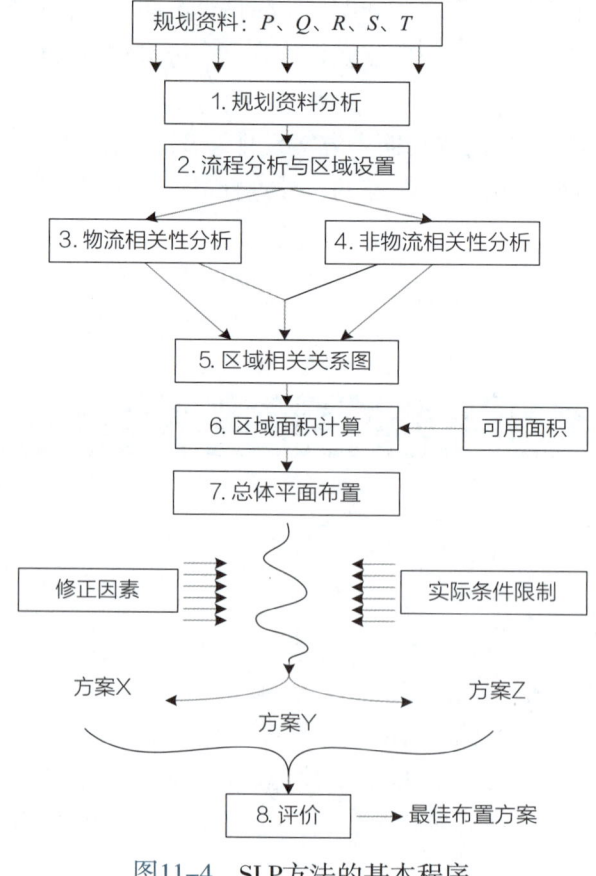

图11-4 SLP方法的基本程序

二、配送中心仓储区面积估算方法

（一）比较类推法

比较类推法是以已建成的同级、同类、同种仓储作业区域面积为基础，根据储存量增减的比例关系，加以适当地调整，最后推算出所求仓储作业区域的面积，其计算公式为：

$$D = D_0 \times \frac{Q}{Q_0} \times k \tag{11-10}$$

式中　D——拟建配送中心仓储作业区域面积；

　　　D_0——已建成的同类配送中心仓储作业区域面积；

　　　Q——拟建配送中心仓储作业区域的最高储存量；

　　　Q_0——已建成的同类配送中心仓储作业的最高储存量；

　　　k——调整系数。

（二）定额计算法

定额计算法是利用仓储作业区域有效面积上的单位面积储存定额来计算配送中心仓储作业区域面积的方法，其计算公式为：

$$D = \frac{Q}{N_d} \times \frac{1}{\alpha} \tag{11-11}$$

式中　N_d——配送中心仓储作业区域单位面积储存定额，t/m²；

　　　α——仓储作业区域有效面积利用系数，为有效面积与实际面积的比值。

（三）荷重计算法

荷重计算法是在定额计算法的基础上，考虑了物品平均储存时间和配送中心年有效工作天数两个因素后计算仓储作业区域面积的一种方法，其计算公式为：

$$D = \frac{QT}{T_0 N_d} \times \frac{1}{\alpha} \tag{11-12}$$

式中　T——物料平均储备期，天；

　　　T_0——年有效工作天数。

（四）直接计算法

直接计算法是直接计算出货垛或货架占用的面积，全部通道占用的面积，最后再把垛距、墙距和柱距所占面积相加求出总面积的方法，其计算公式为：

$$D = D_1 + D_2 + \cdots + D_m = \sum_{i=1}^{m} D_i \tag{11-13}$$

三、物品储存的方式

（一）托盘平置堆码

托盘平置堆码是指将物品码放在托盘上，然后以托盘为单位直接平放在地面上。

（二）托盘多层堆码

托盘多层堆码是将物品码放在托盘上，然后以托盘为单位进行多层码放的储存方式。

（三）托盘货架储存
（四）轻型货架储存
（五）物品直接堆码

实训条件与组织

1. 实训条件：实验室、计算机。
2. 实训组织：两人一组共同完成方案的设计。

实训内容

（一）配送中心各作业区域的规划布局

拟新建的配送中心以储存区域为主，仓储区和拣选区共用。配送中心的货物作业流程如图11-5所示。配送中心除图11-5中所示的物流作业区外还应设有办公场所、休息场所、叉车停靠场所等场所。请根据项目给定的资料，完成下列内容。

（1）确定布局的方法进行布局。

（2）对配送中心进行作业区域的布局，要求有详细的布局过程。

（3）结合附件1，在仓库建筑平面图中画出整个配送中心的布局图。

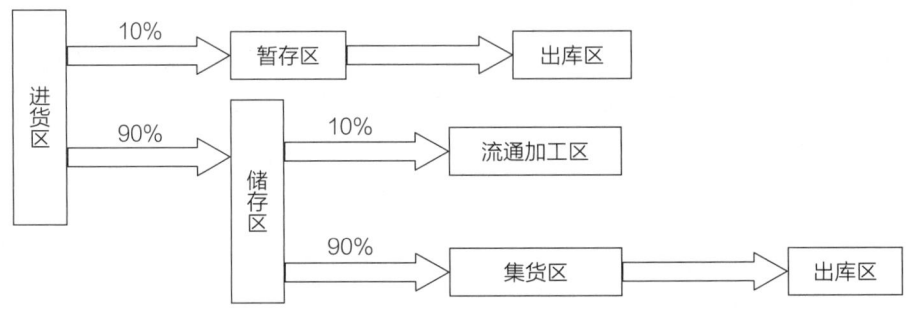

图11-5　配送中心的货物作业流程图

（二）仓储作业区域的布局设计

拟规划新建的配送中心准备采用托盘货架进行储存，托盘尺寸为1200mm×1000mm×140mm，为了保证安全，托盘上堆满货物的高度不超过1000 mm，相应的装卸搬运设备为叉车，叉车提升高度为5m以内。根据给定的资料结合项目背景资料和项目三的设计结论，完成下列内容。

（1）根据给定的项目背景资料，确定货物储存方式。

（2）查阅资料或调研，确定相应的参数。

（3）设计托盘货架长、宽、高、层数、排数，估算仓储区面积。

（4）确定货架布置的位置及方式。

(5）在配送中心平面布局图上画出仓储区的货架布置图。
(6）形成设计方案。

实训步骤

1．配送中心各作业区域的规划布局

（1）各组根据对配送中心规划与设计相关理论与方法的掌握程度、已知的条件以及调研得到的相关数据资料确定功能区域布局的方法，可以采用SLP方法，也可以采用动线布置法。各组确定布局方法时要有清晰的思路和确定依据。

（2）采用第1步已确定的方法进行具体的布局。

如果采用SLP方法，则采用下列步骤。

①收集分析SLP规划资料：P、Q、R、S、T。

②进行物流相关性分析。首先做物流量从至表，其次对各作业区域间的物流量按降序进行排列；然后划分各作业区域对的物流相关程度等级；最后确定各作业区域之间的物流相互关系图。

③进行非物流相关性分析。根据非物流相关性等级评定理由确定各作业区域间的非物流相关程度等级，然后画出作业区域间的非物流相互关系图。

④综合相关性分析。首先确定物流关系与非物流关系的相对重要性，设定物流关系与非物流关系的相对重要性比值；其次量化相关程度等级；最后计算每两个作业区域之间综合相关程度等级的量化值。

⑤划分相关综合程度等级，做出作业区域之间的综合相互关系图。

⑥总体平面布局规划，利用关联线图法确定各作业区域的相对位置。

⑦结合第二个分项目中的仓储区的面积以及托盘货架的布置情况进行调整。

⑧在第二个分项目所形成的仓储区托盘货架布置的基础上，在附件1仓库建筑平面图中画出各作业区域的平面布局示意图，形成完整的平面布局图。

如果运用动线布置法，则采用下列步骤。

①确定配送中心对外的连接道路形式，结合附件1确定出入口位置及内部配置形式。

②确定各作业区域的面积和长宽比例。

③根据配送中心的业务类型确定主要的作业流动线形式。

④确定各作业区域的性质。先布置刚性区域，再布置柔性区域。

⑤确定辅助作业区域和物流作业区域的关系，布置辅助作业区域。

⑥结合第二个分项目中的仓储区的面积以及托盘货架的布置情况进行调整。

⑦在第二个分项目所形成的仓储区托盘货架布置的基础上，在附件1仓库建筑平面图中画出各作业区域的平面布局示意图，形成完整的平面布局图。

2．仓储作业区域的规划与设计

（1）根据项目背景资料，确定配送中心仓储区面积估算的方法，即采用直接计算法。

（2）根据项目背景资料，确定配送中心物品的存储方式为托盘货架存储。

（3）根据实训三中仓储区的作业能力规划结果结合附件3确定所需的总托盘数。

（4）确定货格尺寸。计算托盘货格尺寸时要考虑托盘与托盘之间的间距、托盘与货架立柱之间的间距、托盘的长度、托盘的宽度、托盘上的货架与上层货架之间的间距、托盘立柱的长度、托盘横梁的厚度、托盘物品顶部与货架横梁间隙、托盘物品的高度（含托盘的高度）。考虑参数间距时各组根据查阅、调研的情况自行确定，见图11-6。

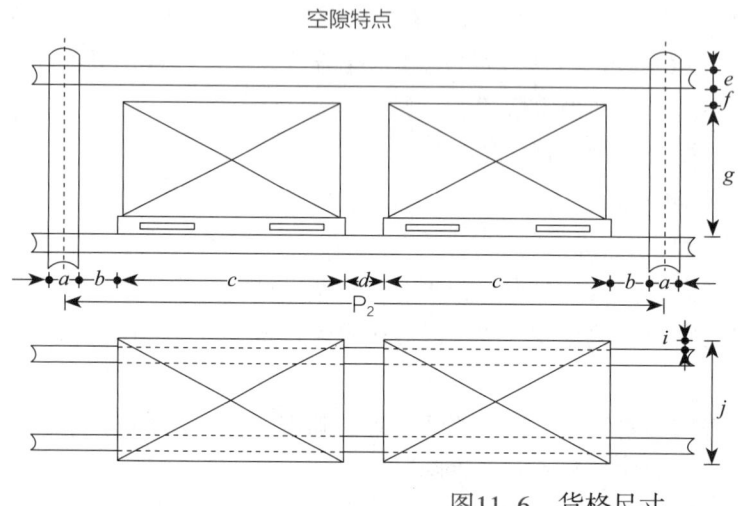

图11-6 货格尺寸

（5）确定托盘货架的层数。根据资料中给定的配送中心采用的叉车提升高度和第（4）步确定的每个货格的高度确定托盘货架层数。

（6）确定叉车作业单元的个数。根据托盘货架存放托盘的特点（一个货格存放两个托盘）、区块特点以及第（3）步已确定的托盘货架层数，最终确定叉车作业单元个数。

$$叉车作业单元数=总托盘数/叉车作业单元存放的托盘数量$$

（7）估算叉车作业单元面积

首先计算叉车作业单元的长度即为货格单元的长度；其次计算叉车作业单元的宽度，计算宽度时需考虑叉车作业通道的宽度以及托盘货架储存的区块特点；然后计算叉车作业单元面积。

（8）估算仓储区面积。

$$仓储区面积=叉车作业单元面积 \times 叉车作业单元数量$$

（9）根据仓储区的面积、叉车作业单元的长度、宽度，从减少作业时间、提高作业效率的角度考虑托盘货架的布置，确定其排数。

（10）在配送中心平面布局图上画出仓储区的货架布置图。

思考题

如果采用托盘货架储存的方式，仓储区面积估算时应考虑哪些问题？

考核要求及标准

本实训项目的成绩由实训过程表现和实训报告两部分组成，权重分别为40%和60%。

实训过程表现：根据实训过程中的方案设计进度、方案设计过程中的思路、对基本知识的理解掌握等方面进行评定。

实训报告：要求实训报告内容全面、方案设计思路清晰、过程详细、小组成员分工明确、不得抄袭。根据实训报告中各分项目的设计过程、设计结果、报告规范性等方面进行评定考核。

实训五　配送中心拣选策略的运用分析

实训目的

1. 了解配送中心拣选系统规划的内容。
2. 熟悉拣选的作业流程。
3. 掌握拣选的方法方式，能够根据案例给定的订单数据及实训一至实训四的设计方案，确定合适的拣选方式，模拟完成订单的拣选作业；验证前面实训布局的合理性，进而对规划方案进行改善。

实训准备

分析项目背景资料。

知识链接

一、拣选单位的确定

拣选单位基本上可分为托盘、箱、单品3种，同时还有一些特殊货品。拣选单位是通过对客户订单资料的分析确认的，即订单决定拣选单位。

二、拣选作业方法

（一）按单拣选

按单拣选也叫作摘果式拣选，是根据每一个客户订单的订货要求，拣选作业人员或设备巡回于物流配送中心内的各个存储区，按照订单所列的数量，直接到各个物品的储位将客户所订购的物品逐个取出，一次配齐一个客户订单的物品，然后集中在一起的拣货方式。

（二）批量拣选

批量拣选也称为播种式拣选，是按照物品品种类别加总拣货，然后再依据不同客户或不同订单分类集中（分货）。用这种方式拣选，首先将各客户共同需要拣选的一种物品集中搬运到配货场，然后取出每一客户配货单位所需要的物品数量，分别放到每一客户配货单位的货位处。一种物品配齐后，再按同样的方法配第二种物品，直至配货完成。

三、拣选策略

1. 分区策略
2. 订单分割策略
3. 订单分批策略
4. 分类策略

实训条件与组织

1. 实训条件：实验室、计算机。
2. 实训组织：两人一组共同完成方案的设计。

实训内容

（一）各供应商货物的储存位置确定

A物流公司8家供应商的品项不同，因此每个供应商的商品应有相应的储存区域。要求完成下列内容。

（1）分析附件3、附件4中的基本运营资料，确定每个供应商的储存位置。

（2）要求体现分区、ABC分类法分类管理的基本思想。

（二）订单拣选

某客户在某一日订购了8种供应商的商品并下达了订单，如附件5所示。订单上的商品拣选采用人工拣选+叉车配合作业的方式，叉车的行走速度以1.5m/s计，每次取货停留时间按100s计。

（1）根据案例背景资料，分析订单数据。

（2）确定拣选方法。

（3）进行订单上被订购商品的拣选，计算从开始拣货到将货物集结至待发区的总拣选时间和行走距离。

（4）验证实训三、实训四布局方案的合理性。

（5）形成设计方案。

实训步骤

1. 分析附件3、附件4中8家供应商的基本运营资料。
2. 按各供应商的订单总量采用ABC分类法将供应商分成三类。ABC分类法的步骤如下。
①按各供应商的订单数量进行降序排列。
②计算累计订单数量。
③根据ABC划分原则将供应商划分为A、B、C三类。
3. 按照仓储管理原则、货物快进快出原则确定各供应商货物的存储位置。
4. 在实训三、实训四所形成的作业区域平面布局图和仓储区中的货架布置图中确定不同类型供应商的存储位置。
5. 分析附件5中的数据确定拣选策略。
6. 对订单上的被订购商品进行拣选，计算从开始拣货到将货物集结至待发区的总拣选时间和行走距离。
7. 根据总拣选时间和行走距离分析拣选作业的效率，验证仓储区的布局的合理性以及仓储区中各供应商货物存储位置的合理性。

思考题

批量拣选和按单拣选有何不同？

考核要求及标准

本实训项目的成绩由实训过程表现和实训报告两部分组成，权重分别为40%和60%。

实训过程表现：根据实训过程中的方案设计进度、方案设计过程中的思路、对基本知识的理解掌握等方面进行评定。

实训报告：要求实训报告内容全面、方案设计思路清晰、过程详细、小组成员分工明确、不得抄袭。根据实训报告中各分项目的设计过程、设计结果、报告规范性等方面进行评定考核。

附录

附录1：新建仓库建筑平面图（单位：mm）

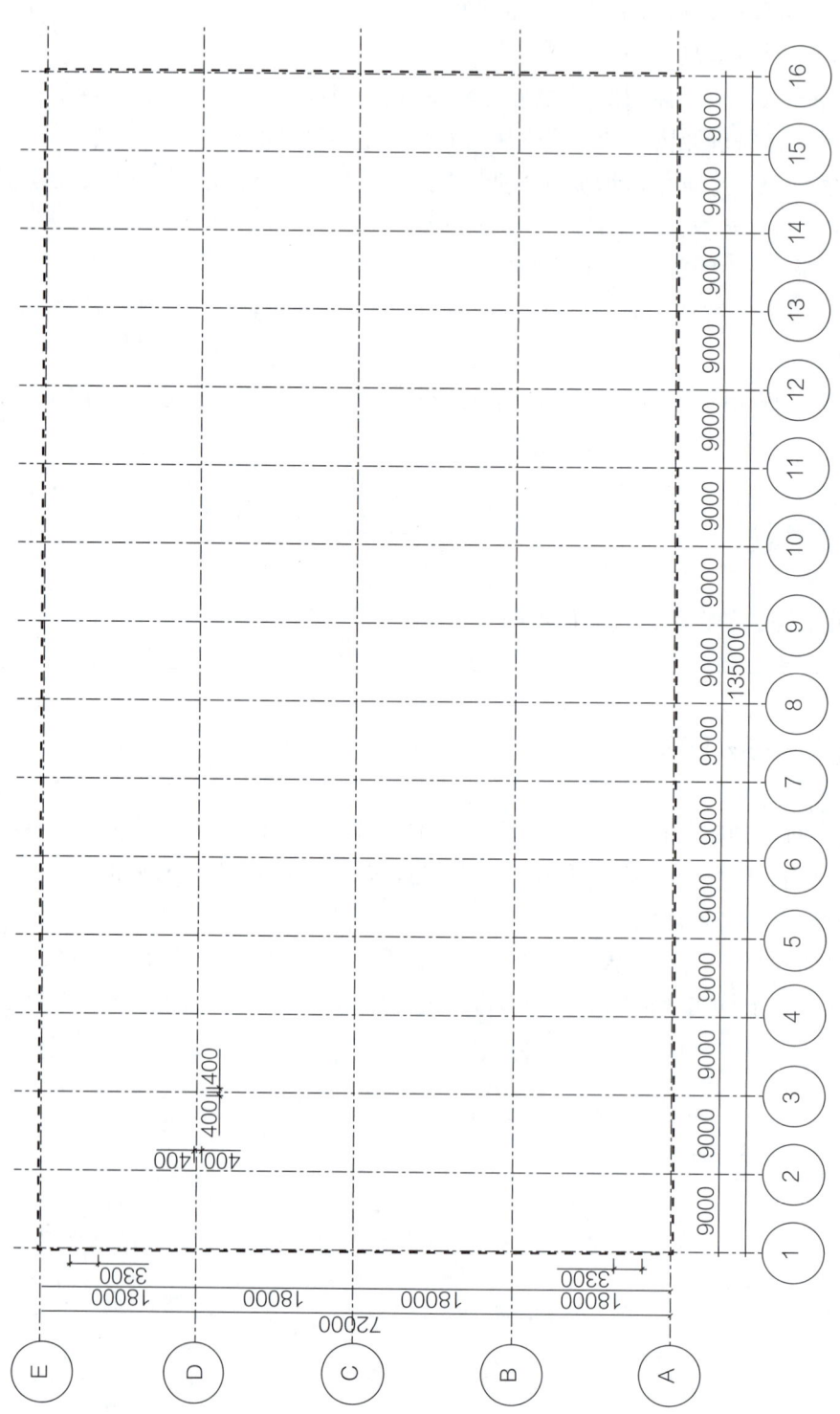

附录2：某一供应商大类物品（饮料类）的出货情况表

出货订单	出货品项																订单发货数量	订单发货品项
	I_1	I_2	I_3	I_4	I_5	I_6	I_7	I_8	I_9	I_{10}	I_{11}	I_{12}	I_{13}	I_{14}	I_{15}	I_{16}		
E_1	12	3	0	2	4	6	1	27	2	1	14	9	3	13	4	4		
E_2	10	8	0	3	3	2	0	14	1	1	0	6	1	5	2	2		
E_3	13	17	3	4	4	6	12	30	4	3	0	4	2	2	3	3		
E_4	12	11	2	4	4	4	5	30	4	1	7	4	2	8	3	3		
E_5	11	8	1	6	6	5	4	25	2	2	7	7	2	8	4	4		
E_6	9	1	1	3	3	3	1	6	1	0	6	3	1	7	1	1		
E_7	12	8	2	5	5	5	2	25	2	2	7	5	4	11	3	3		
E_8	23	11	0	11	11	10	14	27	3	0	9	5	2	12	5	5		
E_9	0	9	1	6	6	7	3	30	2	0	4	18	6	12	3	3		
E_{10}	13	9	0	6	6	6	2	29	3	1	0	5	1	9	2	2		
E_{11}	6	5	1	2	2	2	5	14	1	0	4	4	1	3	0	0		
E_{12}	14	9	1	14	14	7	5	23	8	4	9	10	4	10	9	9		
E_{13}	59	9	3	25	25	16	12	44	5	3	13	15	7	17	6	6		
E_{14}	20	6	1	9	9	11	5	13	2	2	5	12	4	3	9	9		
E_{15}	15	3	1	6	6	8	2	12	4	1	8	4	4	2	0	0		
E_{16}	12	11	1	4	4	12	4	24	4	3	11	6	1	7	4	4		
E_{17}	16	7	0	5	5	6	3	14	1	1	7	11	3	6	3	3		
E_{18}	8	5	2	2	2	6	9	11	3	0	0	9	2	4	3	3		
E_{19}	13	6	0	6	6	5	5	14	3	0	5	4	3	2	2	2		
E_{20}	23	14	3	9	9	11	2	35	5	3	14	19	6	16	6	6		
E_{21}	9	8	1	8	9	1	5	29	3	3	12	16	6	19	0	0		
E_{22}	8	3	0	2	2	3	0	7	0	0	0	5	2	4	1	1		
E_{23}	5	0	0	0	0	6	3	13	1	0	9	5	5	12	2	2		

续表

出货订单	出货品项																订单发货数量	订单发货品项
	I_1	I_2	I_3	I_4	I_5	I_6	I_7	I_8	I_9	I_{10}	I_{11}	I_{12}	I_{13}	I_{14}	I_{15}	I_{16}		
E_{24}	19	10	1	9	9	9	8	28	5	0	8	7	4	16	7	7		
E_{25}	166	12	3	46	46	57	10	84	25	8	15	37	12	44	20	20		
E_{26}	13	7	1	7	7	9	9	24	3	0	2	10	4	10	3	3		
E_{27}	18	3	1	8	8	7	14	18	4	2	2	14	6	3	5	5		
E_{28}	8	5	1	3	3	3	2	11	2	0	5	4	3	5	3	3		
E_{29}	24	11	2	13	13	10	9	25	5	2	9	12	4	10	2	2		
E_{30}	24	6	1	12	12	11	6	25	3	2	4	12	5	6	4	4		
单品出货量																		
单品出货次数																		

附录3：各供应商出入库量统计表

供应商	月累计出库量	月累计入库量	堆码规则（箱/托盘）
12月			
供应商1	107604	118179	36
供应商2	109492	101398	24
供应商3	21990	22411	20
供应商4	17387	16178	36
供应商5	9021	10199	36
供应商6	3175	2412	24
供应商7	20235	18672	24
供应商8	4662	6196	32

续表

供应商	月累计出库量	月累计入库量	堆码规则(箱/托盘)
11月			
供应商1	100843	95427	36
供应商2	93646	88635	24
供应商3	17568	20040	20
供应商4	17235	17820	36
供应商5	7204	7255	36
供应商6	6559	5495	24
供应商7	8161	9341	24
供应商8	5059	5881	32
10月			
供应商1	88577	91302	36
供应商2	147379	137241	24
供应商3	17688	15659	20
供应商4	17129	14243	36
供应商5	5947	5474	36
供应商6	5291	4187	24
供应商7	5642	2440	24
供应商8	2654	1792	32
9月			
供应商1	107133	113512	36
供应商2	240260	234804	24
供应商3	30732	33982	20
供应商4	18897	17209	36
供应商5	9587	10542	36
供应商6	4513	6310	24
供应商7	13657	15852	24
供应商8	7089	3947	32

续表

供应商	月累计出库量	月累计入库量	堆码规则（箱/托盘）
8月			
供应商1	101837	100038	36
供应商2	288514	288550	24
供应商3	23114	22541	20
供应商4	15984	21234	36
供应商5	6754	6445	36
供应商6	6723	5752	24
供应商7	6241	8554	24
供应商8	4284	7588	32
7月			
供应商1	85517	84097	36
供应商2	298546	265112	24
供应商3	16053	17309	20
供应商4	14726	18352	36
供应商5	6704	6083	36
供应商6	6645	4944	24
供应商7	5208	4339	24
供应商8	1915	2653	32
6月			
供应商1	68317	65658	36
供应商2	273389	287807	24
供应商3	13880	14844	20
供应商4	15359	14676	36
供应商5	6565	5502	36
供应商6	3588	3422	24
供应商7	5166	5498	24
供应商8	2053	1959	32

续表

供应商	月累计出库量	月累计入库量	堆码规则（箱/托盘）
5月			
供应商1	67323	67836	36
供应商2	222899	249847	24
供应商3	14267	13476	20
供应商4	13702	14262	36
供应商5	5166	5361	36
供应商6	7212	6263	24
供应商7	3801	3777	24
供应商8	1619	1005	32
4月			
供应商1	102821	99350	36
供应商2	172157	162101	24
供应商3	22035	19251	20
供应商4	15324	13891	36
供应商5	7015	7852	36
供应商6	7025	8236	24
供应商7	6716	6276	24
供应商8	3318	3801	32
3月			
供应商1	103684	98233	36
供应商2	148765	158262	24
供应商3	15642	14540	20
供应商4	15663	15376	36
供应商5	5873	4494	36
供应商6	5342	5658	24
供应商7	7579	6681	24
供应商8	1539	1464	32

续表

供应商	月累计出库量	月累计入库量	堆码规则（箱/托盘）
2月			
供应商1	89387	93244	36
供应商2	118080	122380	24
供应商3	9405	10683	20
供应商4	12200	12081	36
供应商5	5115	5722	36
供应商6	8946	8494	24
供应商7	2023	1840	24
供应商8	2882	2388	32
1月			
供应商1	112334	93244	36
供应商2	129875	122380	24
供应商3	9405	10683	20
供应商4	12296	12142	36
供应商5	5371	5722	36
供应商6	6404	5936	24
供应商7	4254	3840	24
供应商8	1374	388	32

附录4：2018年月平均订单情况

月份	供应商1	供应商2	供应商3	供应商4	供应商5	供应商6	供应商7	供应商8
12月	8400	2041	2173	2511	2550	1814	170	100
11月	3461	1889	2125	2222	2053	1681	422	128
10月	2754	2209	1934	2546	1476	1635	301	118
9月	3512	4242	3227	2761	2240	2099	519	153
8月	3894	5093	1458	2091	1917	1900	385	117
7月	3270	5271	1686	2091	1712	2808	293	114

续表

月份	供应商1	供应商2	供应商3	供应商4	供应商5	供应商6	供应商7	供应商8
6月	2612	4826	1458	2180	1620	1664	336	92
5月	2574	3935	1498	1945	1642	1109	268	65
4月	3931	3039	2314	2175	1801	1713	408	104
3月	3964	2626	1643	2224	1408	1501	273	89
2月	3418	2085	988	1732	1784	1312	443	215
1月	4295	2293	988	1746	1500	1200	350	80

附录5：某订单订购产品汇总表

某订单	
订购产品种类	总发货量（箱）
供应商1（10种）	1520
供应商2（5种）	245
供应商3（12种）	1440
供应商4（4种）	80
供应商5（7种）	280
供应商6（3种）	33
供应商7（3种）	163
供应商8（2种）	18

注：每种产品的订购量按平均量计算。